21世纪高校思想政治理论课"互联网+"新形态教材

U0686173

思想道德与法治

导学与实践教程

主编◎霍江华　刘　莹

配套
精品教学课件
＋考试平台
＋教案

中共中央党校出版社

图书在版编目（CIP）数据

思想道德与法治导学与实践教程 / 霍江华，刘莹主
编 . -- 北京：中共中央党校出版社，2021.8
ISBN 978-7-5035-7156-5

Ⅰ . ①思… Ⅱ . ①霍… ②刘… Ⅲ . ①思想修养－高
等学校－教材②法律－中国－高等学校－教材 Ⅳ .
① G641.6 ② D920.4

中国版本图书馆 CIP 数据核字（2021）第 124337 号

思想道德与法治导学与实践教程

责任编辑 李　云　李江燕
责任校对 马　晶
责任印制 陈梦楠

出版发行 中共中央党校出版社
　　　　　（北京市海淀区长春桥路 6 号）
邮政编码 100089
网　　址 www.dxcbs.net
电　　话 （010）62808912（发行） 68929788（总编室）
经　　销 全国各地新华书店
印　　刷 三河市恒彩印务有限公司
字　　数 314 千字
版　　次 2021 年 8 月第 1 版 2021 年 8 月第 1 次印刷
开　　本 787 毫米 × 1092 毫米 1/16
印　　张 16
定　　价 49.00 元

编　写　组

主　编：霍江华　刘　莹
副主编：何克奎　黎明军　杨欣颖
编　委：邓艳萍　陈　霖　黄敏伶　李　娜
　　　　陈　争　劳　欢　莫淑雯　熊伟娟
　　　　韦爱诗　陈　琴　徐　琴　余崇柳
　　　　莫礼恩　傅思琪　耿艺铭　关云丽
　　　　唐文芝　刘　贵　梁丹凤　蒙柯尔
　　　　覃冠源

前　言

　　"敬教劝学，建国之大本；兴贤育才，为政之先务。"教育是民族振兴、社会进步的重要基石，是功在当代、利在千秋的德政工程，对提高人民综合素质、促进人的全面发展、增强中华民族创新创造活力、实现中华民族伟大复兴具有决定性意义。

　　思想政治理论课是落实立德树人根本任务的关键课程，发挥着不可替代的作用。当前形势下，办好思想政治理论课，要放在世界百年未有之大变局、党和国家事业发展全局中来看待，要从坚持和发展中国特色社会主义、建设社会主义现代化强国、实现中华民族伟大复兴的高度来对待。我们正在为实现第二个百年奋斗目标而努力，未来30年，我们培养的人才要能够完成第二个百年奋斗目标的伟业，这就是教育的历史责任。我们党立志于中华民族千秋伟业，必须培养一代又一代拥护中国共产党领导和我国社会主义制度、立志为中国特色社会主义事业奋斗终身的有用人才。

　　"思想道德与法治"课作为所有高校的思想政治理论课程，担当着重要的教育使命。为了配合高等院校开展"思想道德与法治"课的教学工作，我们精心组织编写了《思想道德与法治导学与实践教程》一书。本书的编写以全国高校统一使用的马克思主义理论研究和建设工程重点教材《思想道德与法治（2021年版）》为依据，在把握教材的基本原理、基本精神和基本框架的基础上，结合普通高等院校人才培养目标以及高校关于理论与实践教学方面的成果，力求在内容设计与安排上体现思想性与知识性相结合、理论性与实践性相结合，实现理论学习与实践运用一体化，让理论具有现实依据。我们期望通过这种教学理念和教学形式，加深学生对理论知识的掌握深度，提升用理论指导实践和解决实际问题的能力。帮助学生在理论中升华思想境界，铸造优良思想品德；在实践中把做人做事的基本道理变成自身的行为习惯，从而全面提高自身素质。

　　本书主要内容包括绪论：担当复兴大任　成就时代新人、第一章：领悟人生真谛　把握人生方向、第二章：追求远大理想　坚定崇高信念、第三章：继承优良传统　弘扬中国精神、第四章：明确价值要求　践行价值准则、第五章：遵守道德规范　锤炼道德品格、第六章：学习法治思想　提升法治素养。每章均分为导航篇、理论篇和实践篇三篇，其中，导航篇包括知识网络和学习指南两个模块，主要对本章内容框架、学习目标、学习要点和学习思路进行总的分析，以帮助学生首先对本章内容有一个总体了解；理论篇包括要点解析、热点解读、案例探讨和习题演练四个模块，分别通过对知识点进行解析、结合相关热点事件或话题进行解读、对案例进行探讨以及设置相关习题来帮助学生理解和巩固本章知识；实践篇设置三个实践项目，校内校外结合，方案详略得当，操作简单明了，有助于增强学生的实践能力，提升学生的思想道德素质和法治素养。

本书由广西安全工程职业技术学院相关专业教师负责组织编写。在本书的编写过程中，我们参考了大量专家、学者编写的相关文献资料，查阅了大量权威网站、书刊和报纸的有关内容，听取和吸收了相关学科专家的宝贵建议，在此一并表示诚挚的感谢。尽管我们力求完美，但因水平所限，书中难免有疏漏或不妥之处，敬请广大读者朋友提出宝贵意见，以便我们在今后的教学实践中不断完善与提高！

编　者
2021 年 8 月

目 录

第二章　追求远大理想　坚定崇高信念 ······ 65

第三章　继承优良传统　弘扬中国精神 ······ 99

第四章　明确价值要求　践行价值准则 …… 133

第五章　遵守道德规范　锤炼道德品格 …… 169

绪论

担当复兴大任 成就时代新人

"古之立大事者，不惟有超世之才，亦必有坚忍不拔之志。"新时代，新青年，新征程，新作为。让我们用理想和活力追梦，用奋斗和奉献圆梦，用奋斗把中华民族的伟大复兴不断推向深入，以青春为画笔谱写新时代的"青年赞歌"。

导航篇

知识网络

担当复兴大任
成就时代新人

- 我们处在中国特色社会主义新时代
- 新时代呼唤担当民族复兴大任的时代新人
- 不断提升思想道德素质和法治素养

学习指南

⊙ 学习目标

明确中国特色社会主义进入新时代的意义，把握成为时代新人的要求，认识思想道德素质和法治素养的重要性，不断提升思想道德素质和法治素养，为学习"思想道德与法治"课奠定良好基础。

⊙ 要点提示

1. 新时代是我们理解当前所处历史方位的关键词。
2. 青年一代有理想、有本领、有担当，国家就有前途，民族就有希望。
3. 思想道德素质和法治素养是新时代大学生必须具备的基本素质。

⊙ 学习思路

要看清历史方位，仅仅在"当下"这个时间点来环视是不够的，诚如诗句"不识庐山真面目，只缘身在此山中"，要读懂历史方位，需要追寻历史足迹，梳理现实脉络，甚至需要将视野扩展到整个世界。只有读懂历史方位，才能深刻认识中国特色社会主义新时代；只有读懂历史方位，才能把握时代机遇，承担历史使命。

理论篇

要点解析

要点一：我们处在中国特色社会主义新时代

1.新时代是我们理解当前所处历史方位的关键词

中国特色社会主义进入新时代，意味着近代以来久经磨难的中华民族迎来了从站起来、富起来到强起来的伟大飞跃，迎来了实现中华民族伟大复兴的光明前景；意味着科学社会主义在21世纪的中国焕发出强大生机活力，在世界上高高举起了中国特色社会主义伟大旗帜；意味着中国特色社会主义道路、理论、制度、文化不断发展，拓展了发展中国家走向现代化的途径，给世界上那些既希望加快发展又希望保持自身独立性的国家和民族提供了全新选择，为解决人类问题贡献了中国智慧和中国方案。

解析：新时代表明中国特色社会主义具有新的开创性。对于这一点，要结合它在中华人民共和国发展史和中华民族发展史上的意义、在世界社会主义发展史上的意义以及在人类社会发展史上的意义来理解。

2.中国梦的含义及实现

中国梦是历史的、现实的，也是未来的；是国家的、民族的，也是每一个中国人的。只有每个人都为美好梦想而奋斗，才能汇聚起实现中国梦的磅礴力量。

作为实现民族复兴的先锋力量，青年不懈追求的梦想始终与振兴中华的责任担当紧密相连。新时代为大学生成长成才、勤学报国提供了广阔的空间和无限的机遇，经济建设主战场、文化发展大舞台、社会建设新领域、科技创新最前沿、基层实践大熔炉，都是当代大学生贡献聪明才智、书写青春篇章的热土，中华民族伟大复兴的中国梦终将在一代代青年的接力奋斗中变为现实。

解析：梦是对历史的纪念，也是对未来的期盼。中国梦是中华民族各族人民的集体记忆，是全体人民的生活实践、发展状况和社会变革的生动写照，也是中国人民期盼的新盛世。中国梦具有人民大众性。中国梦是国家梦、民族梦与人民梦的有机统一，既是国家、民族的强盛梦，又是人民的幸福梦；既是中国人民的集体梦，又是每个中国人的个人梦。前者是后者实现的前提，后者是推进前者的动力。中国梦与青年梦想的实现也是相辅相成的关系，新时代青年坚定理想信念，努力奋斗，可以有力推动中国梦的实现；中国梦的实现也为青年梦想的实现提供前提和保证。

认知

1840年鸦片战争后，中国逐渐沦为半殖民地，开始了屈辱的历史，也开始了民族复兴和中国梦的历史。

回顾近代以来的历史，可以看得很清楚。孙中山先生提出了"振兴中华"的口号并为之努力，但是没有找到出路。中国共产党成立后，经过不懈奋斗，才逐步使这个梦想成为现实。这个过程可以概括为"两个百年"和"两重任务"。

第一个百年是从1840年鸦片战争到1949年新中国成立；第二个百年是从1949年新中国成立到本世纪中叶。"两重任务"是实现中华民族伟大复兴和建设中国特色社会主义现代化强国。

要点二：新时代呼唤担当民族复兴大任的时代新人

青年兴则国家兴，青年强则国家强。青年一代有理想、有本领、有担当，国家就有前途，民族就有希望。大学生要肩负历史使命，坚定前进信心，立大志、明大德、成大才、担大任，努力成为堪当民族复兴重任的时代新人，让青春在为祖国、为民族、为人民、为人类的不懈奋斗中绽放绚丽之花。

（1）立大志，就是要有崇高的理想信念，牢记使命，自信自励。大学生要保持对理想信念的激情和执着，将实现中华民族伟大复兴的中国梦的历史使命内化为担当的自觉，外化为实际的行动。

（2）明大德，就是要锤炼高尚品格，崇德修身，启润青春。在日常生活中，大学生须时常用真善美来雕琢自己，努力使自己成为品德高尚的人，同时积极带动他人崇德向善。

（3）成大才，就是要有高强的本领才干，勤奋学习，全面发展。大学生应把学习作为首要任务，树立梦想从学习开始、事业靠本领成就的观念，让勤奋学习成为青春远航的动力，让增长本领成为青春搏击的能量。

（4）担大任，就是要有天下兴亡、匹夫有责的担当精神，讲求奉献，实干进取。当代大学生要以青春之我、奋斗之我，为民族复兴铺路架桥，为祖国建设添砖加瓦，在开拓人生、奉献社会的进程中书写无愧于时代的壮丽篇章！

解析：当代青年是同新时代共同前进的一代，也是新时代的亲历者、见证者和奋斗者。青年的作为将直接影响祖国的前途命运。当代青年应当积极响应号召，坚定理想信念，立大志、明大德、成大才、担大任，为实现中华民族伟大复兴的中国梦贡献自己的力量。

榜样

有些人从山里走了，就不再回来，你从城里回来，却再没有离开。来的时候惴惴，怕自己不够勇敢，走的时候匆匆，留下最美的韶华。百色的大山，你是最美的朝霞，脱贫的战场，你是醒目的黄花。

2018年3月26日，黄文秀来到广西壮族自治区百色市乐业县新化镇百坭村担任驻村第一书记。从进村开始，黄文秀就努力融入当地生活，挨家挨户走访，学会了桂柳方言，一年多时间，她帮村里引进了砂糖橘种植技术，教村民做电商；协调给每个村建起了垃圾池。在黄文秀任上，百坭村103户贫困户顺利脱贫88户，村集体经济项目收入翻倍。黄文秀在驻村笔记中写道："每天都很辛苦，但心里很快乐。"2019年6月17日凌晨，黄文秀遭遇突发山洪不幸遇难，年仅30岁。

要点三：不断提升思想道德素质与法治素养

思想道德和法律都是调节人们思想行为、协调人际关系、维护社会秩序的重要手段。在我国，社会主义思想道德建设和法治建设紧密联系，相互补充、相互促进。一方面，思想道德为法律提供思想指引和价值基础；另一方面，法律为思想道德提供制度保障。

思想道德素质是人们的思想观念、政治立场、价值取向、道德情操和行为习惯等方面品质和能力的综合体现，反映着一个人的思想境界和道德风貌，是促进个体健康成长、社会发展进步的重要保障。法治素养是指人们通过学习法律知识、理解法律本质、运用法治思维、依法维护权利与依法履行义务的品质和能力，对于保证人们尊崇法治、遵守法律具有重要的意义。良好的思想道德素质和法治素养，是新时代大学生把握发展机遇、做好人生规划、书写时代华章的必备条件，需要在学习中养成、自律中锤炼、实践中升华。

解析： 多了解社会，多与社会沟通，道德作为一种社会观念，只有与社会有了关联，才能得到真正提高；保持身心健康，有良好的生活态度、生活习惯，这是提升思想道德素质的前提；学法、懂法，了解自身的法律权利和义务，多向他人学习、推广，才能更好地提高自己的法治素养。

热点解读

热点一：中国特色社会主义新时代标示着我国发展新的历史方位

热点理论

一个国家、一个民族要振兴，就必须在历史前进的逻辑中前进、在时代发展的潮流中发展。习近平总书记指出，中国特色社会主义进入新时代，这是我国发展新的历史方位。这一重大政治论断，赋予党的历史使命、理论遵循、目标任务新的时代内涵，为深刻把握当代中国发展变革的新特征，增强贯彻落实习近平新时代中国特色社会主义思想的自觉性和坚定性，提供了时代坐标和科学依据，具有重大现实意义和深远历史意义。

热点解读

1. 对我国发展新的历史方位作出的重大政治论断

顺应时代潮流，把握时代特点，回答时代课题，是中国共产党永葆旺盛生命力和坚强战斗力、不断从胜利走向胜利的一个重要原因。中国特色社会主义进入新时代这一重大政治论断，是我们党在科学把握时代趋势和国际局势重大变化、科学把握世情国情党情深刻变化的基础上作出的，有着充分的时代依据、理论依据和实践依据。

这一重大政治论断，是根据中国特色社会主义进入新的发展阶段作出的。党的十八大以来，以习近平同志为核心的党中央科学把握国内外发展大势，顺应实践要求和人民愿望，推动党和国家事业发生历史性变革，领导人民取得改革开放和社会主义现代化建设的历史性成就。在新中国成立以来特别是改革开放以来我国发展取得的重大成就基础上，我国发展站到新的历史起点上，中国特色社会主义进入新的发展阶段。这个新的发展阶段，是改革开放40多年来发展历程的必然接续，又有很多与时俱进的新特征，比如党的理论创新实现了新飞跃，党的执政方式和执政方略有了重大创新，党推动发展的理念和方式有了重大转变，我国发展的环境和条件有了重大变化，对发展水平和质量的要求比以往更高，等等。需要从新的历史方位、新的时代坐标，科学认识和全面把握中国特色社会主义新的发展阶段。

这一重大政治论断，是根据我国社会主要矛盾发生新变化作出的。社会主要矛盾状况及其变化是社会发展阶段性划分的重要依据。党的十九大提出，我国社会主要矛盾已经由人民日益增长的物质文化需要同落后的社会生产之间的矛盾，转化为人民日益增长的美好生活需要和不平衡不充分的发展之间的矛盾。这个论断，反映了我国发展的实际状况，揭示了制约我国发展的症结所在，指明了解决当代中国发展主要问题的根本着力点。经过改革开放40多年的努力，我国稳定解决了十几亿人的温饱问题，全面建成小康社会，人民美好生活需要日益广泛，不仅对物质文化生活提出了更高要求，而且在民主、法治、公平、正义、安全、环境等方面的要求日益增长。同时，我国社会生产力水平显著提高，社会生产能力在很多方面进入世界前列，更加突出的问题是发展不平衡和不充分，这已经成为满足人民美好生活需要的主要制约因素。我国社会主要矛盾发生变化，对我国发展全局产生广泛而深刻的影响。需要从新的历史方位、新的时代坐标，科学认识和全面把握我国社会主要矛盾的变化。

这一重大政治论断，是根据历史交汇期新的奋斗目标作出的。从党的十九大到党的二十大，是"两个一百年"奋斗目标的历史交汇期，我们既要全面建成小康社会、实现第一个百年奋斗目标，又要乘势而上开启全面建设社会主义现代化国家新征程，向第二个百年奋斗目标进军。党的十九大综合分析国际国内形势和我国发展条件，既对决胜全面建成小康社会提出明确要求，又将实现第二个百年奋斗目标分为两个阶段安排：从2020年到2035年，在全面建成小康社会基础上，再奋斗15年，基本实现社会主义现代化；在基本实现现代化的基础上再奋斗15年，到本世纪中叶把我国建成富强民主文明和谐美丽的社会主义现代化强国。这是新时代中国特色社会主义发展的战略安排，不仅使实现"两个一百年"奋斗目标的路线图、时间表更加清晰，而且意味着原定的我国基本实现现代化的目标将提前15年完成。第二个百年奋斗目标则充实提升为全面建成社会主义现代化强国，需要从新的历史方位、新的时代坐标，科学认识和全面把握这一鼓舞人心、切实可行的奋斗目标、宏伟蓝图。

这一重大政治论断，是根据我国国际环境发生新变化作出的。世界正处于大发展大变革大调整时期，我国发展仍处于重要战略机遇期和历史机遇期，当代中国已不再是国际秩序的被动接受者，而是积极的参与者、建设者、引领者。中国日益走近世界舞台中央，世界对中国的关注，从未像今天这样广泛、深切、聚焦；中国对世界的影响，也从未像今天这样全面、深刻、长远。同时也要看到，前景十分光明，挑战也十分严峻，我国正处在从大国走向强国的关键时期，"树大招风"效应日益显现，外部环境更加复杂，一些势力对我国的阻遏、忧惧、施压不断增大，需要从新的历史方位、新的时代坐标，科学认识和全面把握国际局势和周边环境的新变化。

历史车轮滚滚向前，只有与历史同步伐、与时代共命运，才能赢得光明的未来，作出中国特色社会主义进入新时代的重大政治论断，彰显了中国共产党与时代共同进步的先进性本色，以及把握历史规律和历史趋势的高度自觉和高度自信。作出这一重大政治论断，符合中国特色社会主义实际，是改革开放以来我国社会发展进步的必然结果，是我国社会主要矛盾运动的必然结果，也是我们党团结带领全国各族人民开创光明未来的必然要求。

2. 新时代的丰富内涵

中国特色社会主义进入新时代，既不是凭空产生的，更不是一个简单的新概念表述，而是经济社会发展到一定阶段发生的必然历史飞跃，具有丰富厚重的思想内涵、实践内涵和历史内涵。

这个新时代，是承前启后、继往开来、在新的历史条件下继续夺取中国特色社会主义伟大胜利的时代。中国特色社会主义是党和人民100年来奋斗、创造、积累的根本成就，改革开放以来特别是党的十八大以来，我们党带领人民走中国特色社会主义道路，极大激发了中国人民的创造力，极大解放和发展了社会生产力，极大增强了社会活力，极大提升了我国国际地位，社会主义在中国展现出强大生命力。中国特色社会主义是不断发展、不断前进的，需要一代又一代中国共产党人带领人民接续奋斗，习近平总书记反复强调，坚持和发展中国特色社会主义是一篇大文章，我们这一代共产党人的任务，就是继续把这篇大文章写下去。在中国特色社会主义新时代，我们党治国理政第一位的任务，就是紧紧围绕坚持和发展中国特色社会主义这个主题，团结带领人民奋力实现"两个一百年"奋斗目标，谱写中国特色社会主义新的伟大篇章，让社会主义在中国展现出更加强大的生命力。

这个新时代，是决胜全面建成小康社会、进而全面建设社会主义现代化强国的时代。党的十九大围绕实现"两个一百年"奋斗目标，对经济建设、政治建设、文化建设、社会建设、生态文明建设等作出战略部署，具有很强的战略性、前瞻性、针对性。到2020年如期全面建成小康社会是我们党向人民、向历史作出的庄严承诺，实现这个目标后，还有许多"雪山""草地"需要跨越，必须举全党全国之力不懈奋斗。全面建成社会主义现代化强国，是第二个百年奋斗目标，更有不少"娄山关""腊子口"需要征服。从世界发展史看，已经实现现代化的国家和地区，其现代化大多经历了产业革命以来近300年时间才逐步完成，而我国要用100年时间走完发达国家几百年走过的现代化路程，这种转变不但速度、规模超乎寻常，变化的广度、深度和难度也超乎寻常。因此，坚忍不拔、锲而不舍地为全面建成社会主义现代化强国而奋斗，是中国特色社会主义新时代的必然要求和历史任务。

这个新时代，是全国各族人民团结奋斗、不断创造美好生活、逐步实现全体人民共同富裕的时代。人民对美好生活的向往，始终是我们党的奋斗目标。在中国特色社会主义新时代，我们党把不断创造美好生活、逐步实现全体人民共同富裕作为发展的目标和归宿，体现了以人民为中心的发展思想，体现了我们党全心全意为人民服务的根本宗旨，体现了中国特色社会主义的本质要求。我们党的重大任务，就是更加关注人民对美好生活新的多样化需求，更加关注社会公平正义，更加注重多谋民生之利、多解民生之忧，着力使全体人民在共建共享发展中有更多获得感、幸福感、安全感，着力使全体人民享有更加幸福安康的生活，着力在实现全体人民共同富裕上不断取得实实在在的新进展。

这个新时代，是全体中华儿女勤力同心、奋力实现中华民族伟大复兴中国梦的时代。实现中华民族伟大复兴，是近代以来中国人民最伟大的梦想，凝聚了几代中国人的夙愿。新中国的成立，为民族复兴奠定了坚实基础，改革开放新的伟大革命，为民族复兴注入了强大生机活力。在中国共产党领导下，中国这个世界上最大的发展中国家创造了人类社会发展史上惊天动地的发展奇迹。在中国特色社会主义新时代，我们比历史上任何时期都更接近、更有信心和能力实现中华民族伟大复兴的目标。凝聚起全体中华儿女同心共筑中国梦的磅礴力量，接续奋斗、砥砺前行，就一定能够到达民族复兴的光辉彼岸。

这个新时代，是我国日益走近世界舞台中央、不断为人类作出更大贡献的时代。当今世界，中国人民的梦想同各国人民的梦想息息相通，实现中国梦离不开和平的国际环境和稳定的国际秩序。在中国特色社会主义新时代，面对国际格局和国际关系的深度调整，面对局部冲突和动荡频发，人类需要应对许多共同挑战的外部环境。我们必须统筹国内国际两个大局，始终高举和平、发展、合作、共赢的旗帜，恪守维护世界和平、促进共同发展的外交政策宗旨，牢牢把握构建人类命运共同体的目标追求，始终不渝走和平发展道路、奉行互利共赢的开放战略，坚持正确义利观，树立共同、综合、合作、可持续的新安全观，谋求开放创新、包容互惠的发展前景，促进和而不同、兼收并蓄的文明交流，始终做世界和平的建设者、全球发展的贡献者、国际秩序的维护者。中国为人类文明作出过卓越贡献，在中国特色社会主义新时代，中国一定能为世界的和平与发展、人类的繁荣与进步作出新的更大贡献。

习近平总书记强调，新时代是中国特色社会主义新时代，而不是别的什么新时代。用新时代界定当前我国发展新的历史方位，有利于进一步统一思想、凝聚力量，在新的起点上把中国特色社会主义事业推向前进。

相关链接：

新时代新征程：2021 年中国两会精彩回顾

热点二：新时代召唤什么样的青年

热点理论

习近平总书记明确指出，青年兴则国家兴，青年强则国家强。青年一代有理想、有本领、有担当，国家就有前途，民族就有希望，基于中国特色社会主义进入新时代这一科学判断，习近平总书记深刻指出，实现"两个一百年"奋斗目标的历史进程，将贯穿千千万万当代青年成长发展的全过程，"广大青年是生力军和突击队"，"中华民族伟大复兴的中国梦终将在一代代青年的接力奋斗中变为现实"，这些论述是习近平总书记对青年地位和历史作用的新定位新要求，科学阐释了当代青年承担的历史使命和肩负的时代责任，充分体现了以习近平同志为核心的党中央对当代青年的高度重视、充分信任和殷切期望。

热点解读

"十年树木，百年树人。"我们经常将培养人才，比喻成树木的生长、庄稼的种植。在谈到对青年人才的培养时，习近平总书记指出，"这好比小麦的灌浆期，这个时候阳光水分跟不上，就会耽误一季的庄稼"，青年的发展与国家、民族未来的发展紧密相关。只有锻铸理想信念、掌握丰富知识、锤炼高尚品格，才能做新时代的有为青年，成长为担当民族复兴大任的时代新人。

做新时代的有为青年，要厚植其根。"凿井者，起于三寸之坎，以就万仞之深。"青年处于价值观形成和确立的时期，就像穿衣服扣扣子，如果第一粒扣错了，剩下的扣子都会扣错。在这一时期，尤其需要以德为先，明大德、守公德、严私德，更要善于知行合一，迈稳步子、夯实根基、久久为功。面对纷繁多变的社会现象、社会思潮，如果不能树立社会主义核心价值观，就有可能疑惑、彷徨、失落，偏离健康的成长航向。正所谓根深才能叶茂，勤学、修德、明辨、笃实，努力把社会主义核心价值观变成日常的行为准则、自觉的信念理念，当代青年才能在时代大潮中建功立业，成就自己的精彩人生。

做新时代的有为青年，要强壮其枝。《劝学》有云，"不积跬步，无以至千里；不积小流，无以成江海"，面对信息时代、多元文化，当代青年理应具备持续学习的能力、不断创新的意识、敢于实践的行动。青年是最富活力、最具创造力的群体，理应走在创新创造的前列。当代青年一定要矢志艰苦奋斗，立足本职、埋头苦干，从自身做起，从点滴做起，用勤劳的双手、一流的业绩，谱写不断创新创造的精彩篇章。要不怕困难、攻坚克难，勇于到条件艰苦的基层、国家建设的一线、项目攻关的前沿，经受锻炼、增长才干，为国家富强、民族复兴、人民幸福作出自己的贡献。

做新时代的有为青年，要繁茂其叶。新时代的中国青年要在求同存异、聚同化异、包容开放中树立家国情怀、远大理想，既要有"小德川流"，丰富内在修养，在细节上下功夫；也要能"大德敦化"，胸怀世界和未来，树立崇高的理想与志向，为共建人类命运共同体贡献青春力量。

感悟

劝学诗

〔唐〕颜真卿

三更灯火五更鸡，正是男儿读书时。

黑发不知勤学早，白首方悔读书迟。

案例探讨

青年梦与中国梦

"梦"，带给人们多少遐想、多少憧憬、多少激情。而中国梦对于广大青年人来说，更是一个摄人心魄的词汇。习近平总书记在党的十九大报告中强调指出："青年兴则国家兴，青年强则国家强。青年一代有理想、有本领、有担当，国家就有前途，民族就有希望。中国梦是历史的、现实的，也是未来的；是我们这一代的，更是青年一代的。中华民族伟大复兴的中国梦终将在一代代青年的接力奋斗中变为现实。"无数青年人正因为梦想变得飞扬热烈。中国梦引领中国青年坚持不懈地朝着美好目标前进奋斗，满腔热血，汇聚成不可战胜的磅礴力量。

中国梦，就是中华民族的复兴之梦，是十四亿中华儿女共同拥有的伟大梦想。乍一看，这是一个很大、很广的话题，使人想到的是民族奋进的滚滚大潮，是气势磅礴的宏伟蓝图；但换一个角度想，每个人都有着自己的梦想，而个人的梦想又是建立在国家繁荣昌盛基础之上的，是与中国梦息息相关的。所以，每一个中国人，不论性别、不论年龄、不论文化程度、不论市民农民，都可以有一个中国梦，一个向往美好、幸福的梦想，每一个中国人都向着这个梦想努力、奋斗的结果，便是在缔造和实现着中华民族的复兴之梦。对于青年人，对于身为大学生的我们，更是如此。

中国梦照亮青年前进道路

中国梦具有最大限度为实现国家富强、民族复兴、人民幸福而凝聚人心的伟力，无论面对多少挑战、多大困难，始终以中华民族深厚的文化积淀和历史智慧为底蕴，给青年以希望、给青年以信心、给青年以力量。近代以来中华民族曾经饱受欺凌，山河破碎、民生凋敝，但中国梦在无数矢志于民族复兴的仁人志士心中从未泯灭过。梦想不灭，希望永在。中国梦是中华民族自强不息的不竭动力，牵引着中国青年前行的脚步。

中华民族是一个命运共同体，只有民族、国家全面科学发展，个人才能实现梦想。同样，只有每个人都充满激情，中国梦才够美丽，才够坚实。相信以家国情怀为特征的中国梦是最激励青年人的。它必将引领中国青年坚定不移地追求美好的梦想；引领中国青年树立实干兴邦、胸怀祖国的崇高理想；引领中国青年为实现伟大的中国梦开拓创新、奋进拼搏。

青年梦是中国梦的组成部分

梁启超曾说："少年智则国智，少年富则国富，少年强则国强。"朝气蓬勃的我们沐浴着清晨那一缕缕缕阳光，在迈向成功的人生道路上披荆斩棘，无所畏惧。就像那一只只在暴风雨中自由翱翔的海燕，划破黑暗的阴霾，拼打出属于自己的一片天空，这就是中国之青年、中国之希望，这就是实现中国梦的中流砥柱。一个国家的青年是实现这个国家理想的强大力量，也是一个国家的希望。进取、永不言弃的精神，这些都是当代中国青年所拥有的可贵品质。实现中华民族伟大复兴是一项光荣而艰巨的事业，需要一代又一代中华儿女共同为之努力。在前进道路上，我们还面临许多困难和挑战。但是，我们青年是永不言弃的，我们是实现中国梦的强大力量。

中国梦的本质内涵，是实现国家富强、民族复兴、人民幸福、社会和谐。当代中国所处的发展阶段，决定了全面建成小康社会是中国梦的根本要求。而自五四运动以来，我国青年在五四精神的引领下，一直孜孜不倦地追寻着强国梦、复兴梦，也就是现在所说的中国梦。青年梦是中国梦的一个组成部分，也是中国梦的主要推动力和铺路石，只有我国青年有理想有担当，奋发向上积极进取，中国梦才能更加稳定地阔步向前，当代青年是实现中国梦的坚强后盾和储备力量。青年的健康成长是一个国家健康持续发展的决定因素之一。对于国家来说，青年的"兴"与"强"至关重要。

中国梦与青年梦相辅相成

中国梦是国家的、民族的，更是青年的，实现青年梦与实现中华民族的伟大复兴相辅相成。国家不富强，就会被人欺侮；民族不复兴，就无颜担当龙的传人。中国青年是爱国的青年，中国青年是有理想、有抱负的青年，中国青年的梦想蕴含了国家富强、社会和谐的时代主题，中国青年的梦想是以实现中华民族的伟大复兴为终极目标。实现中华民族伟大复兴，不是简单地重寻昔日的荣光，不是要恢复古代中国鼎盛时期的疆域版图，而是要让曾经饱受列强欺侮、还是发展中国家的中国经济发展、政治昌明、文化繁荣、社会和谐、环境优美，到本世纪中叶成为富强民主文明和谐美丽的社会主义现代化国家。青年是一个朝气蓬勃的群体，是一个不能固化未来，拥有无限可能的群体。不忘初心、坚持理想才是合格的新时代青年，才能实现人生价值，为推动中华民族的伟大复兴贡献自己的力量。

个人梦与中国梦不是相互分离的，而是统一的、相辅相成的。个人梦是中国梦的组成部分，中国梦是个人梦的根本保障和延伸，作为新一代的年轻人，在实现个人梦想时，必须关心国家与民族的发展，必须把个人梦与国家梦结合起来，才能使自身更加优秀，才能体现个人梦的价值。作为年轻人，我们要做的就是把握当下，在自己本职工作岗位上爱岗敬业、乐于奉献，实现自己的人生价值。

作为青年人应磨砺自我

实现中华民族伟大复兴的中国梦，要靠我们青年人的努力拼搏。因为，青年的梦始终与国家的理想同呼吸共命运。

青年一代作为民族复兴、祖国建设的主力军，要志存高远，要百折不挠，要苦干实干，真正肩负起时代赋予的伟大使命，将青年梦融入中国梦，在追梦圆梦的道路上砥砺奋斗，不断前行。要用青春理想指引新时代的发展方向。青年一代有理想、有本领、有担当，国家就有前途，民族就有希望。一个人只要有了远大的理想，即使在最苦难的时候，也会感到幸福，因为理想指引人生的方向，崇高的理想总能产生巨大的力量。而树立何种人生理想，关系到我们青春的奋斗方向，决定了我们人生的高度。面对当今改革攻坚期、发展关键期，机遇与挑战并存，青年一代要坚定理想，以理想信念作为人生的支撑，在困难面前不动摇、不退缩、不迷失方向；要胸怀远大志向，厚植家国情怀，将自身命运与国家、民族的命运紧密相连，为新时代的发展开辟一条康庄大道。

青年人要百折不挠，用青春活力激发自主创新的磅礴力量。生活从不眷顾因循守旧、满足现状者，从不等待不思进取、坐享其成者，而是将更多机遇留给善于和勇于创新的人。青年一代最闪亮的特征是"活力四射"，他们有无数新奇的想法，他们也有百折不挠的勇气去实现自己的想法。他们无限的活力便是无尽的创造力，理应走在创新创造的前列。广大青年要用创新意识打破陈规旧规，不断提出新思想、新问题，创新工作思路去解决存在的问题，为推动实施创新驱动战略不懈努力，为把我国建设成为创新型国家作出贡献。

青年人要实干苦干，用青春奋斗点燃民族复兴的宏伟目标。实现中华民族伟大复兴，是中华民族近代以来最伟大的梦想。党的十九大报告指出，到2020年全面建成小康社会，到2035年基本实现社会主义现代化，到本世纪中叶把我国建成富强民主文明和谐美丽的社会主义现代化强国。青年一代既是中国梦的追梦者，更是中国梦的圆梦人，要以奋斗的汗水浇灌梦想，成为实现中华民族伟大复兴的生力军，肩负起国家和民族的希望。"道虽迩，不行不至；事虽小，不为不成。"任何梦想都不会自动变为现实，青年人要让奋斗成为青春的底色，以"逢山开路、遇水架桥"的开拓精神，锐意进取，发愤图强，扑下身子苦干实干，以时不我待、只争朝夕的精神，奋力走好新时代民族复兴的伟大征程。

"惟不忘初心者进，惟从容自信者胜，惟改革创新者强。"千千万万个青年梦想涓涓汇流，就能推动中华民族伟大复兴的中国梦如期实现。

作为大学生应认清自己的历史使命

科学有价值的梦想能够给当代大学生提供前进的动力，帮助他们提高精神境界，实现奋斗目标，对于当代大学生未来的发展，实现其人生价值具有极其重要的作用。只有当个人梦能够与中国梦相融合，个人之梦才是科学的和有价值的。

首先，大学生们应关心祖国和民族的命运，高举爱国主义旗帜，继往开来，为中国沿着社会主义方向前进作出自己应有的贡献。我们要把自己的命运与国家民族的命运紧密联系起来。我们要多关心时事，了解当今世界的发展趋势特别是中国所处的国际环境方面的信息。我们要能够心怀祖国，而不是仅仅纸上谈兵，在文字上、在演讲台上大发爱国之情，我们要付诸行动。

同时，我们要努力学习科学文化知识，提高自己的综合素质，踏踏实实地打好基础，积极迎接科技和知识经济的挑战。要顺时代潮流而动，做时代的弄潮儿。我们要敢于挑战时代、挑战自我，要以强者的姿态立身于世。我们更要实事求是地工作和学习。少说空话，多干实事。

我们还要有全球意识，为保护生态环境和历史古迹，维护世界的和平与稳定、和谐与发展，促进人类社会全面、协调、可持续地发展贡献出自己力所能及的力量。我们要有地球公民意识，要开阔视野、拓展心胸，抛弃一切偏见。勇于和善于自我反省，同时，悦纳别人对自己实事求是的批评。对于实现中华民族的伟大复兴，我们要认清形势，肩负责任。

当代大学生处在实现中国梦的年富力强的时期，要坚定中国特色社会主义的道路自信、理论自信、制度自信、文化自信，刻苦学习、品学兼优、全面发展，打牢坚实的文化基础，在实现中华民族伟大复兴的历程中，让青春焕发出绚丽的光彩。

"故今日之责任，不在他人，而全在我少年。少年智则国智，少年富则国富，少年强则国强，少年独立则国独立，少年自由则国自由，少年进步则国进步，少年胜于欧洲则国胜于欧洲，少年雄于地球则国雄于地球。红日初升，其道大光；河出伏流，一泻汪洋。潜龙腾渊，鳞爪飞扬；乳虎啸谷，百兽震惶。鹰隼试翼，风尘翕张；奇花初胎，矞矞皇皇；干将发硎，有作其芒；天戴其苍，地履其黄；纵有千古，横有八荒；前途似海，来日方长。美哉我少年中国，与天不老；壮哉我中国少年，与国无疆！"

中国共产党先驱李大钊说："黄金时代，不在我们背后，乃在我们面前；不在过去，乃在将来。"青年一代既处在人生的黄金阶段，有梦想有活力，有无限的可能性，又处在当前建设新时代中国特色社会主义的黄金时期，要以社会主义建设者和接班人的使命担当，在亿万人民为实现中国梦而进行的伟大奋斗中实现人生价值，用青春书写无愧于时代、无愧于人民、无愧于历史的华丽篇章。

（资料来源：大众网，2019年11月5日）

❓ 问题探讨

问：当代大学生应该如何做到青年梦与中国梦的有机统一？

答："爱国是本分，也是职责。"青年梦是中国梦的重要组成部分，没有中国梦的实现，也就没有青年梦的实现。作为新时代的青年，要坚定理想信念、练就过硬本领、勇于创新创造，奋勇投身于中国特色社会主义事业的伟大实践中，为实现中国梦发挥主力军作用，将自身的梦想与国家民族的兴衰荣辱紧密相连，把自己的小我融入祖国的大我、人民的大我之中，用青年梦托起中国梦。

云南青年说 | "追象"的青年

24小时不间断监测，每5分钟报告一次野象行踪……他们用高度紧绷的神经、"黑白颠倒"的作息、大雨和高温下的坚守，追寻着象群的踪迹，全力守护"人象平安"。他们便是"青春追象团"——云南省森林消防总队野生亚洲象搜寻监测分队的队员们。

自从5月27日北移亚洲象群进入云南省玉溪市峨山彝族自治县以来，云南省森林消防总队先后出动52名指战员加入"追象团"。在这个平均年龄不超过35岁的团队里，"90后"队员成为主力。

截至8月8日，"追象团"连续2个多月奋战在一线，监测北移亚洲象活动。他们携带13台无人机、6部红外望远镜等装备，先后转场玉溪、昆明、红河3个州市8个县区21个乡镇，标绘要图248份，机动11704公里，地面监测跟踪66小时，飞行无人机2804架次、1129小时、2825公里，只为守护"人象平安"。

云南省森林消防总队昆明支队指挥中心通信助理员张斯捷是第一批加入"追象团"的，5月27日接到命令后，他和"追象团"其余森林消防员们第一时间奔赴峨山县，在当日下午两点左右，他们已经处在了峨山县象群所在位置，并开始对象群进行监测。

由于是首次接触追象任务，队员们对任务的监测流程、内容、环节都不太清楚。到达现场后，只有很短的时间让"追象团"队员厘清指挥流程和任务职责，他们要以最快的速度适应和投入监测野象的工作中，并预判出象群大概位置。

张斯捷回忆，最初并没有这么精确的监测设备。队员们到达象群所在的山域后，首先用无人机进行空中搜索，明确了大概范围后，通过追寻大象足迹以及寻访周边村民，来尽快判定大象具体位置，并及时上报北移亚洲象安全防范工作省级指挥部。

为了不惊扰野象，张斯捷和其他飞手将无人机飞行高度控制在距离大象300

米以上的高空中。亚洲象体积庞大，行进速度极快，监测人员要时刻保持谨慎状态。

第一天，"追象团"10人相互配合协作，对野象进行了长达14小时的监测。但这只是开始，据张斯捷介绍，"追象团"单次最长监测时长曾达40小时。

"追象团"队员不仅要承担一线象群动态监测任务，还要负责指挥部应急作战指挥系统信息标绘。他们必须每5分钟就将前线监测情况、象群位置动态等信息报告给指挥部，作为预警疏散和象群迁移引导的重要依据。

在夜间监测中，为便于监测队员操作观看控制器，居住在监测点的村民往往会从家里拉一根电线到房顶，并打开电灯照亮队员周围环境。

"大象常在夜晚活动。"张斯捷介绍，夜晚凭借红外热成像仪，队员们更容易监测大象，但四五个小时盯着看红外热像图，队员们眼睛会十分难受，而这只是监测象群过程中的困难之一。

精神高度紧张、生物钟不断改变、蚊虫叮咬，以及恶劣天气和复杂环境，都给跟踪象群带来不小挑战。

6月份云南进入多雨季节，雷暴、大雨天气会影响无人机性能，飞行安全受到威胁，加之雨后深山里经常大雾笼罩，即使在红外模式下，无人机也很难精确锁定象群。在无人机、红外望远镜无法跟踪的情况下，为了确保实时掌握象群动态，监测队员们往往要完全依靠人力寻找象群。

张斯捷记得，有一次暴雨天，象群的位置处于监测点附近，且无人机无法起飞，监测队员们便穿着雨衣，寻着象群脚印、粪便和啃食过的东西，一点点探寻大象踪迹。

在到达象群附近位置时，队员们便开始慢慢徒步往前走。夜晚大象走路声音很轻，加之周边环境植被茂密，起初，监测队员并没有发现大象，但当他们听到身旁有"咔嚓咔嚓"的声音时，便立即到空旷地用望远镜观察，这才发现野象离他们仅10米左右的距离。

除了惊险，还有温情。在监测象群的过程中，24岁的监测队员高强打破了以往对于亚洲象特征、习性的错误认知，也真正看到了象群的"友爱""团结""互助"和"合作"。

高强常常会记录下这些精彩的瞬间，他希望人们能清楚了解象群特点，从而爱护自然界的生物，实现人与自然和谐相处。

8月8日20时零8分，14头北移亚洲象安全过桥渡过元江干流继续南返。加上7月7日已送返西双版纳国家级自然保护区的雄性亚成体独象，北移的15头亚洲象全部安全南返。自4月16日以来，北移亚洲象群迁移110多天，迁回行进1300多千米，途经玉溪、红河、昆明3个州（市）8个县（市、区）。

"监测象群是我们执行任务时间最长的一次。"张斯捷说，森林消防员们的工作主要是以森林防灭火，以及地震、洪涝抢险救援等任务为主，而监测象群的任务是他们首次接触，尽管任务类型不同，但本质都是一样的。

张斯捷认为，抢险救援的工作是与自然灾害作斗争，监测象群的工作是保护自然界的精灵，两项工作都是在"守护"，守护绿水青山和人民群众的生命财产安全，守护生物多样性，守护我们共同的家园。

（资料来源：新华网，2021年8月16日）

❓ 问题探讨

问： 结合案例谈谈青年大学生如何做好以民族复兴为己任的时代新人。

答： 青年大学生在大学里要积极探求人生的意义，思考我们究竟为什么而活、怎样活有意义，不能浑浑噩噩，把"每门课及格就行"当成读大学的全部。当我们站位更高、眼界更宽的时候，我们才能分辨哪些事物对我们是更重要的。案例中的这些青年人，为了保护动物、保护大自然、保护人类共同的家园，夜以继日地工作，风雨无阻，体现了崇高的精神境界。所谓得其大者可以兼其小，只有把小我融入大我，才会有海一样的胸怀、山一样的崇高。只有将自己的境界提升到国家和民族的高度，才会感受到人生真正的意义所在，正如辛弃疾在词中所写："乘风好去，长空万里，直下看山河。"

新时代大学生思想政治教育的三个重要着力点

习近平总书记在中央政治局常委会上强调，面对严峻复杂的国际疫情和世界经济形势，我们要坚持底线思维，做好较长时间应对外部环境变化的思想准备和工作准备。认真学习习近平总书记的重要讲话精神，面对外部环境和内部形势的变化，做好大学生思想政治教育应着重加强以下三个方面的工作。

一、面对百年未有之大变局，要发扬当代大学生的斗争精神

党的十九大以来，习近平总书记多次强调世界正处于百年未有之大变局。这是对我国未来一段时间面临的外部环境的准确判断。西方国家社会矛盾加剧，民粹主义横行，某些西方国家会从战略上围堵、发展上牵制、形象上丑化我国，其实质是资本主义和社会主义两条道路、两种制度的斗争和较量。可以预见，在新时代这种声音会不绝于耳，甚至在政治、经济、文化等方面对我国进行干扰，两种道路、两种制度的斗争和较量会进一步加剧。

当代大学生出生在和平年代，虽然对社会主义在曲折中演进的规律有一定认识，但是在未来可能出现压力持续传导的过程中，很有可能陷入机会主义甚至投降主义的误区。因此，高校要重点加强培育当代大学生的斗争精神。一方面，要积极增强大学生的斗争意识。引导广大学生充分认识到，在中华民族伟大复兴加速推进的道路上，国内外敌对势力绝不愿意看到我国顺利实现发展目标，必然想

方设法对我们进行渗透、破坏、遏制、颠覆。这种斗争不是短期的而是长期的，至少要伴随我国实现第二个百年奋斗目标全过程，贯穿当代大学生学习和工作的每个阶段。只有敢于斗争，才能赢得胜利。另一方面，要积极提升斗争的本领，特别是学会运用马克思主义的立场、观点、方法去研究问题和判断问题，善于开展舆论斗争，在斗争亮剑中明辨是非、健康成长；肯于担当大任，在校期间打牢专业功底，练就过硬本领。

二、面对现代化强国战略安排，要提高当代大学生的政治定力

党的十九大制定了分两步走全面建成社会主义现代化强国的战略安排。全面建成小康社会意味着战略安排要转化为实际行动。要实现第二个百年奋斗目标，就要在坚持以经济建设为中心的同时，全面推进经济建设、政治建设、文化建设、社会建设、生态文明建设，促进现代化建设各个环节、各个方面协调发展。在这个历史进程中，各个方面的突破和重塑实际上将带来利益结构的调整，很多体制机制上的弊端会逐渐暴露，社会矛盾和社会问题会不断出现，在动态完善中实现国家治理体系和治理能力的现代化。疫情的发生对我国经济乃至全球经济都造成了重要影响，我国仍处于并将长期处于重要战略机遇期的态势没有改变，但经济运行稳中有变、变中有忧，面临矛盾叠加、风险交汇的挑战，在信息碎片化时代，如果处理不好，就会把"茶杯里的风波"变成全社会的风暴。

当代大学生享受着改革开放的成果，总体上保持着良好乐观的情绪。在未来可能出现利益持续调整的过程中，面对就业压力、生活压力、工作压力，可能会焦虑失衡，感受到社会调整中的痛感。在内外压力结构的某个临界点，如果出现"黑天鹅"事件，就有可能引发群体性事件甚至较大范围的政治风波。因此，高校要从政治高度来认识加强当代大学生政治定力的重要意义。一是要持续加强理想信念教育。加强和改进理论武装工作，学会在各种思潮交融交锋中把握主流，在纷繁复杂的现象中抓住本质，保持战略定力和坚定信念。二是要加强形势政策教育，引导学生正确认识世界和中国发展大势，帮助学生在国际比较中坚定信心，全面客观认识当代中国、看待外部世界。不能顺利时看山是山、看水是水，一遇到挫折就看山不是山、看水不是水。三是要加强党对学生组织的领导。高校党委要将学生会组织、学生社团工作纳入议事范畴，在"三全育人"的大思政格局中形成合力，打通学生组织的神经末梢，确保领导不虚化。

三、面对大国地位不断巩固，要提高当代大学生的道德素质

随着我国综合实力的不断增强，特别是近年来我国积极参与全球治理，为世界繁荣稳定发挥作用，我国的大国地位不断巩固已是客观事实。新冠肺炎疫情发生以来，我国担负起曾经由西方国家在自然灾害和公共卫生事件中占据的重要角色，积极参与国际救援，分享防控经验，提供防护物资，塑造了全球领导者的形象。今后，我国将承担更多的国际责任。大要有大的样子，这不仅体现在国家层

面，也体现在社会和个人层面。大国地位需要其国民也要具备应有的大国素质和大国风范。疫情发生后，我国人民众志成城、守望相助，自觉服从各项防疫管控措施，识大体顾大局，为取得阶段性胜利作出了贡献。

新冠疫情发生后，当代大学生整体表现出很高的爱国热情和奉献意识，"90后"甚至"00后"自觉参与到疫情防控阻击战中。习近平总书记亲自给北京大学援鄂医疗队全体"90后"党员回信表示高度肯定。随着国际国内形势不断调整，大学生作为实现中华民族伟大复兴的生力军，要不断在实践感知中提高自身的道德素质。高校要在大学生中牢固树立中国特色社会主义共同理想，大力弘扬社会主义核心价值观，以《新时代公民道德建设实施纲要》《新时代爱国主义教育实施纲要》为指引，努力提高大学生的道德素质。一是要强调法治精神，教育引导学生敬畏法律，既不能明知故犯，也不能因缺乏法律常识误入歧途。二是要培养吃苦耐劳的精神，广泛开展时代使命和责任意识教育，教育引导学生懂得奋斗就是幸福的道理，克服惰气、暮气、骄气、娇气，做到刚健有为、自强不息。三是要培养良好的审美情趣，通过开展形式多样、健康向上、格调高雅的校园文化活动，提高学生审美和人文素养，努力打造良好育人环境。

（资料来源：求是网，2020年4月30日）

？ 问题探讨

问：对新时代大学生进行思想政治教育的意义有哪些？

答： 当今世界正处于百年未有之大变局，无论是国内还是国际，都面临巨大的挑战，作为新时代大学生，在这种不确定性因素增加的环境下步入社会，必定会面对更多的无法预料的事物，对大学生的发展和未来都会产生巨大的影响。因此，对大学生进行思想政治教育具有重要的意义：一是推动大学生人格的全面培养，教育最根本的任务是教会学生学会做人，学会做人是立身之本；二是思想道德和价值取向的培养，思想道德和价值取向的培养比谋生手段的训练、竞争能力的培养、专业知识的学习更难、更根本、更重要，是当代高校思想政治教育的重要使命；三是增强大学生的社会责任感、使命感和紧迫感，青年寄托着国家和民族的未来，只有赢得青年，才能赢得未来。

习题演练

一、单项选择题

1. 中国的未来属于（   ），中华民族的未来也属于（   ）。
A. 中国共产党
B. 领袖
C. 世界
D. 青年

2. （　　）是我们理解当前所处历史方位的关键词。

　　A. 新时代　　　　　　　　　　B. 新征程

　　C. 中国梦　　　　　　　　　　D. 新起点

3. 中国梦是历史的、现实的，也是未来的。这具体表现为（　　）。

　　A. 它凝结着无数仁人志士的不懈努力

　　B. 它承载着全体中华儿女的共同向往

　　C. 它昭示着国家富强、民族振兴、人民幸福的美好前景

　　D. 以上都是

4. 在革命战争时期，青年一代满怀（　　），为争取民族独立、人民解放冲锋陷阵、抛洒热血。

　　A. 革命希望　　　　　　　　　　B. 革命理想

　　C. 革命信念　　　　　　　　　　D. 革命斗志

5. 下列选项中前后对应正确的一对是（　　）。

　　A. "功崇惟志，业广惟勤"——明大德

　　B. "重莫如国，栋莫如德"——担大任

　　C. "青春虚度无所成，白首衔悲亦何及"——成大才

　　D. "历尽天华成此景，人间万事出艰辛"——立大志

6. 新时代大学生要有崇高的理想信念，牢记使命，自信（　　）。

　　A. 自立　　　　　　　　　　　　B. 自励

　　C. 自砺　　　　　　　　　　　　D. 自强

7. "问渠那得清如许，为有源头活水来"体现最为明显的是（　　）的学习理念和态度。

　　A. 既要惜时如金、孜孜不倦，下一番心无旁骛、静谧自怡的功夫，又要突出主干、择其精要，做到又博又专、愈博愈专

　　B. 既打牢扎实基础，又及时更新知识

　　C. 既刻苦钻研理论知识，又积极掌握实践技能

　　D. 既向书本学，又向实践学、向群众学

　　E. 既向传统学，又向现代学

8. 作为实现中华民族伟大复兴的生力军，大学生要有担当精神，要讲求奉献、实干进取，应坚持（　　）第一、知行合一，求真务实、有为善为。

　　A. 知识　　　　B. 品德　　　　C. 实践　　　　D. 技能

9. 要成为担当民族复兴大任的时代新人，大学生应通过（　　）的不断提升，切实提高思想觉悟、道德水准和文明素养，夯实全面发展的基础，展现新时代奋进者、开拓者、奉献者的新风貌、新姿态。

　　A. 人际交往和关系处理能力

B.社会理解和沟通能力

C.思想道德素质和法治素养

D.学习和思考能力

10.“思想道德与法治”是一门融（　　　）于一体的思想政治理论课。

A.理论性、艺术性、科学性、教育性、灵活性

B.思想性、科学性、人文性、理论性、趣味性

C.思想性、形象性、艺术性、科学性、实践性

D.思想性、政治性、科学性、理论性、实践性

11.依据新时代中国特色社会主义发展的战略安排，2035年中国的发展目标是（　　　）。

A.全面建成小康社会

B.社会主义现代化基本实现

C.全面建成社会主义现代化强国

D.实现中华民族伟大复兴

12.关于崇高的理想信念，下列表述错误的是（　　　）。

A.崇高的理想信念决定我们的方向和立场

B.崇高的理想信念是人生和事业的灯塔

C.崇高的理想信念直接关系着人生目标的选择、人生价值的实现

D.崇高的理想信念会导致人生勇气、意志和毅力出现严重问题

13.青年的（　　　）是决定人生价值的最大砝码，是影响时代发展进程的重要力量。

A.学历　　　　　　　　　　　B.文化

C.担当　　　　　　　　　　　D.知识

14.（　　　）为法律的制定、发展和完善提供价值准则，是社会主义法律正当性和合理性的重要基础。

A.思想道德　　　　　　　　　B.经济基础

C.上层建筑　　　　　　　　　D.社会存在

15.再多再好的法律，也必须转化为人们的（　　　）才能真正为人们所遵行。

A.坚定信仰　　　　　　　　　B.理想信念

C.内心自觉　　　　　　　　　D.外在行动

二、多项选择题

1.大学阶段是人生发展的重要时期，是（　　　）形成的关键时期。

A.世界观　　　　　　　　　　B.人生观

C.价值观　　　　　　　　　　D.婚姻观

2.下列关于思想道德与法律的说法，正确的有（　　　　）。

A.道德与法律都是上层建筑的重要组成部分，相辅相成，缺一不可

B.社会主义思想道德为社会主义法律提供思想指引和价值基础

C.社会主义法律为社会主义思想道德建设提供制度保障

D.社会主义法律与社会主义思想道德在一定程度上可以相互替代

3.新时代青年要肩负历史使命，坚定前进信心，（　　　　），努力成为堪当民族复兴重任的时代新人。

A.立大志　　　　　　　　　　　B.明大德

C.成大才　　　　　　　　　　　D.担大任

4.以下关于思想道德素质和法治素养的说法中，正确的有（　　　　）。

A.法治素养是人们通过学习法律知识、理解法律本质、运用法治思维、依法维护权利与依法履行义务的素质、修养和能力

B.良好的思想道德素质和法治素养是大学生把握发展机遇、创造人生精彩的基础条件和宝贵资源

C.大学生应当通过理论学习，不断提高自身的思想道德素质和法治素养，因为良好的思想道德素质和法治素养是在学习中养成的

D.思想道德素质和法治素养是思想政治素质、道德素质和法治素养的有机融合

5.关于中国特色社会主义新时代，下列表述正确的有（　　　　）。

A.是承前启后、继往开来、在新的历史条件下继续夺取中国特色社会主义伟大胜利的时代

B.是决胜全面建成小康社会、进而全面建成社会主义现代化强国的时代

C.是全国各族人民团结奋斗、不断创造美好生活、逐步实现全体人民共同富裕的时代

D.是全体中华儿女勠力同心、奋力实现中华民族伟大复兴中国梦的时代

6.关于当代大学生与新时代的关系，下列表述正确的有（　　　　）。

A.新时代为大学生成长成才、勤学报国提供了广阔的舞台和无限的机遇

B.在新时代的中国，经济建设主战场、文化发展大舞台、社会建设新领域、科技创新最前沿、基层实践大熔炉，都是当代大学生贡献聪明才智、书写青春篇章的热土

C.当代大学生是社会主义事业的领导者

D.当代大学生是民族复兴伟大进程的见证者和参与者

7.一个人在不断地调整自身与他人的关系，不断实现人的社会化过程中，最为重要的是（　　　　）。

A.要正确认识自己、认识他人、认识社会

B. 学习、掌握、运用道德和法律规范

C. 正确调整自己的行为

D. 只掌握财富知识

8. 思想道德和法律的不同点体现在（　　　）。

A. 调节领域不同

B. 调节方式不同

C. 调节目标不同

D. 调节效率不同

9. 良好的思想道德素质和法治素养，是（　　　）的结果，同时也是大学生把握发展机遇、成就精彩人生的基础条件和宝贵资源。

A. 在学习中升华

B. 在内省中完善

C. 在自律中养成

D. 在实践中锤炼

10. 学习"思想道德与法治"这门课程，有助于大学生（　　　）。

A. 领悟人生真谛、把握人生方向

B. 追求远大理想、坚定崇高信念

C. 遵守道德规范、锤炼道德品格

D. 学习法治思想、养成法治思维

三、简答题

1. 中国特色社会主义进入新时代意味着什么？

2. "青年不懈追求的梦想始终与振兴中华的责任担当紧密相连"表现在哪些方面？

3. 良好的思想道德素质和法治素养对大学生有什么作用？

四、材料分析题

随着对外开放的深入和中西文化交流的加强，经济体制的转变和市场经济的发展，传统的道德受到强烈的冲击，致使大学生道德观念出现模糊，甚至是空白。21 世纪是一个竞争激烈、机遇与挑战并存的时代，这就将对大学生素质的要求提到了一个更高的水平，特别是大学生的道德素质。因此，提高大学生道德素质已成为当代社会发展的一个重要课题。把家庭、学校、社会有机结合起来，对于提高大学生道德素质，培养高素质大学生具有重要意义。

请根据上述材料，谈谈大学生应如何锤炼个人品德、加强道德修养。

实践篇

实践项目一　主题演讲——新时代　新使命

⚙ 实践目标

通过资料收集和学习，认识到中华民族伟大复兴是每一个中国人的不懈追求，认识到大学生的使命始终与振兴中华紧密相连。

🧰 实践方案

1.任课教师向学生发布演讲主题。

2.将学生分为若干小组，每组人数视具体情况而定。

3.学生以小组为单位分工合作，收集资料，撰写演讲稿，进行演讲排练。

4.任课教师到各小组检查准备情况，并对演讲选手进行辅导。

5.班干部协助任课教师制定演讲流程及评分标准，并选出主持人、评委和计分员。

6.演讲开始，各小组演讲选手按照顺序进行演讲。

7.评委和计分员对各位演讲选手依次进行打分和统计。

8.演讲结束，各小组进行讨论和总结。

9.任课教师对演讲进行点评，并公布成绩。

10.活动结束后，以小组为单位提交演讲稿，每人提交一份活动总结。

📋 参考资料

一、评分标准

演讲评分表（总分100分）			
评分项目	分值	评分标准	得分
主题	15分	主题明确，观点正确，见解独到	
讲稿	20分	内容典型新颖，反映客观事实，具有普遍意义，原创	

续表

演讲评分表（总分100分）			
评分项目	分值	评分标准	得分
结构	15分	结构完整，层次分明，逻辑清晰，构思巧妙	
语言	20分	发音标准，吐字清晰，语速适当，声音洪亮，表达自然，感情表达得体，具有感染力	
熟练程度	10分	脱稿，演讲顺畅，无停顿	
形体	10分	穿着得体，端庄大方	
时间	10分	时间控制在5分钟左右，无严重超时或不足	
演讲者序号：_____号		总分：_____分	

二、演讲稿写作技巧

1. 了解对象，有的放矢

演讲稿是讲给人听的，因此，写演讲稿首先要了解听众对象：了解他们的思想状况、文化程度、职业状况如何；了解他们所关心和迫切需要解决的问题是什么；等等。否则，演讲稿写得再好，听众也会感到索然无味，无动于衷，也就达不到宣传、鼓动、教育和欣赏的目的。

2. 观点鲜明，感情真挚

演讲稿观点鲜明，显示演讲者对一种理性认识的肯定，显示演讲者对客观事物见解的透辟程度，能给人以可信性和可靠感。演讲稿观点不鲜明，就缺乏说服力，就失去了演讲的作用。演讲稿还要有真挚的感情，才能打动人、感染人，有鼓动性。因此，在表达上要注意感情色彩，把说理和抒情结合起来。既有冷静的分析，又有热情的鼓动；既有所怒，又有所喜；既有所憎，又有所爱。当然这种深厚动人的感情不应是"挤"出来的，而要发自肺腑，就像泉水喷涌而出。

3. 行文变化，富有波澜

构成演讲稿波澜的要素很多，有内容，有安排，也有听众的心理特征和认识事物的规律。如果能掌握听众的心理特征和认识事物的规律，恰当地选择材料、安排材料，就能使演讲在听众心里激起波澜。换句话说，演讲稿要写得有波澜主要不是靠声调的高低，而是靠内容的有起有伏，有张有弛，有强调，有反复，有比较，有照应。

4. 语言流畅，深刻风趣

要把演讲者在头脑里构思的一切都写出来或说出来，让人们看得见、听得到，就必须借助语言这个交流思想的工具。因此，语言运用得好坏，对写作演讲稿影响极大。要提高演讲稿的质量，必须在语言的运用上下一番功夫。写作演讲稿在语言运用上应注意以下5个问题。

（1）要口语化。"上口""入耳"是对演讲语言的基本要求，也就是说演讲的语言要口语化。演讲，说出来的是一连串声音，听众听到的也是一连串声音。听众能否听懂，要看演讲者能否说得好，更要看演讲稿是否写得好。如果演讲稿不"上口"，那么演讲的内容再好，也不能使听众"入耳"、完全听懂。如在一次公安部门的演讲会上，一名公安战士讲到他在执行公务中被歹徒打瞎了一只眼睛，歹徒弹冠相庆说这下子他成了"独眼龙"，可是这位战士伤愈之后又重返第一线工作了。讲到这里，他拍了一下讲台，大声说："我'独眼龙'又回来了！"会场里的听众立即报以热烈的掌声。演讲稿的"口语"，不是日常的口头语言的复制，而是经过加工提炼的口头语言，要逻辑严密、语句通顺。由于演讲稿的语言是作者写出来的，受书面语言的束缚较大，因此，就要冲破这种束缚，使演讲稿的语言口语化。为了做到这一点，写作演讲稿时，应把长句改成短句，把倒装句变成正装句，把单音词换成双音词，把听不明白的文言词语、成语改换或删去。演讲稿写完后，要念一念、听一听，看看是不是"上口""入耳"，如果不那么"上口""入耳"，就需要进一步修改。

（2）要通俗易懂。演讲要让听众听懂。如果使用的语言讲出来谁也听不懂，那么这篇演讲稿就失去了听众，因而也就失去了演讲的作用、意义和价值。为此，演讲稿的语言要力求做到通俗易懂。列宁说过："应当善于用简单明了、群众易懂的语言讲话，应当坚决抛弃晦涩难懂的术语和外来的字眼，抛弃记得烂熟的、现成的但是群众还不懂的、还不熟悉的口号、决定和结论。"鲁迅也说过："为了大众，力求易懂。"

（3）要生动感人。好的演讲稿，语言一定要生动。如果只是思想内容好，而语言干巴巴，那就算不上一篇好的演讲稿。广为流传的恩格斯、列宁、斯大林的演讲，毛泽东的演讲，鲁迅的演讲，闻一多的演讲，都是既有丰富深刻的思想内容，又有生动感人的语言。语言大师老舍说得好："我们的最好的思想，最深厚的感情，只能被最美妙的语言表达出来。若是表达不出，谁能知道那思想与感情怎样好呢？"由此可见，要写好演讲稿，只有语言的明白、通俗还不够，还要力求语言生动感人。怎样使语言生动感人呢？一是用形象化的语言，运用比喻、比拟、夸张等手法增强语言的形象色彩，把抽象化为具体，深奥讲得浅显，枯燥变成有趣。二是运用幽默、风趣的语言，增强演讲稿的表现力。这样，既能深化主题，又能使演讲的气氛轻松和谐；既可调整演讲的节奏，又可使听众消除疲劳。三是发挥语言音乐性的特点，注意声调的和谐和节奏的变化。

（4）要准确朴素。准确，是指演讲稿使用的语言能够确切地表现讲述的对象——事物和道理，揭示它们的本质及其相互关系。演讲者要做到这一点，首先要对表达的对象熟悉了解，认识必须准确；其次，要做到概念明确、判断恰当、用词贴切，句子组织结构合理。朴素，是指用普通的语言，明晰、通畅地表达演讲的思想内容，而不刻意在形式上追求辞藻的华丽。如果过分地追求文辞的华美，就会弄巧成拙，失去朴素美的感染力。

（5）要控制篇幅。演讲稿不宜过长，要适当控制时间。德国著名的演讲学家海茵兹·雷德曼在《演讲内容的要素》一文中指出："在一次演讲中不要期望得到太多。宁可只有一个给人印象深刻的思想，也不要五十个让人前听后忘的思想。宁可牢牢地敲进一根钉子，也不要松松地按上几十个一拨即出的图钉。"所以，演讲稿不在乎长，而在乎精。

5. 认真修改，精益求精

从事任何文体的写作都要重视修改、认真修改、精心修改，写作演讲稿自然不能例外。例如，林肯在接到要他作演讲的任务之后，在指挥战争、通权国是的情况下，还亲自起草演讲稿，并把演讲稿念给白宫的佣人听。直到演讲的前一天晚上，他还在旅馆的小房间里再次推敲、修改演讲稿。再如，1883年3月14日，马克思与世长辞，恩格斯作了《在马克思墓前的讲话》的著名演讲。演讲草稿是这样开头的："就在十五个月以前，我们中间大部分人曾聚集在这座坟墓周围，当时，这里将是一位高贵的崇高的妇女最后安息的地方。今天，我们又要掘开这座坟墓，把她的丈夫的遗体放在里边。"恩格斯考虑后进行了修改，写成："三月十四日下午两点三刻，当代最伟大的思想家停止了思想。让他一个人留在房里总共不过两分钟，等我们再进去的时候，便发现他在安乐椅上安静地睡着了——但已经是永远地睡着了。"两者比较，后者入题较快，演讲一开始就抒发了对逝者的无限敬爱和万分惋惜的心情，使现场的人们也沉浸在对马克思的缅怀与崇敬之中。正是这种认真的态度和精心的修改，才为恩格斯每次演讲的成功提供了有力的保证。

三、演讲方式

1. 宣读演讲

演讲时按照已准备好的演讲稿宣读。适用于一些比较严肃的重要会议或宣布某些重要决定等。优点是事前能做好充分准备，但也会给观众造成演讲者与听众缺乏情感联系、显得程式化、呆板枯燥的感觉。

2. 背诵演讲

将已经准备好的演讲稿全部背下来，演讲时凭记忆背诵出演讲词。适用于演讲经验不足的演讲者，可以避免紧张而出现心理失控。但有时也会出现"卡壳"现象，与听众难以进行感情交流。

3. 提纲式演讲

在充分收集、研究有关资料的基础上，列出演讲提纲，演讲时按照提纲进行。这种方式的优点：其一，易于做到中心突出、层次清楚、详略得当；其二，无须全部背下，易于记忆；其三，易于同听众交流感情。

4. 即兴演讲

事先无准备，但由于主观上对某事物有所感触、即兴演讲主题发生兴趣，或者是客观需要而临时进行的演讲。这种演讲方式难度较大，需要演讲者具有丰富的经验和娴熟的技巧。一般来说，人们并不要求演讲者在即兴演讲中发表宏大精辟的演讲主题，只要做到演讲内容得体、有益有趣、言简意赅、恰到好处即可。

四、演讲技巧

演讲表达的主要特点是"讲"，对演讲者来说，写好了演讲词，不一定就讲得好，正如作曲家不一定是演唱家一样。有文采、善于写出好的演讲词的人，不一定能讲得娓娓动听。真正的演讲家，既要善写，还要会讲，既要有文采，又要有口才。要想成就一次精彩的演讲，掌握一定的演讲技巧必不可少。

1. 演讲时的姿势

演讲时的姿势会带给听众某种印象，例如堂堂正正的印象或者畏畏缩缩的印象。虽然个人的性格与平日的习惯对此影响颇巨，不过一般而言，仍有方便演讲的姿势，即所谓"轻松的姿势"。要让身体放松，反过来说就是不要过度紧张。过度紧张不但会表现出笨拙僵硬的姿势，而且对于舌头的动作也会造成不良的影响。

2. 演讲时的视线

在大众面前说话，亦即表示必须忍受众目睽睽的注视。当然，并非每位听众都会对你投以善意的目光。尽管如此，你还是不能漠视听众的目光、避开听众的视线来说话。尤其当你走到麦克风旁边站立在大众面前的那一瞬间，来自听众的视线有时甚至会让你觉得刺痛。

3. 演讲时的面部表情

演讲时的面部表情无论好坏都会带给听众极其深刻的印象。紧张、疲劳、喜悦、焦虑等情绪无不清楚地表露在演讲者脸上，这是很难借由本人的意志来加以控制的。如果表情总觉缺乏自信，老是畏畏缩缩，即使演讲的内容再精彩，也会欠缺说服力。

4. 演讲时的服饰和发型

服装也会带给观众各种印象。尤其是东方男性总是喜欢穿着灰色或蓝色系的服装，难免给人过于刻板无趣的印象。轻松的场合不妨穿着稍微花哨一点的服装来参加。

5.演讲的声音和腔调

演讲的语言从口语表述角度看，必须做到发音正确、清晰、优美，词句流利、准确、易懂，语调贴切、自然、动情。

6.说话的速度

为了营造沉着的气氛，说话稍微慢点很重要。标准大致为 5 分钟 3 张左右的 A4 纸原稿，不过，要注意的是，倘若从头至尾一直以相同的速度来进行，听众会睡着的。演讲时的呼气方法是：控制两肋，使腹部有一种压力，将气均匀地往外吐，呼气时用嘴，做到匀、缓、稳。

✂ 实践项目二　　拟定规划书——我的职业生涯规划

⚙ 实践目标

让大学生对自己的大学生活进行总结与反思，对所处的时代进行畅想，对个人的优势和劣势进行综合分析，认清自我，明确自己的目标，为自己制订一份实现奋斗目标的计划。在活动过程中，让大学生明白，大学阶段是人生发展的重要时期，是世界观、人生观、价值观形成的关键时期。同时，教育大学生在提升自身文化素质的同时，更应该提高自己的道德素质。

📦 实践方案

1.任课教师公布任务，说明主题和注意事项，让学生提前进行准备工作。

2.每名学生对自己进入大学以来的学习和生活情况、自身的优劣势进行综合分析，确立自己在大学期间要达到的目标，明确为自己以后的理想职业要做好哪些准备。

3.每名学生根据自己的分析结果，并结合自身实际情况，着手拟定一份职业生涯规划。

4.将做好的规划书上交任课教师。

5.任课教师在课堂上安排学生就自己的发展规划进行演讲，并进行交流讨论。

6.任课教师对活动进行点评，并对学生的规划进行指导并完善。

✂ 实践项目三　　微话题讨论——适应大学生活

⚙ 实践目标

通过讨论和学习，帮助大学生尽快融入大学生活，开启自己的大学生涯；更好更快地熟悉自己身边的同学和事物，和同学、教师建立良好的关系，尽快组建一个互帮互助的大家庭。

实践方案

1. 任课教师提前公布活动主题，让学生做好准备。

2. 将学生分为若干小组，人数视情况而定。

3. 活动可分为讨论环节和提问环节。

4. 讨论环节，各小组内部进行讨论，各自发表自己的看法，然后任课教师组织各小组选派代表发言。

5. 提问环节，学生针对自己存在的疑问进行提问，提问对象有任课教师和邀请来参加活动的高年级学长学姐。

6. 讨论和提问结束，任课教师对各小组的参与度和表现进行评价，并对活动和大学生活的一些注意事项进行总结和提示。

7. 以小组为单位提交一份讨论总结。

学思践悟

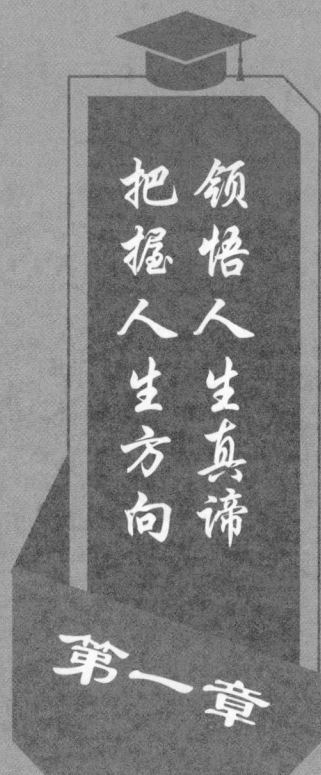

领悟人生真谛
把握人生方向

第一章

　　让我们好好地把握住青春，学那穿云破雾的海燕去搏击八方的风雨，学那高大挺拔的青松去经霜傲雪。只有如此，才能在你的青春史上谱下无怨无悔的一页。不要怕输，青春是永远不服输的，只要你肯努力，梦想终会实现。

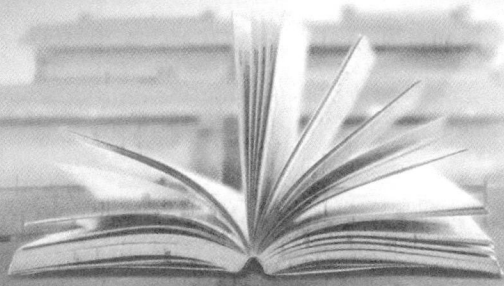

以你为剑的青春

导航篇

知识网络

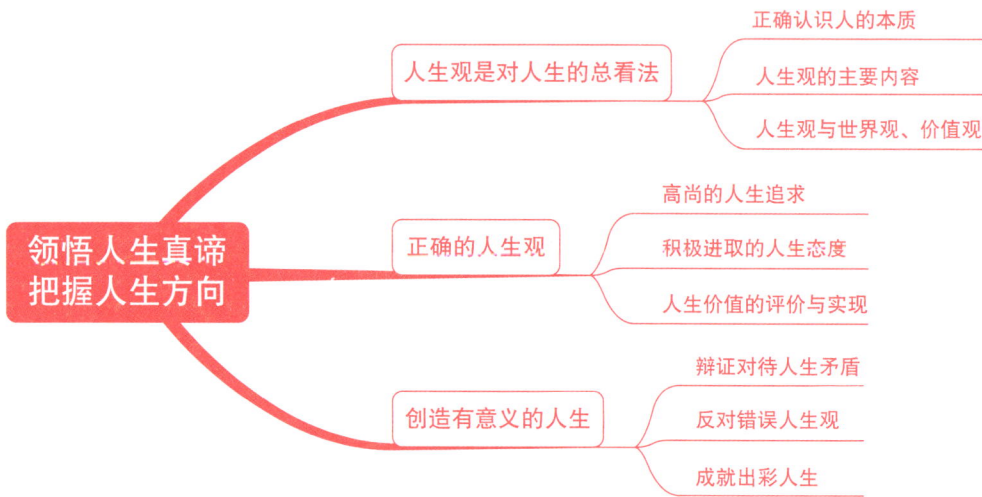

领悟人生真谛 把握人生方向

- 人生观是对人生的总看法
  - 正确认识人的本质
  - 人生观的主要内容
  - 人生观与世界观、价值观
- 正确的人生观
  - 高尚的人生追求
  - 积极进取的人生态度
  - 人生价值的评价与实现
- 创造有意义的人生
  - 辩证对待人生矛盾
  - 反对错误人生观
  - 成就出彩人生

学习指南

⊙ 学习目标

1. 系统掌握马克思主义人生观的基本理论，深刻理解个人与社会关系的基本原理；确立高尚的人生追求，保持积极进取的人生态度，科学评判人生价值，深入剖析错误人生观的实质和危害，并自觉同各种错误人生观作斗争，树立正确的幸福观、享乐观、得失观、顺逆观、生死观和荣辱观，创造有意义的人生。

2. 通过深入的主题实践活动加深对理论知识的理解和掌握，并做到融会贯通，在学习和生活中达到理论与实践相结合的目的，过充实而有意义的大学生活，找到并把握人生的方向。

⊙ 要点提示

1. 正确看待和甄别社会上存在的各式人生观，自觉抵制和摒弃错误的人生观。
2. 不虚度、不辜负青春，为国家和社会贡献青春之力，成就出彩人生。

⊙ **学习思路**

　　学习本章，要先理解人生观、价值观的含义与意义，在此基础上，正确把握人生观的评价标准和实现人生价值的条件，并学会在实践中创造有意义的人生价值，然后从实践中感悟，学会辩证对待人生矛盾，进一步树立正确良好的人生观和价值观，成就出彩人生。

理论篇

要点解析

要点一：正确认识人的本质

　　任何人都是处在一定的社会关系中从事社会实践活动的人。社会属性是人的本质属性。每一个人从来到人世的那天起，就从属于一定的社会群体，同周围的人发生各种各样的社会关系，如家庭关系、地缘关系、业缘关系、经济关系、政治关系、法律关系、道德关系等。人的社会关系的总和决定了人的本质。人们正是在这种客观的、不断变化的社会关系中塑造自我，成为真正现实的、具有个性特征的人。

　　解析：人的属性包括自然属性和社会属性。人的自然属性是指人的生理结构和自然本能。自然属性是人和动物都有的。人的社会属性是指人在一定的社会环境中表现出来的性质，主要表现为劳动、语言、思维等。社会属性是人区别于动物的根本标志，是人的本质的表现形式。

认知

　　1920年10月，印度传教士辛格在印度加尔各答的丛林中发现两个被狼哺育的女孩。大的约8岁，小的1岁半左右。辛格给她们起了名字，大的叫卡玛拉，小的叫阿玛拉。她们被领进孤儿院时，不会用双脚站立，只能用四肢行走。她们习惯在黑夜里看东西，经常白天睡觉，晚上活跃。每到晚上10点、凌晨1点和3点就会发出非人非兽的尖锐叫声。她们不会用手拿东西，吃起东西来狼吞虎咽，喝水也和狼一样用舌头舔。

　　她们被领进孤儿院后，辛格夫妇非常爱护她们，耐心抚养和教育她们。

遗憾的是，阿玛拉到孤儿院不到 1 年便死了。卡玛拉用了 25 个月才开始说第一个词"ma"，4 年后一共只学会了 6 个词，7 年后增加到 45 个词。进孤儿院 16 个月后卡玛拉才会用膝盖走路，2 年 8 个月才会用双脚走路，但快跑时又会用四肢爬行。卡玛拉一直活到 17 岁，但她直到死也没真正学会说话，智力只相当于三四岁的孩子。

要点二：个人与社会的辩证关系

个人与社会是对立统一的关系，两者相互依存、相互制约、相互促进。社会是由一个个具体的人组成的，离开了人就没有社会，社会是人的存在形式。同时，人是社会的人，离开了社会人也无法生活。

个人与社会的关系，最根本的是个人利益与社会利益的关系。

人的社会性决定了人只有在推动社会进步的过程中，才能实现自我的发展。

解析： 社会上没有抽象的个人，只有承担着各种社会角色的具体的个人。个人利益要遵从于社会利益这个大前提，比如，个人不能通过出卖国家机密来为自己赚取利益。社会属性是人的本质属性，个人的发展只能在社会发展的基础上实现，比如，在古代社会想要用电脑、手机等现代化产品是不现实的。

要点三：人生观的主要内容

在一定的社会历史条件下，人们实践人生、感悟人生，形成相应的人生观。

人生观的主要内容包括对人生目的、人生态度和人生价值等问题的看法。

人生目的是人们在社会实践中关于自身行为的根本指向和人生追求。人生目的回答人为了什么活着，是人生观的核心。

人生态度是指人们通过生活实践形成的对人生问题的一种相对稳定的心理倾向和精神状态。人生态度回答人应当如何活着，是人生观的表现和反映。

人生价值是指人的生命及其实践活动对于社会和个人所具有的作用和意义。人生价值回答什么样的人生才有价值，它内在地包含了人生的自我价值和社会价值两个方面。人生的自我价值是个体生存和发展的必要条件，人生的自我价值的实现是个体为社会创造更大价值的前提；人生的社会价值是社会存在和发展的重要条件，人生社会价值的实现是个体自我完善、全面发展的保障。

人生目的决定着人们对待实际生活的基本态度和人生价值的评判标准，人生态度影响着人们对人生目的的持守和人生价值的实现，人生价值制约着人们对人生目的和人生态度的选择。

解析： 人生观的主要内容就如同飞机的机头、机翼和尾翼。人生目的是机头，指引人生前进的目标，人生态度是机翼，决定人生前进过程中的稳定性，也就是迈向目标的方式；人生价值是尾翼，决定人生前进的方向，保障人生目的的实现。

要点四：人生观与世界观、价值观

世界观是人们对生活在其中的世界以及人与世界的关系的总体看法和根本观点。人生观是世界观的重要组成部分，是世界观在人生问题上的体现。价值观是人们关于价值的根本观点，对于人生观的形成和发展有重要的引导作用。

世界观决定人生观，有什么样的世界观，就会有什么样的人生观。人生观对世界观的巩固、发展和变化起着重要的作用。如果一个人的人生观发生变化，其世界观也会随之发生变化。一个人树立什么样的价值观，会直接影响他对人生目的、人生意义等问题的思考，左右他对人生道路的选择，影响他的人生态度。

解析：人生观和世界观就像个人和集体，个人从属于集体，没有集体的方向，就没有个人的方向；个人对自己没有正确的认识，那么对集体的认识也会产生偏差或者错误。价值观决定人的自我认识，它直接影响和决定一个人的理想、信念、生活目标和追求方向的性质，从而对自己的人生观和世界观都会产生决定性的影响。

要点五：正确的人生观

1. 高尚的人生追求

服务人民、奉献社会的思想以其科学而高尚的品质，代表了人类社会迄今最先进的人生追求。

一个人确立了服务人民、奉献社会的人生追求，才能清楚地把握人生的奋斗目标，深刻理解人为了什么而活、应走什么样的人生之路等道理；才能以正确的人生态度对待人生、解决实际生活中的各种问题，以人民利益为重，始终对祖国和人民怀有高度的责任感，在服务人民、奉献社会中实现自己的人生价值；才能掌握正确的人生价值标准，才能懂得人生的价值首先在于奉献，自觉用真善美来塑造自己，不断培养高洁的操行和纯朴的情感，努力使自己成为一个高尚的人。

解析：在各式各样的关于人生目标的思想中，高尚的人生目标总是与奋斗奉献联系在一起。一个人的能力有大小、职业有不同、职位有高低，但只有自觉把个人之小我融入社会之大我，不为狭隘私心所扰，不为浮华名利所累，不为低俗物欲所惑，哪怕是扶老奶奶过马路，在路边捡一下垃圾，也是证明自己关心周围的人与事物，并自觉地作出这种举动，其实也就是服务人民、奉献社会。

👍 **榜样**

"三十忠诚风与雪，万里邮路云和月，雪山可以崩塌，真正的汉子不能倒下，雀儿山上流动的绿，生命禁区前行的旗，蜿蜒的邮路是雪山的旋律，坚强的多吉，你唱出高原上最深沉的歌。"30多年来，其美多吉承担川藏邮路甘孜到德格段的邮运工作，圆满完成每一次邮运任务；面对歹徒威胁，冒着生命危险保护邮件安全；热情帮助沿途人民群众，架起藏区与祖国内地沟通联系的一座桥梁，是"雪线邮路的幸福使者"。

2. 积极进取的人生态度

（1）人生须认真。以认真的态度对待人生，就是要严肃思考人的生命应有的意义，明确生活目标和肩负的责任，既要清醒地看待生活，又要积极认真地面对生活。

（2）人生当务实。务实，就是要遵循客观规律，一切从实际出发，以科学的态度看待人生，以务实的精神创造人生；要把远大的理想寓于具体的行动中；要坚持实事求是的基本原则，正确面对人生目的与现实生活之间的矛盾，更好地把人生梦想与个人情况和社会实际结合起来，从小事做起，从身边的事做起，脚踏实地、一步一个脚印地实现人生目标。

（3）人生应乐观。乐观豁达、热爱生活、对人生充满自信，体现了对自己、对生活、对社会的积极态度，这种态度是人们承受困难和挫折的心理基础。

（4）人生要进取。适应历史发展的趋势，以开拓进取的态度迎接人生的各种挑战，才能不断领悟美好人生的真谛，体验生活的快乐和幸福。

解析：每个人都渴望成功，只有采取积极进取的人生态度，才能取得成功。积极进取不光是对自己负责，社会也需要广大青年有所成就，共同为社会作出贡献，因此，我们要有积极进取的人生态度，为自己，也为社会努力奋斗。

要点六：人生价值的评价与实现

1. 正确评价人生价值

评价人生价值的根本尺度，是看一个人的实践活动是否符合社会发展的客观规律，是否促进了历史的进步。客观、公正、准确地评价社会成员人生价值的大小，除了掌握科学的标准外，还需要掌握恰当的评价方法。

既要看贡献的大小，也要看尽力的程度；既要尊重物质贡献，也要尊重精神贡献；既要注重社会贡献，也要注重完善自身。

解析： 简言之，就是要量力而行，也要尽力而为；贡献不一定是通过金钱等物质层面去做，对他人的关心帮助也是贡献的一种；完善好自身，才能更好地贡献社会，有贡献社会的愿望，也会更好地完善自身，两者互相依存，缺一不可。

2. 人生价值的实现条件

任何人都只能在一定的主客观条件下去实现自己的人生价值。因此，正确把握人生价值实现的条件至关重要。

（1）实现人生价值要从社会客观条件出发。人生价值是在社会实践中实现的，人的创造力的形成、发展和发挥都要依赖于一定的社会客观条件。

（2）实现人生价值要从个体自身条件出发。人的自身条件会有一定的差异，某一个具体的价值目标，对这个人来说是恰当的、比较容易实现的，而对另一个人来说却未必如此。

（3）不断增强实现人生价值的能力和本领。个人的主观努力在相当大的程度上决定着人生价值实现的程度。

解析： 要全面地看待人生价值的实现条件。有客观的、主观的，也有自身方面的、社会方面的。人生价值的实现不能脱离客观的社会条件，也不能脱离自身的实际情况，还可以通过主观地努力奋斗，提升实现人生价值的能力。

相关链接：

青春的底色

要点七：辩证对待人生矛盾

大学生要科学认识实际生活中的各种问题，勇敢面对和正确处理各种人生矛盾。

（1）正确看待得与失。首先，不要过于看重一时的"得"。在成绩与收获面前，更要保持平常心态，更加谦虚谨慎，切不可得意忘形，以免乐极生悲。其次，不要惧怕或斤斤计较一时的"失"。在失意之际坚持不懈，在坎坷之时不断努力，方能有所收获，实现人生目标。最后，要跳出对个人得失的计较。个人利益的得失只能部分地衡量人生价值的大小，每个个体只有在奉献社会中才能实现更大的人生价值。

（2）正确看待苦与乐。苦与乐既对立又统一，在一定条件下还可以相互转化。在成长过程中，同学们要准确把握苦与乐的辩证关系，努力做迎难而上、艰苦奋斗的开拓者。

（3）正确看待顺与逆。无论是顺境还是逆境，对人生的作用都可能是双面的，关键是怎样去认识和对待它们。只有善于利用顺境，勇于正视逆境和战胜逆境，人生价值才能够实现。

（4）正确看待生与死。如何认识、对待生与死，体现了一个人人生境界的高低，更直接影响着他的生活。大学生应珍爱生命、珍惜韶华，在服务人民、投身民族复兴伟大事业中发掘出生命所蕴藏的巨大潜能，努力给有限的个体生命赋予更大的意义。

（5）正确看待荣与辱。荣辱观是人们对荣辱问题的根本看法和态度，是一定社会思想道德原则和规范的体现和表达。大学生只有具备正确的荣辱观，明确是非、对错、善恶、美丑的界限，才会在纷繁复杂的社会生活中明确应当坚持和提倡什么，应当反对和抵制什么，从容走好人生之路。

解析：幸福、得失、苦乐、顺逆、生死、荣辱，是每一个人在生活当中都会遇到的矛盾，学会用正确的心态对待它们，用平常心判断行为得失，作出正确选择，是我们实现美好人生目标的有效途径。

📖 感悟

道不尽的矛盾，说不完的人间沧桑。水与火是不相容的，但在锅的作用下，水与火结合得又如此完美。如果我们能理性做锅，你又怎么知道矛盾不如水火呢？

要点八：反对错误人生观

是非明，方向清，路子正，人们付出的辛劳才能结出果实，人生实践才能产生积极正面的价值和意义。大学生要学会思考、善于分析、正确抉择，认清这些错误思想观念的实质，警惕和自觉抵制它们的侵蚀。

（1）反对拜金主义。人应当是金钱的主人，而不是金钱的奴隶；应当依靠自己的劳动创造财富，合理合法获取金钱。同时，金钱不是万能的，生活中还有许多远比金钱更有意义的东西值得我们去追寻。

（2）反对享乐主义。健康有益的、适度的物质生活和文化生活，是人的正当需要，也有利于促进经济社会的发展。

（3）反对极端个人主义。极端个人主义是个人主义的一种表现形式，它突出强调以个人为中心，在个人与他人、个人与社会的关系上表现为极端利己主义和狭隘功利主义。同学们要正确处理好个人与他人、个人与集体、个人与社会的关系，在团结合作中共同成长、共同进步、共同发展。

解析： 喜欢金钱、享受生活和个人主义本没有错，但是如果没有节制、违背道德和法律、损害别人的利益就会成为错误的人生观，就会对自身以及他人造成伤害，我们要坚决反对。

要点九：成就出彩人生

青年的人生目标会有不同，职业选择也有差异，但只有把自己的小我融入祖国的大我、人民的大我之中，与历史同向、与祖国同行、与人民同在，才能更好地实现人生价值、升华人生境界。

（1）与历史同向。当代大学生要正确认识世界和中国的发展大势，尊重并顺应历史的选择和人民的选择，准确把握我国发展所处的重要战略机遇期，提升民族自信心，增强时代责任感，与历史同步伐，与时代共命运。

（2）与祖国同行。当代中国正处于中华民族伟大复兴的关键时期，建设社会主义现代化强国任重道远。当代大学生要正确认识国家和民族赋予的历史责任和使命，自觉与国家和民族共奋进、同发展。

（3）与人民同在。人的一生只能享受一次青春，当一个人把自己的青春与人民的事业紧密相连，就可以让青春在为祖国、为民族、为人民的不懈奋斗中绽放绚丽之花。

今天仍然是奋斗者的时代，书写新的辉煌业绩离不开新时代的奋斗者。新时代呼唤新使命，新使命需要新担当。青年是标志时代的最灵敏的晴雨表，时代的责任赋予青年，时代的光荣属于青年。新时代的大学生应当砥砺奋斗、锤炼品格，释放火热青春的奋斗激情，彰显有志青年的人生价值。

解析： 个人的成功不叫真正的出彩，只有为人民服务、为祖国作贡献的人生才是真正的出彩人生。大学生应该时刻胸怀祖国、胸怀人民，与历史同行，在为祖国和民族承担使命的事业中成就出彩人生。

相关链接：

奋斗，以青春的名义

热点解读

热点一：大学废了，可能一生都废了

热点事件

2018年10月11日，湖南环境生物职业技术学院发布通告，决定对学业成绩

没有达到要求的 22 名学生进行清退。另外，还有 40 名学生留级。原因不是违反校规校纪，也不是闯了大祸，很简单——考试不合格。2018 年 10 月 12 日，《人民日报》报道，"985"名校华中科技大学发布一则通告，决定把 18 名学生的本科学历转成专科，原因还是考试成绩不合格。两件事情差不多同一时间出来，网上瞬间就炸锅了："大学不好混了！"可是，大学原本是用来混的吗？

热点解读

《人民日报》刊登过一篇文章，标题很刺眼——《沉睡中的大学生：你不失业，天理难容》。文章写道："上课时，清醒没有发呆的多，发呆没有睡觉的多，睡觉没有玩手机的多；下课时，自修没有吃零食的多，吃零食没有看连续剧的多，看连续剧没有玩游戏的多。考试时，不给范围就不会考试，给了范围也只是复印同学准备的答案。毕业前，上大学前填报志愿，你说不知道自己的兴趣特长，好吧，大学毕业找工作了，同样不知道自己的兴趣特长。"

专业课一塌糊涂，做了 4 年试验，定容你都未必会；每学期到来，领来一摞新书，期末再卖出去，还是新的，翻都没翻过，这是在上学吗？这是在混日子！

一直以来，大学都被当成学生乐园，无论老师还是家长，都会告诉你："苦过高中，到了大学就轻松了。"真的是这样吗？不是。

大学，是你 12 年中小学教育之后，进入社会以前，最后一次系统学习。相对来说，大学更有包容度，更有自由度，塑造的也不仅仅是你的知识，还有体系化思考、价值观锻造、良好习惯、学习和解决问题的能力等。

大学混日子的人，废掉的不只是这 4 年，很有可能，废了一生。

大学 4 年混过去，你会丧失掉什么？

第一，体系化的知识与思考。大学真正的定位是，你在进入社会之前，最后一次系统性学习。就是指基于一个点深挖，最后形成在此专业中体系化的知识。你身边可能有很多人并不具有体系化的知识，他们好像什么都懂，但什么都只懂得一些碎片。知识不成体系的人，会有两个截然不同的观点从他嘴里说出来，而无论哪个观点，他都能说得振振有词。以为自己说得有理，其实只不过彰显了自己的浅薄。大学，真正要培养的，就是学生体系化思考的能力，同时，让知识形成体系化。只有体系化的思考能力、体系化的知识，才真正有深度，才不会形成偏见。

第二，学习和解决问题的能力。在大学，这里有巨大的实验室，有数以百计不同种类的社团。你可以有充分的机会，利用这些资源做你想做的事情。这其实就是在训练你的一项核心能力——学习和解决问题的能力。大学里，知识重要吗？重要，你应该有体系化的知识。但除了知识之外，还必须拥有一项能力——自主更新知识结构的能力，也就是学习能力。大学，就应该是"思想市场"的承载体，是各类观念、知识、理论的承载体。知识不是真理，事实上，从人类历史上可以看得出来，知识一经被提出就已经过时了，而且是残缺不全等待更新的，甚至有可能是错的。也就是说，你接收到的任何知识，或许都是已经落伍的。"所以，对于大学生来说，除了接受这些知识之外，更重要的能力，在于学习能力。"遇到新问题如何解决？如何利用现有的知识、前人的经验解决？当你要接受一个新的理论，如何尽快啃下，然后能迅速将其利用到实际操作当中来？这些才是更重要的。一旦具备了这种快速学习和解决问题的能力，你会发现，其实任何领域做事的道理都是一样的，任何一项工作，你都可以快速上手，熟练做出产出。

第三，自我教育能力的丧失。自我教育能力主要是指两个方面，第一个是阅读习惯；第二个是自我行为能力纠正。大学混过去，阅读习惯基本没有。《读大学，究竟读什么》中有一段话："很多人觉得自己最厉害，是在高中阶段，什么都懂，什么都学，理科文科都懂，800字文章提笔就来，每天看杂志，看很多哲人的思想著作。每天早上很早起来晨读，每天晚上关灯之前都要看半个小时书、背几个单词才会睡觉。这种良好的习惯，大概是从初中就开始养成，花了6年时间。大部分人在大学阶段，不到2年，就把它荒废殆尽。"养成一个好习惯，需要21天，坚持下来，需要好几年，但毁掉它，几个月半年就够了。什么叫自我行为能力的纠正呢？是指你能意识到，你正在做不合适的事情，你知道自己做法不妥，试图纠正。但在大学里，这种能力，随着混日子时间越来越长，基本就没有了。大一，你不会翘课，偶尔迟到，上课玩手机，会有点愧疚，觉得自己做错了。大二，你经常性迟到，并不觉得有什么了不起，"迟到嘛，太正常了"；你上课基本不听，即使去了，眼睛也都在手机屏幕上，而不是在老师黑板上。大三，你基本不去上课，甚至连床都懒得下，就是待在床上玩手机、玩网游。每一年都比上一年混日子的程度更深。

对于大学混日子的人来说，混过每一天后，对错误行为的"阈值"都在降低。从迟到到翘课，甚至到之后不再去上课，最后发展到天天在网吧泡着，学校都不回，并且心中坦然接受，并不觉得有什么不对，自我纠错能力基本为零。学历和能力一样，都至关重要。大学，真的能改变你，你的人生，你的阶层，你的收入，你的见识，你的人脉，等等。所以，别再拿大学当混日子的场所了！大学是你人生下一步起点的基础，是你从学校教育到社会最后的过渡期。好好念大学真的可以改变很多。加油吧，大学生们！

热点二：青春是用来奋斗的

热点事件

2017年夏天，某单位组织了一次慰问留守儿童的活动，当志愿者们把准备的书本和文具交到孩子们手中时，却意外收到了一张用稚嫩笔迹写下的纸条。纸条上写道："叔叔，我不喜欢你们带来的东西，我想要一个可以打《王者荣耀》的手机。或者以后你们给我钱，我们自己买喜欢的东西，你们带来的十们文具，我们不喜欢，谢谢。"该事件也引起了科研工作者们的关注，中科院院士焦念志就是其中之一。他在接受采访时，对网络游戏玩家日益低龄化的趋势深感担忧。

热点解读

人的一生只有一次青春。现在，青春是用来奋斗的；将来，青春是用来回忆的。人生之路，有坦途也有陡坡，有平川也有险滩，有直道也有弯路。青年面临的选择很多，关键是要以正确的世界观、人生观、价值观来指导自己的选择。

——《习近平谈治国理政（第一卷）·在实现中国梦的生动实践中放飞青春梦想》

马克思曾说，青春的光辉，理想的钥匙，生命的意义，乃至人类的生存、发展，全包含在这两个字之中：奋斗！只有奋斗，才能治愈过去的创伤；只有奋斗，才是我们民族的希望和光明所在。1939 年 5 月 30 日，庆贺模范青年大会在延安召开，毛泽东说："中国的青年运动有很好的革命传统，这个传统就是永久奋斗，我们共产党是继承这个传统的，现在传下来了，以后更要继续传下去。"习近平总书记教导我们说："人的一生只有一次青春。现在，青春是用来奋斗的；将来，青春是用来回忆的。""青年人应该把学习作为首要任务，作为一种责任、一种精神追求、一种生活方式，树立梦想从学习开始、事业靠本领成就的观念，让勤奋学习成为青春远航的动力，让增长本领成为青春搏击的能量。"

当下，游戏产业的快速发展一方面丰富了我们的生活，另一方面也带来一些新的问题。据中国青少年网络协会第三次网瘾调查研究报告显示，我国城市青少年网民中网瘾青少年约占 14.1%，人数为 2404.2 万；在城市非网瘾青少年中，约有 12.7% 的青少年有网瘾倾向，人数为 1858.5 万。相关数据显示，2017 年中国游戏用户规模达到 5.83 亿人，过去 5 年，手游用户数从 9000 万增长至 5.54 亿，而青少年成为游戏主力用户之一。近年来，类似因成瘾性电子游戏导致青少年自杀、他杀、自残的案例屡见不鲜。

正如习近平总书记所说："学生在高校生活，正处在人生成长的关键时期，就好比小麦的灌浆期。"小麦灌浆期，阳光水分跟不上，就会耽误一季庄稼的收成，如果大学阶段我们都把大把的时间浪费在网络游戏上，虚掷光阴，那么今天我们在网络中游戏人生，明天人生就会游戏我们。

人生价值的实现在很大程度上取决于个人主观努力，在 2018 年 6 月召开的新时代全国高等学校本科教育工作会议上，教育部部长陈宝生告诫大学生："大学生的成长成才不是轻轻松松、玩玩游戏就能实现的，青春是用来奋斗的。"大学生一定要珍惜韶华，勤奋学习，既要多读有字之书，也要多读无字之书，注重人生经验和社会知识的积累，还要注意将所学知识内化于心，形成自己独特的见解。通过各种方式和途径，全面提高自身的综合素质和能力，不断增强实现人生价值的能力和本领，增强青春搏击的能力，承担起新时代赋予大学生的责任和使命。

案例探讨

好人好兵张光付：把雷锋精神广播在祖国大地上

作为一名军人，他踏实努力、刻苦钻研，是拥有过硬军事素质的特战尖兵和本职岗位上的"多面手"。作为一个"大写的人"，他相助鳏寡老人、解囊贫困学子、勇救落水儿童、扑救麦田大火……十几年如一日地用实际行动诠释着雷锋精神，彰显新时代军人的担当和卓越风采。

面对褒奖或质疑，他始终云淡风轻："我做的这些，都不是什么惊天动地的大事，我只是看不得别人有难处"，"只要有人的地方就需要雷锋精神，我要坚持自己的初心，当好雷锋精神的传人、雷锋精神的种子"。

手握锄头的军事尖兵

和许多男孩子一样，现任武警辽宁省总队抚顺支队执勤二大队执勤五中队一排排长张光付，从小就对军队十分向往。18岁那年，他从家乡邓州入伍，如愿成为一名士兵。

不抛弃、不放弃——从入伍的第一天开始，张光付就把这句话当作自己的人生信条。在军中，除了完成每日常规的训练任务之外，他常常给自己加练。

每天比别人多跑5公里，每个战术动作比别人多练两三遍，就连午休时间，他也主动跑到操场上训练：100次俯卧撑、100次仰卧起坐、100次推砖、跑步、单双杠……

东北的严冬，天气酷寒，地面冷硬，训练战术时，无数次的匍匐前进，他的膝盖、手肘和腿都磨破了，但从未想过放弃。

日复一日地不懈努力让张光付拥有了良好的军事素质。重装10公斤的5公里越野，他只用十几分钟就能跑完全程，比其他战士平均快5分钟以上；和战友一起代表支队参加总队搏击大比武时，获得团体第三名的好成绩。

作为单兵素质在全支队都数一数二的训练尖兵，他在2007年升为士官，随后担任特勤排副班长。

就在刚刚转改为士官不久，张光付由机动中队调到生产中队。从训练一线到种菜、养猪，张光付坦言，自己心里当时不是没有落差的，但他并没有因此抱怨或气馁："领导既然这么信任我，给我安排这个任务，我一定要把这项工作给完成好。"

面对几乎从未接触过的领域，他从零开始学起，不仅掌握了种养殖技术，把100多亩农田、果园、菜地，4亩鱼塘和猪、羊、鸡、鸭等大量家禽打理得井井有条，还成为个中能手，就连许多驻地的群众都慕名前来向他请教种养技术。

在生产中队近3年的时间里，张光付从未放松对自己的要求。中队里没有训练器材，他就自费购买沙袋、拳击手套等器材，自学电焊制作单双杠。每天结束本职工作后，他都要训练上几个小时。

功夫不负有心人，2010年年底，全支队选拔新训骨干，张光付凭借过硬的军事素质和丰富的带兵经验脱颖而出，被选调为新训班长，随后重新回到机动中队，从此以后还多了个"许三多"的名号。

秉持着不抛弃、不放弃的信念，他用自己的实际行动向所有人证明，即使手握锄头，他也依然是一名出色的军人。

新时代的"雷锋传人"

20世纪70年代，出于南水北调工程建设需要，张光付的祖父带着一家人从湖北丹江口迁移到现居地河南邓州。由于水土不服，祖父和祖母开始患病，然而孩子们又都年幼，家境十分困难。

在这种艰难的状况下，当地的乡亲们不仅热心地帮助他们搭建房屋，还在自己缺衣少食的情况下给他们送米送面，接济吃食。

乡亲们无私的帮助不仅让他们渡过了难关，也让他们一家人常怀感恩之心。"从小家里人就教导我长大后一定要走正道、做好人，回报以前帮助过我们的人、回报社会"，在这种言传身教下长大的张光付自小就有意识地去帮助他人，养成了助人为乐的品格。

10岁那年，在河边捉鱼的张光付看到村民韩耀先一家人冒着雨在地里拔花生，赶紧叫上七八个小伙伴一起帮忙，从中午12点多一直到天黑，终于拔完了地里所有的花生。虽然又脏又累，但张光付却感到十分高兴。

从小在拥有"中国雷锋第一城"之称的邓州成长，18岁又到"雷锋第二故乡"——辽宁抚顺从军，张光付说，自己与雷锋有缘，"雷锋是个兵，我也是个兵，我就是要做像雷锋那样的好兵"。

张光付是这样说的，也是这样做的。从军13年来，他始终把"雷锋精神"作为道德品行、做人做事的坐标航向和价值追求。

十年如一日地照顾孤寡老人申家福，帮扶患有脑血栓的特困户霍家林，资助家境困难的大学生韩志……从寒门学子到孤寡老人，从困难群众到残病人士，多年来，张光付用自己无悔的付出，为无数人带去了爱的温暖。

不仅帮助身边的人，张光付走到哪里就把爱心带到哪里。回乡探亲时恰遇麦田失火的他冲进火海，帮助扑灭大火、转移群众；路遇落水儿童，他毫不犹豫地跳入冰冷刺骨的河水中将人救出；雅安、鲁甸等地发生地震后，他第一时间向灾区捐款捐物，并利用暑假时间深入雅安灾区困难群众家中走访慰问，将十多个孩子列为长期帮扶对象；在电视上看到贵州省某小学留守儿童的贫困生活后，他以"普通士兵"的名义汇款资助；在武警北京警官学院学习时，他利用休息时间义务为战友补鞋 2600 余双……

10 多年来，张光付的爱心足迹遍布 20 多个省市，帮助群众及官兵 1600 余人，捐款 30 万余元。

为了帮助更多的人，他几乎把所有的津贴都用在帮扶对象身上，至今仍精准帮扶 9 户特困家庭、21 名困难学子，每月雷打不动地捐出善款 4000 元。

在张光付的感召和带动下，越来越多的人加入学雷锋、做好事的队伍中。2013 年，战友们以其名字命名，成立了"光付之光爱心团队"，目前已有 500 多人加入其中，与他一起奉献爱心、传递温暖。

"我觉得雷锋精神是一种大爱精神，是我们的国家和社会需要的一种精神，也是我们每个人都可以效仿和学习的一种精神。"张光付说，"作为新时代的官兵，一定要担负起强国使命。我会继续走好今后的每一步，努力成为一名无愧于新时代的优秀青年，在平凡的岗位上彰显自己的人生价值。同时不忘习近平总书记的嘱托，做雷锋精神的种子，把雷锋精神广播在祖国大地上。"

（资料来源：中国青年网，2018 年 7 月 17 日）

❓ 问题探讨

问：作为新时代青年，我们应该如何像张光付那样实现人生价值？

答： 中国梦的践行者、好人好兵张光付，十几年如一日地用实际行动诠释雷锋精神，把爱心和知识奉献给祖国和人民。正是秉着"只要有人的地方就需要雷锋精神，我要坚持自己的初心，当好雷锋精神的传人、雷锋精神的种子"的信念，张光付不断前行，他的事迹也深深地触动着我们的心灵。作为模范践行者的我们，要学习他永远跟党走的坚定理想信念之"魂"，学习他无私奉献、为民服务的坚如磐石之"根"，学习他勇于担当、艰苦奋斗的凛然之"骨"。从身边的平凡小事做起，用一点一滴实实在在的行动铸就中国青年正气凛然的铮铮铁骨。

网贷精准围猎，校园成了"收割场"

新冠肺炎疫情对许多大学生的重要影响，在一个不易察觉的方面，正在快速发酵。

《半月谈》记者走访发现，使用网络贷款平台支出日常消费已成大学生常见的消费方式，疫情期间，往常依靠生活费、兼职打工来偿还网贷的大学生，因为没了"收入"，债务接近"爆雷"，一些人不得不借遍亲朋好友，或通过借新还旧、以贷养贷堵上债务窟窿，以致债务越滚越大。值得注意的是，在代理借款中，一些大型正规网贷平台扮演了重要角色。它们以大学校园为目标，精准收割"优质客户"。

没了生活费，债务就彻底没希望还上了

"困在家中，每月没了生活费，我的债务就彻底没希望还上了。"武汉某高校大一学生小杨说，疫情开始没几天，一直关注疫情的他突然意识到困在家里没了生活费，"就睡不好了"。

自从高三那年分期买了一台新上市的三星S9手机尝到"甜头"，为了追求那一刹那"爽"感，小杨便陷入超前消费泥潭，踏上每月还贷之路。目前他每个月要在3个平台上还款，最多时一个月要还1950元。

《半月谈》记者走访了解到，疫情将高校学生留在家中，也让部分依靠生活费还贷的学生失去收入来源，在逾期的压力下焦躁不已。

谈到网络贷款，贵州某高校大四学生小姜说，它让自己大学生活质量变得越来越差。"支付宝花呗目前还有3000多元没还上，今年待在家没有生活费，借了不少同学和亲戚的钱，总算没有'爆雷'。"小姜说，网贷一接触就甩不掉了，"像个无底洞"。

小姜告诉《半月谈》记者，她们宿舍4个同学，有3个人背着网贷债务，还不起钱就找别人帮忙贷款还，拆东墙补西墙。重重压力下，不少同学借新还旧、以贷养贷，债务像雪球一样越滚越大。

一位大学辅导员说，据他观察，现在大学生80%都有网贷行为，贷款原因各有不同，比如日常消费、购买大件电子产品等，也有一些学生陷入物质主义的消费理念无法自拔。借网贷的不少学生家庭经济条件一般，有的甚至是贫困家庭，他们生活费不多，又不能抵挡消费诱惑，难免开始网贷。

据艾瑞咨询2020年6月发布的后疫情时代零售消费洞察报告显示，中国的网民结构中，超过50%的"90后"月消费高于2000元，超20%的"90后"月消费高于3000元。

一位刚毕业的大学生说："我们这些大学生是网贷平台的最优质客户。"

无处不在的"潘多拉魔盒"

事实上，在大学生消费欲望过度、缺乏自制力的背后，更需关注的是无处不在、"潘多拉魔盒"般的网贷诱惑。

《半月谈》记者了解到，当前网络贷款门槛低，各类产品广告铺天盖地，充斥于年轻人每天要使用的各个手机应用中。杭州某高校大学生小沈喜欢看美国职业男子篮球联赛，他每天都会在国内某主要网络平台体育APP刷新闻，但每刷几

条，就会看到网贷视频广告。他感慨："这真是精准营销。"

一些正规、大型消费贷款平台，针对大学生提供"精准服务"，各类循循善诱的让利规则暗藏玄机。

"京东之前每周都会送我白条免息券，付款的时候也会默认推荐白条付款，QQ空间里的广告是分期乐，美团有美团借钱，支付宝有花呗借呗，就连小米金融也不断给我这个三星手机用户发广告推荐网贷产品。"作为一个没有正式收入的大学生，小沈在各个平台上都有2万~3万元的借款额度。

这些网贷平台宽松的审批和超出个人还贷能力的放贷额度为大学生埋下隐患。据专家介绍，目前市面不少网贷产品宣称每日利息不到0.05%，让人以为利息很低，但实际上这种日利率对应的是18%的高额年利。

小姜目前使用的一个主流网络消费贷款平台会主动向用户推送一些贷款优惠或消费优惠的信息。她最开始仅有三四百元的贷款额度，短短两年，贷款额度就提升至三四千元，就是因为使用频次高，贷款额度会不断增加，无形中助推了贷款消费行为。

"不知道从什么时候起，在使用淘宝、京东购物时，花呗和白条变成了支付时的优先选项，而借呗、金条等借款服务也总是经常出现在APP的醒目位置，提醒我还有三五万元的额度可以使用。"刚参加工作不满半年的"95后"浙江青年小戴觉得自己是被各类APP推到了超前消费的陷阱里。

他告诉《半月谈》记者，由于花呗、白条每月底或次月初才出账，出账前往往对负债情况没有概念，花起钱来也难免大手大脚。久而久之就出现了负担不起账单的情况，这时蚂蚁借呗等按日收取利息的互联网贷款自然而然地变成了花呗还款的方式。

不少受访者认为，网贷平台为了利润，刻意培养用户超前消费习惯，并引导用户，尤其是年轻用户以信用为担保透支个人账户。一位受访者说，这些正规的、大型的消费网贷平台，用"温水煮青蛙"的方式渗透到校园里，透支着年轻人的活力。

对在校学生放贷，应设最高限额

清华大学中国经济思想与实践研究院消费金融信贷课题组开展的中国消费金融主体评估（2019）发现，选择消费信贷的客户呈现出年轻化的趋势，"90后"群体占比接近50%。

中国社会科学院国家金融与发展实验室《2019中国消费金融发展报告》显示，在互联网消费金融平台的记录未完全纳入征信系统、中小消费金融平台信息共享不足的情况下，近几年消费金融中多头借贷的现象严重，带来较大的逾期风险。

一些年轻人在消费主义心态和网贷平台"围猎"下，带着一身债务走出校园、走入社会，这样的处境或许意味着人生面临失控风险。

《半月谈》记者走访了解到多类个案：某职校学生因为欠下网贷债务，不惜骗取同学身份证在多家网络平台上贷款；一些大学生贷款与网络赌博行为交织，边赌博边贷款，最终陷入绝境……

"以往没有网贷，找同学或亲戚借钱，借不到就算了。现在网贷太方便，平台又多，无形中给大学生借钱贷款提供了便利，也不断助长消费欲望。"贵州某高校大学生小梅说，不少大学生没有正确的理财消费观念，尽管老师一再提醒，但还是有不少人抵挡不了诱惑陷入网贷泥潭。

专家认为，网贷是当前最常见的金融消费方式，要进一步加强网贷利弊宣传，把理财消费作为大学生必修课；同时，更需规范约束各类网络平台贷款行为，在打击非法网贷平台的同时，尽快出台细则，规范正规网络平台面向大学生的贷款行为，如设定贷款最高限额、避免多平台借贷等。

（资料来源：《半月谈》2020 年第 16 期）

? 问题探讨

问：如何从根本上减少乃至杜绝大学生陷入网贷泥潭？

答：这一案例材料从反面验证了树立正确人生观、价值观的重要性。当代大学生本应该走一条求学、择业、工作、为社会作贡献并实现个人价值的道路，然而一些大学生却只能"望贷兴叹"。究其原因，主要是一些大学生没有树立正确的人生观、价值观，没有养成好的消费习惯，被错误的思想观念所侵蚀，导致自己及家人深陷网贷泥潭。要从根本上减少和杜绝大学生陷入网贷泥潭，在规范约束各类网络平台贷款行为的同时，更重要的是从大学生自身着手，引导他们树立正确的人生观、价值观，摈弃盲目攀比等消费理念，使大学生自觉远离非法网贷乃至正规网贷。

青春在燃烧，为了心中的奔月梦

2020 年 11 月 24 日 4 时 30 分，"嫦娥五号"探测器在中国文昌航天发射场成功发射。它开启的，是我国首次地外天体采样返回之旅——抵达月球后挖取月壤，再带回地球。

在这项万众瞩目而异常艰辛的任务背后，活跃着一群年轻科研工作者。他们用行动完成着习近平总书记"早日实现建设航天强国的伟大梦想"的殷切嘱托，诠释着"青春由磨砺而出彩，人生因奋斗而升华"的真实意义。我们邀请其中多位代表讲述奋斗故事，致敬青春力量。

修建一架通往月球的天梯

讲述人：航天科技集团八院"嫦娥五号"探测器系统轨道器总体副主任设计

师禹志

能参与探月三期这一国家重大工程，我感到非常荣幸。从立项论证开始，我经历了制定方案、研制初样、生产正样，一直到进入发射场后所有阶段的研制工作。看着"嫦娥五号"探测器从无到有，从报告变成图纸，再成为实物，就像看着一个孩子从孕育、出生到一点点长大，心中充满喜悦。

11月17日，是器箭组合体转运的重要日子，我心情十分激动。经历了7年研制、3年贮存，可谓十年磨一剑，终于眼看着它即将发射了，那种心情，就像看着女儿出嫁一般。我有一个聪明漂亮的女儿，今年6岁。这次我在基地连续工作了140多天，其间女儿多次问：爸爸在发射场做什么？什么时候回来？我对女儿说：爸爸正在修建一架通往月球的天梯，等通过这座天梯，把月球上的土带回地球的时候，爸爸也就回家了。

我负责的轨道器就像一辆太空摆渡车，它的运转关系到"嫦娥五号"任务全部11个阶段中的8个阶段。任务一开始，轨道器要将探测器组合体送往月球轨道，将着陆器上升器组合体这个"乘客"分离释放。等着陆器上升器组合体在月面采样完毕后，轨道器又将"变身"主动飞行器，与携带样品容器的上升器交会对接，并将样品容器从上升器平稳可靠地转移到返回器中。样品转移完成后，轨道器将上升器和对接舱分离，携带返回器重新回到地球。

为了圆满完成地月往返运输任务，轨道器必须实现"重量轻，连得紧，分得开，抓得住，转得过，回得来"。它的型号比较特殊，由在北京的航天五院负责抓总研制，在上海完成总装和测试，之后再运往北京参加试验。我们经常在上海、北京两地来回奔波，有时在北京参加试验，一待就是三五个月。回上海后，又有大量工作要紧急处理，加班加点、披星戴月是家常便饭。不少同事年纪轻轻就满头白发，我们笑称他们为型号研制操碎了心。新冠肺炎疫情的暴发，给工程带来了很大挑战。为了保证型号工作，疫情最严重时，我们仍在严格防控的前提下每周乘坐班车赶往北京，一坐就是18个小时，一待至少一周。

2020年6月，正值工程繁忙阶段，北京疫情突然严重。为了保证型号顺利出厂，我们组织精兵强将20余人，在做好防疫工作的前提下逆行而上，一直战斗到型号正式出厂。这20余人中有一位女同事，危急时刻她挺身而出，堪称我们八院最美"嫦娥"。试验队全体队员以饱满的精神在发射场连续奋战140余天，完成了轨道器的最终状态设置，组成四器组合体并与运载火箭完成了对接。经过各项测试，轨道器状态良好，各项数据正常，向全国人民交出了一份优秀答卷。今后，我们将继续矢志奋斗、实干担当，全力以赴确保探月工程三期圆满收官。

争分夺秒，为梦想负重前行

讲述人：航天科技集团一院15所"长征五号"火箭发射支持系统主管孙振莲

看到探月工程标志上的那双脚印，我感慨万千。"长征五号"于2006年立项，历经 14 年长途跋涉，中国航天走出的道路，正是中华民族一直在走的路——一条自力更生、艰苦奋斗、大力协同、勇攀高峰的路。

"长征五号"地面设备一次配套、多次使用，发射后需要进行检修和更新工作。"遥一"火箭、"遥二"火箭的恢复周期都是 90 多天。2020 年要执行 3 次发射任务，任务流程 2 个月，留给地面恢复的周期只有 1 个多月，按照之前的经验，这几乎是不可能的任务，必须提升地面发射支持系统短期快速恢复能力。我们型号队伍按照发射场技术流程，结合地面发射支持系统产品及海南极端天气特点，把工作项目、资源、人员细化到小时，最终将恢复周期压缩为 35 天，探索出了一套适用于发射支持系统短期快速恢复的流程优化模式。

受疫情影响，2020 年工程推进期间资源、人员协调难度加大，火箭地面恢复团队经过千方百计努力，终于在发射前把全部资源协调到现场。成功发射的第二天，副总师贺建华就组织团队开始进行设备恢复工作，大家迎难而上、全力以赴，克服了各种困难。

很多工作只能在室外进行，而海南的烈日、台风和暴雨常不请自来。为拼进度，防热涂层修复人员提出在不影响其他系统工作的前提下，白天抽空干，晚上连续加班干。

在室内进行恢复工作更是给大家带来了极大挑战：501 厂房停电检修，没空调的厂房里温度近 40 摄氏度，湿度超过 90%，工作服湿透了，被盐浸得白花花一片。

支承臂主管设计人员徐铮患有肾结石，受疫情影响，没人能及时替换，他靠着吃止痛片扛过了一次次病情发作，直到完成工作才去医院就诊。

在极短时间内队员们完成了规定项目的恢复更换工作。到现在为止，很多队员已在靶场待了 10 个多月。在这个和平年代，爱岗敬业就是航天人家国情怀的最好体现。点滴之水能汇聚成江河，每个平凡人的努力也能变成推动国家进步的力量，推动中华民族伟大复兴中国梦早日实现。

"精打细算"，铺就探月之路

讲述人：国家航天局探月与航天工程中心主管王正伟

我从事财务和工程审计工作，是探月工程幕后千千万万航天人中的一员。一提到财务，大家都会好奇：探月工程到底花了多少钱？

在经费管理方面，我们注重节约成本，通过科学计算、科学管理，把每一分钱都花在刀刃上，通过技术创新谋求效益最大化。

举个例子："嫦娥二号"是"嫦娥一号"的备份，"嫦娥四号"是"嫦娥三号"的备份。按照常规，"嫦娥一号"和"嫦娥三号"发射成功后，如果备份不用就只能放进库房。为了避免资源浪费，我们充分利用备份产品，对"嫦娥二号"和"嫦娥四号"进行重新论证、调整任务目标，在保持探月工程总经费不超支的情况下，圆满完成了新的任务，并获得了丰硕成果。

探月工程采用的经费管理模式是统筹使用、滚动管理。工程总体紧紧围绕工程研制任务，科学规划，适时调整年度计划和经费预算，保障任务顺利执行。例如，"嫦娥5T"，也就是"嫦娥五号"探路的再入返回试验器，在立项时计划做两次飞行试验，结果第一次试验就圆满成功。经过工程总体充分论证，工程领导小组慎重决策，决定不再进行第二次试验。节省下来的经费用到后续任务中，有效提高了经费使用效率。

探月工程是体现中国力量的一件大事，但并不意味着在经费使用上粗放无度。"嫦娥"上天、采月壤返回，我们能够集中力量办大事，同时也时刻谨记着：以"精打细算"铺就探月之路。

面对难题硬坎儿，信念从不衰减

讲述人：中国科学院国家空间科学中心"嫦娥五号"探测器有效载荷分系统质量师刘国才

碧海云天，椰风习习。在这个美丽的季节，"嫦娥五号"腾空而起，将完成我国探月工程"绕、落、回"三步走战略的收官之作。我有幸参与了全流程产品研制，此时此刻，内心非常激动。

探索浩瀚宇宙，一直是人类不懈追寻的梦想。"嫦娥五号"共有13台套重要科学载荷，由多家单位研制完成。中国科学院国家空间科学中心作为有效载荷总体单位，负责抓总落实。这些科学载荷将完成采样区现场就位科学探测、获取样品采样区月面图像和月球次表层结构信息等重要任务，助力深化月球成因和演化历史等问题的科学研究。

回顾十年历程，初心不改。我们秉承"严肃认真、周到细致、稳妥可靠、万无一失"的十六字航天质量方针，针对载荷装备功能复杂、性能严苛、工作过程时间短、工况风险把控要求高等难点，不懈钻研求索、深化质量服务，全面完成了载荷研制过程的所有既定工作。

面对难题硬坎儿，信念不衰。产品质量是设计出来、生产出来、管理出来的，每一个环节如同狭关要道，牵一发而动全身。质量问题归零更是摆在每个航天人面前的一道艰难"考题"，即使问题再难、熬夜再苦、身心再疲，也要归零彻底，不带任何隐患上天。

在文昌发射场，我们载荷分系统年轻人约占九成，很多人刚有了孩子，还有的刚要了二孩。将近150天来，他们天天想念家人，但没有一位队员打过退堂鼓。我想，正是因为广大家属的默默支持，队员们才能安心执行在场任务。

站在即将开启的"十四五"时期新起点上，新征程的号角已经吹响。作为新一代航天人，我们将燃烧青春，为航天事业高质量发展奉献力量。

以"双想"模式保障试验需求

讲述人：国家航天局探月与航天工程中心主管卢亮亮

我是一名从事"嫦娥四号"任务总体设计和月球探测后续任务规划论证的系统工程师。在"嫦娥五号"发射任务中，我受命走上了总体协调和调度岗位。

作为"嫦娥五号"任务青年突击队的一员，接到任务的那一刻，我立即感受到一份喜悦——虽然我没能处在设计岗位，但终于又能走进发射场，和探测器、火箭近距离接触，和昔日的战友们共同奋斗。

"嫦娥五号"任务是目前我国航天系统中最复杂、受关注度最高的任务之一，状态多、人员多、需求多，给保障任务带来了很大挑战。如果把工程总师比喻成"厨师长"，那我的岗位就是"配送员"。每一天，我要清楚了解厨师长的当日需求，及时把最新鲜的食材送到位，不早、不晚；把需要的调料加工好，让一道大餐呈现最适宜的味道，不咸、不淡。为了保证工作质量，我把以往在系统设计工作中形成的"双想"思维模式运用到日常调度中——每天晚上先回想当天工作情况，及时做好总结；进而充分发挥对任务流程熟悉的优势，把后续多天的工作提前想清楚、安排好，尽力保障每一位试验队员的需求。

我很享受这个新的工作角色。航天人历来是一个强有力的大团队，每个人在不同的岗位上默默努力，才能共同成就梦想，在新时代、新征程上建功立业。

从"嫦娥三号"到"嫦娥五号"，专注科研与创新

讲述人：中国科学院国家空间科学中心"嫦娥五号"探测器有效载荷分系统副主任设计师王雷

2010年以来，我先后参与了"嫦娥三号""嫦娥四号"、火星探测任务、"嫦娥五号"等深空探测任务的有效载荷分系统总体工作，分别担任"嫦娥四号"有效载荷分系统主任设计师，火星探测任务和"嫦娥五号"有效载荷分系统副主任设计师，亲历了我国深空探测领域的多个"第一次"："嫦娥三号"的首次月球软着陆及巡视勘测、"嫦娥四号"的首次月球背面软着陆和巡视勘测、首次火星探测任务。这次，即将见证"嫦娥五号"任务首次采样返回，那必将是一个更加激动人心的时刻。

有效载荷分系统是探测器执行科学探测任务的分系统，将完成获取月表形貌、月球浅层结构探测等科学任务，也可为采样和钻取提供技术支持。为实现这些目标，"嫦娥五号"有效载荷分系统共配置了7种有效载荷，比"嫦娥四号"的科学载荷性能指标有了一定提升。

比如，"嫦娥四号"任务中的全景相机和红外成像光谱仪在月午期间不工作，而"嫦娥五号"任务需要载荷在月午期间工作。"嫦娥五号"全景相机在继承"嫦娥四号"成熟技术的基础上，针对月面高温进行了适应性设计，将工作温度上限提高了10摄氏度。在整个飞行过程中，全景相机转台要经历约±100摄氏度的温

度变化，且须保证一定的指向精度。为此，研制团队进行了大量攻关、多次试验，保证了火工品起爆的可靠性和安全性；为适应月面高温环境，月球矿物光谱分析仪采用国产自研的器件替代了原方案中的进口器件，有效提高了红外设备的高温适应能力，可在高温环境下获得有效的科学数据。

"嫦娥五号"成功发射，是对我们专注科研攻关的最大回报。期待科学载荷获得更多的科学数据，进一步揭示月球的奥秘。

（资料来源：《光明日报》2020 年 11 月 26 日 07 版）

❓ 问题探讨

问：请结合案例谈谈青年大学生应该如何成就出彩人生。

答：习近平总书记说过："广大青年要牢记'空谈误国、实干兴邦'，立足本职、埋头苦干，从自身做起，从点滴做起，用勤劳的双手、一流的业绩成就属于自己的人生精彩。"案例中几位讲述者之所以能够取得如此令人振奋的成就，有一个共同的重要原因，就是他们肯脚踏实地、深入实践、埋头苦干。"青春由磨砺而出彩，人生因奋斗而升华。"每一名青年大学生都应该学习他们这种艰苦奋斗的精神，无论以后身处何种岗位，都要记得幸福是奋斗出来的，切忌空有报国志、不付报国行。

✏️ 习题演练

一、单项选择题

1. 对人的认识，核心在于认识（   ）。

A. 人的起源　　　　B. 人的性别　　　　C. 人的构造　　　　D. 人的本质

2. 人生观的核心是（   ）。

A. 人生价值　　　　B. 人生目的　　　　C. 人生态度　　　　D. 人生信仰

3. 爱因斯坦说："人只有献身社会，才能找到那短暂而有风险的生命的意义。"裴多菲说："生命的长短以时间来计算，生命的意义以贡献来计算。"这里"生命的意义"是指（   ）。

A. 世界观　　　　　　　　　　　B. 道德观

C. 人生观　　　　　　　　　　　D. 人生价值观

4. 俗语"当一天和尚撞一天钟"反映的是（   ）对（   ）的决定作用。

A. 人生观　人生态度　　　　　　B. 人生目的　人生态度

C. 人生态度　人生观　　　　　　D. 人生目的　人生观

5. 小说中鲁滨孙在孤岛上脱离社会也能生活下去，说明（   ）。

A. 个人的存在与社会没有任何关系

B. 社会性不是人的本质属性

C. 鲁滨孙生存能力强，不需要外人的帮助

D. 人与社会是紧密联系的，他正是凭借之前在社会中掌握的知识与技能在孤岛上生活下去的

6. 为人民服务低层次的要求是（　　）。

A. 人人为我，我为人人　　　　　　　B. 全心全意为人民服务

C. 毫不利己，专门利人　　　　　　　D. 人人为自己

7. 下列关于人生目的在人生实践中具有重要作用的说法，不正确的是（　　）。

A. 人生目的决定人生道路　　　　　　B. 人生目的决定人生态度

C. 人生目的决定人的世界观　　　　　D. 人生目的决定人生价值选择

8. 人的生命是有限的，但生命的意义和价值却可以不同。实现人生价值的根本途径是（　　）。

A. 培养积极进取的人生态度

B. 自觉提高自我的主体素质和能力

C. 进行有意识、有目的的创造性实践活动

D. 正确认识自我价值和社会价值的关系

9. 马克思说："人们只有为同时代人的完美、为他们的幸福而工作，才能使自己也达到完美。如果一个人只为自己劳动，他也许能成为著名学者、大哲人、卓越诗人，然而他永远不能成为完美无疵的伟大人物。"这句话表达的意思是（　　）。

A. 人生的自我价值和社会价值是矛盾的、对立的

B. 人生的社会价值是实现人生的自我价值的基础

C. 人生的自我价值是个体生存和发展的必要条件

D. 自觉提高自我的主体素质和能力是实现人生价值的根本途径

10. 下列对人生态度的理解正确的是（　　）。

A. 人生态度就是人生价值观

B. 人生态度就是低层次的人生观

C. 人生态度就是指人为什么活着

D. 人生态度表明人应当如何活着

11. （　　）是社会历史的主体，是社会物质财富和精神财富的创造者，是社会变革的决定力量。

A. 中国共产党　　　B. 人民群众　　　C. 国家　　　　D. 资本家

12. 关于人生目的，下列表述错误的是（　　）。

A. 人生目的是人们在社会实践中关于自身行为的根本指向和人生追求

B. 人生目的规定了人生的方向，对人们所从事的具体活动起定向作用

C. 人生目的决定人生态度

D. 正确的人生目的会使人懂得人生的价值首先在于满足自我

13. 一个人思考生活的意义，树立追求的理想目标，确定以怎样的方式对待生活，探讨协调身与心、自我与他人、个人与社会的关系，总是以其（　　）为根据。

A. 世界观　　　　　B. 人生观　　　　　C. 价值观　　　　　D. 道德观

14. （　　）是认识和处理人生问题的重要着眼点和出发点。

A. 个人与社会的关系问题　　　　　B. 个人与家人的关系问题

C. "做什么人"的问题　　　　　D. "怎样做人"的问题

15. 社会发展的根本目标是（　　）。

A. 推动和实现社会的全面发展　　　　　B. 推动和实现人的全面发展

C. 推动和实现经济的全面发展　　　　　D. 推动和实现文化的全面发展

16. 下列选项不属于务实的表现的是（　　）。

A. 遵循客观规律，一切从实际出发

B. 把远大的理想寓于具体的行动中

C. 坚持实事求是的基本原则，正确面对人生目的与现实生活之间的矛盾

D. 好高骛远、空谈理想、眼高手低、浅尝辄止

17. （　　）不能说明人的生命是有限的，而生命的价值却是无限的。

A. 杀身成仁

B. 舍生取义

C. 吾生也有涯，而知也无涯

D. 人固有一死，或重于泰山，或轻于鸿毛

18. （　　）是指社会对个人履行社会义务所给予的褒扬与赞许，以及个人所产生的自我肯定性心理体验。

A. 荣　　　　　B. 礼　　　　　C. 辱　　　　　D. 义

19. 迷陷于拜金主义，并由此确立人生目的，其表现不包括（　　）。

A. "神圣"的金钱成为人的存在和全部实践活动的目的

B. 人与人之间除了赤裸裸的利害关系、冷酷无情的金钱交易，再没有其他的关系

C. 人的尊严和情感被淹没在金钱的铜臭之中

D. 依靠自己的劳动创造财富，合理合法获取金钱

20. （　　）是实现人生价值的必由之路。

A. 社会存在　　　　　B. 社会实践　　　　　C. 知识学习　　　　　D. 改革创新

二、多项选择题

1. 人生价值观是人们在对（　　）进行认识和评价时所持的基本观念。

A. 人生目的　　　　　　　　　B. 艺术活动

C. 科研活动　　　　　　　　　D. 实践活动

2. "为人民服务" 人生观是科学人生观的依据是（   ）。

A. 建立在历史唯物主义基础上　　　B. 建立在辩证唯物主义基础上

C. 能够实现个人与社会的有机统一　　D. 无产阶级本质的表现

3. 人生价值是自我价值和社会价值的统一。下列选项中指人生的社会价值的有（   ）。

A. 个人的社会存在

B. 个人通过劳动、创造对社会和人民所作的贡献

C. 个体的人生对于社会和他人的意义

D. 作为客体的人满足作为主体的人的需要的关系

4. 勇敢面对和正确处理各种人生矛盾，就要做到（   ）。

A. 正确看待得与失　　　　　　　　B. 正确看待苦与乐

C. 正确看待顺与逆　　　　　　　　D. 正确看待生与死

5. 在社会主义社会中，在个人和社会的关系上，人的价值包括（   ）。

A. 社会对个人的尊重和满足

B. 个人对社会的索取和奉献

C. 社会对个人的要求和给予

D. 个人对社会的责任和贡献

6. 荣辱是一对基本道德范畴。荣辱观（   ）。

A. 是人们对荣辱问题的根本看法和态度

B. 对个人的思想行为具有鲜明的动力、导向和调节作用

C. 是一定社会思想道德原则和规范的体现和表达

D. 为全体社会成员判断行为得失，作出道德选择，确定价值方向，提供基本的价值准则和行为规范

7. 下列对人生价值评价标准和原则的说法中，正确的有（   ）。

A. 人类生存和发展的利益是对人生价值进行评价的客观标准

B. 个人为社会提供的物质财富是对人生价值进行评价的唯一标准

C. 评价人生价值时，既要看动机，也要看效果，更重要的是看效果

D. 尽管个人能力有大小，但只要为社会为人民尽职尽责，作出了应有贡献，都是有价值的

8. 中国古代著名史学家司马迁惨遭宫刑之祸，蒙受莫大的不幸，但他悲苦而不弃，孤愤而不堕，以历代身处逆境而有作为的圣贤为师，终于在逆境中以顽强的毅力为后人留下了不朽的历史巨著——《史记》。下列关于司马迁事迹的表述，正确的有（   ）。

A. 在逆境中奋斗，需要付出更大的努力和更多的艰辛才可能成功，但也会有顺境中难以得到的获得感和成就感

B. 无论是顺境还是逆境，对人生的作用都可能是双面的，关键是怎样去认识和对待它们

C. 只有勇于正视逆境和战胜逆境，人生价值才能够实现

D. 只要正确看待和对待逆境，就可以将压力变成动力

9. 孔子谓"杀身成仁"，孟子曰"舍生取义"，司马迁讲"人固有一死，或重于泰山，或轻于鸿毛"。这些千古名句说明（　　　　）。

A. 如何认识、对待生与死，体现了一个人人生境界的高低，更直接影响着他的生活

B. 人的生命价值在于个体生命付出背后的意义

C. 个体生命的长度总是有限的，但为人民服务、为人类进步事业贡献力量是无限的

D. 自己的生命大于一切，必要的时候可以舍弃别人的生命来挽救自己的生命

10. 美好的人生目标要靠社会实践才能转化为现实，当代大学生担当新时代赋予的历史责任，应当（　　　　）。

A. 与历史同向

B. 与祖国同行

C. 与人民同在

D. 在奉献社会中创造有意义的人生

三、简答题

1. 评价人生价值的根本尺度是什么？

2. 列举错误的人生观，并说出它们的共同特点。

3. 依据马克思主义关于个人与社会的原理说明人生的自我价值与社会价值的关系。

四、材料分析题

李白生活在盛唐时代，具有恢宏的功业抱负。"申管晏之谈，谋帝王之术，奋其智能，愿为辅弼，使寰区大定，海县清一"是他执着的人生信念。为此，他"仗剑去国，辞亲远游"，广为交游，诗名远播，以期能入朝为官，实现济世的政治抱负，在高扬亢奋的精神状态中实现自身的社会价值。

"安史之乱"爆发后，李白为早日平息战乱、复兴大业，在隐逸多年后，又欣然接受玄宗之子永王李璘的恭请，满怀热忱毅然从戎。即使在"赐金放还"之后，年近六十之时，他仍壮心不已，准备踏上征途，参加李光弼的平叛大军。

请根据上述材料，谈谈人生态度与人生观的关系，以及大学生在人生实践中遇到各种各样的矛盾和困难时，应如何端正人生态度。

实践篇

实践项目一 课堂辩论——追求有价值的人生

⚙ 实践目标

通过课堂辩论，引入"学得好不如嫁得好""干得好不如长得好"等社会热门话题，让学生充分了解拜金主义、享乐主义等错误人生观的危害性，掌握人生价值的正确评价标准，正确认识社会发展规律，正确把握社会意识中的主流和支流，正确辨识社会现象中的是非、善恶、美丑，树立与社会主义核心价值体系相一致的人生价值目标。

🧰 实践方案

一、赛前准备

1. 4人一队，自由组队，上报比赛负责人。

2. 负责人组织各队代表进行辩题抽选，确定正反方立场。

3. 根据辩题及立场确定本队成员的辩位，并开始搜集资料、集体讨论。

4. 各辩位根据队伍总结的观点撰写比赛用稿。

二、辩论流程

1. 主持人作开场白，宣读比赛规则。介绍当场比赛的评委、参赛小组及成员、辩手双方及其各自的立场。宣布比赛正式开始。

2. 正方一辩作开篇立论，时间为3分钟；反方一辩作开篇立论，时间为3分钟。

3. 正反方二辩进一步阐述己方立场，时间各1分钟。正方二辩结束发言，反方二辩紧随其后进行阐述。

4. 正反方三辩质疑环节：首先由正方三辩向反方三辩提问，限时30秒，由反方三辩回答，时间不超过1分30秒；反方三辩回答完毕后接着向正方三辩提问，时间不超过30秒，正方三辩回答反方三辩提问，时间不超过1分30秒。双方质疑和回答的总时长不超过2分钟。

5. 自由辩论环节，从正方开始，双方交替进行辩论。时间各为5分钟。

6.反方四辩总结陈词，时间为 3 分钟；正方四辩总结陈词，时间为 3 分钟。双方辩论环节结束。

7.评委退席评议。此时，现场观众可进行发问。

8.评委重新入场，评委代表上台点评赛事。

9.主席宣布比赛成绩和获胜班级。整场辩论赛结束。

三、赛后点评

1.在评委商议的时间段内有观众提问环节，观众提出选手在比赛过程中的疑问让场上选手进行详细解释。

2.评委点评是比赛后的一种交流，评委会从辩题的角度出发，根据选手的思路和临场表现对整场辩论赛进行点评。

3.评委点评结束后进入颁奖环节，由主席宣布本场比赛最佳辩手及比赛结果。

四、总结反馈

同学互评，教师点评，师生互动，找出差距，不断进步。

五、计入考核

同学们的综合表现计入考核成绩。

📋 参考资料

一、评价标准

团队评分表（总分 100 分）			
	评分要点	正方	反方
开篇立论（15 分）	1.开篇立论逻辑清晰，言简意赅，论点明晰，分析透彻 2.论据内容丰富，引用资料充分、恰当、准确 3.分析具有说服力和逻辑性，语言表达流畅、有文采		
盘问环节（10 分）	1.提问简明扼要，问题针对性强 2.回答问题有理有据，合乎逻辑		
驳论环节（10 分）	1.全面归纳对方的矛盾差错，并作系统的反驳和攻击 2.辩护有理、有据、有力，说服力强		
攻辩（10 分）	1.表达清晰，论证合理、有力 2.回答问题精准，处理问题有技巧 3.推理过程合乎逻辑，事实引用得当		

续表

团队评分表（总分100分）		正方	反方
	评审要点		
评委提问（5分）	辩驳有理有据，说服力强，紧密贴合本方观点		
自由辩论（25分）	1. 攻防转换有序，把握辩论主动权 2. 针对对方的论点、论据进行有力反驳 3. 语言表达清晰流畅，事实引用得当		
总结陈词（15分）	1. 全面总结本方立场、论证，系统反驳对方进攻 2. 语言表达具有说服力和逻辑性		
团队配合及临场反应（10分）	1. 整体形象：辩风、整体配合、语言运用、临场反应 2. 有团队精神，相互支持 3. 辩论衔接流畅 4. 反应敏捷，应对能力强，问答形成一个整体		
团队总分			

个人评分表（总分100分）		正方				反方			
	评分标准	一辩	二辩	三辩	四辩	一辩	二辩	三辩	四辩
语言表达（20分）	1. 普通话标准，语速适中 2. 口头、肢体语言和谐 3. 修辞得当，说理透彻 4. 表达流畅								
逻辑推理（20分）	1. 逻辑推理过程清晰 2. 论证结果合理、有力								
辩驳能力（20分）	1. 提问简洁、针对性强 2. 回答精准、有技巧 3. 反驳有理有据、引用恰当								
临场反应（15分）	1. 反应敏捷，用语得体 2. 技巧多元得当								
整体意识（15分）	1. 分工合理、协调一致 2. 衔接有序、互为攻守 3. 思路清晰、气氛调节有度								

续表

个人评分表（总分100分）								
评分标准	正方				反方			
	一辩	二辩	三辩	四辩	一辩	二辩	三辩	四辩
综合印象（10分） 1.仪态、着装合理 2.台风、辩风有风度、幽默 3.尊重对方、评委及观众								
个人总分								

二、辩论技巧

（一）借力打力

武侠小说中有一招数，名叫"借力打力"，是说内力深厚的人，可以借对方攻击之力反击对方。这种方法也可以运用到论辩中来。正方之所以能借反方的例证反治其身，是因为他有一系列并没有表现在口头上的、重新解释字词的理论作为坚强的后盾。

（二）移花接木

剔除对方论据中存在缺陷的部分，换上于我方有利的观点或材料，往往可以收到"四两拨千斤"的奇效。我们把这一技法称为"移花接木"。

移花接木的技法在论辩理论中属于强攻，它要求辩手勇于接招、勇于反击，因而它也是一种难度较大、对抗性很高、说服力极强的论辩技巧。实际辩论场上总是雄辩滔滔、风云变幻，更多的"移花接木"需要辩手对对方当时的观点和本方立场进行精当的归纳或演绎。

（三）顺水推舟

表面上认同对方观点，顺应对方的逻辑进行推导，并在推导中根据我方需要，设置某些符合情理的障碍，使对方观点在所增设的条件下不能成立，或得出与对方观点截然相反的结论。

（四）正本清源

所谓正本清源，就是指出对方论据与论题的关联不紧或者背道而驰，从根本上矫正对方论据的立足点，将其拉入我方"势力范围"，使其恰好为我方观点服务。较之正向推理的"顺水推舟"法，这种技法恰是反其思路而行之。

（五）釜底抽薪

刁钻的选择性提问，是许多辩手惯用的进攻招式之一。通常，这种提问是有预谋的，它能置人于两难境地，无论对方作何种选择都于己不利。对付这种提问的一个具体技法是，从对方的选择性提问中，抽出一个预设选项进行强有力的反诘，从根本上挫败对方的锐气，这种技法就是釜底抽薪。

当然，辩场上的实际情况十分复杂，要想在论辩中变被动为上动，掌握一些反客为王的技巧仅仅是一方面的因素，另外，反客为主还需要仰仗非常到位的即兴发挥，而这一点却是无章可循的。

（六）攻其要害

在辩论中常常会出现这样的情况：双方纠缠于一些细枝末节的问题，在例子或表达上争论不休，结果，看上去辩得很热闹，实际上已离题万里。这是辩论的大忌。一个重要的技巧就是要在对方一辩、二辩陈词后，迅速判明对方立论中的要害问题，从而抓住这一问题，一攻到底，以便从理论上彻底击败对方。如"温饱是谈道德的必要条件"这一辩题的要害是：在不温饱的状况下，是否能谈道德？在辩论中只有始终抓住这个要害问题，才能给对方以致命打击。在辩论中，人们常常有"避实就虚"的说法，偶尔使用这种技巧是必要的。比如，当对方提出一个我们无法回答的问题时，假如强不知以为知，勉强去回答，不但会失分，甚至可能闹笑话。在这种情况下，就要机智地避开对方的问题，另外找对方的弱点攻过去。然而，在更多的情况下，我们需要的是"避虚就实""避轻就重"，即善于在基本的、关键的问题上打硬仗。如果对方一提问题，我方立即回避，势必给评委和听众留下不好的印象，以为我方不敢正视对方的问题。此外，如果我方对对方提出的基本立论和概念打击不力，也是很失分的。善于敏锐地抓住对方要害，猛攻下去，务求必胜，乃是辩论的重要技巧。

（七）利用矛盾

由于辩论双方各由四位队员组成，四位队员在辩论过程中常常会出现矛盾，即使是同一位队员，在自由辩论中，由于出语很快，也有可能出现矛盾。一旦出现这种情况，就应当马上抓住，并竭力扩大对方的矛盾，使之自顾不暇，无力进攻我方。

（八）引蛇出洞

在辩论中，常常会出现胶着状态：当对方死死守住其立论，不管我方如何进攻，对方只用几句话来应付时，如果仍采用正面进攻的方法，必然收效甚微。在这种情况下，要尽快调整进攻手段，采取迂回的方法，从看来并不重要的问题入手，诱使对方离开阵地，从而打击对方，在评委和听众的心目中造成轰动效应。

（九）李代桃僵

当我们碰到一些在逻辑上或理论上都比较难辩的辩题时，不得不采用"李代桃僵"的方法，引入新的概念来化解困难。"李代桃僵"这一战术之意义就在于引入一个新概念与对方周旋，从而确保我方立论中的某些关键概念隐在后面，不直接受到对方的攻击。

辩论是一个非常灵活的过程，在这一过程中，可以施展一些比较重要的技巧。经验告诉我们，只有使知识积累和辩论技巧珠联璧合，才可能在辩论赛中取得较好的成绩。

（十）缓兵之计

其一，以慢待机，后发制人。俗话说："欲速则不达。"在时机不成熟时仓促行事，往往达不到目的。论辩也是如此，"慢"在一定条件下是必需的。"以慢制胜"法实际上是论辩中的缓兵之计，缓兵之计是延缓对方进攻的谋略。当论辩局势不宜速战速决，或时机尚不成熟时，应避免针尖对麦芒式的直接交锋，而应拖延时间等待战机的到来。一旦时机成熟，就可后发制人，战胜论敌。

其二，以慢施谋，以弱克强。"以慢制胜"法适用于以劣势对优势、以弱小对强大的论辩局势。它是弱小的一方为了战胜貌似强大的一方而采取的一种谋略手段。"慢"中有计谋，缓动要巧妙。这里的"慢"并非反应迟钝、不善言辞的同义词，而是大智若愚、大辩若讷的雄辩家定计施谋的法宝之一。

其三，以慢制怒，以冷对热。"慢"在论辩中还是一种很好的"制怒"之术。论辩中唇枪舌剑，自控力较差的人很容易激动。在这种情况下，要说服过分激动的人，宜用慢动作、慢语调来应付。以慢制怒，以冷对热，才能使其"降温减压"。只有对方心平气和了，你讲的道理他才能顺利接受，才能平息对方的怒气，化解对方的矛盾。

实践项目二　　校园调查——手机使用时间的比例与危害

⚙ 实践目标

通过学生自身实际调查的客观数据显示，让学生深刻感受手机使用时间占用的比例分配直接影响身心和学习的状态，从而明白沉迷手机的危害，科学合理地分配时间，珍惜人生的青春年华，有效地兼顾学习和兴趣爱好的发展，充实大学生活，锻炼和培养学生的自我调适和自我管理能力。团队协作进行调查，也可以锻炼学生的团队协作意识、实事求是的调研精神，调查报告的撰写则可以培养学生的思维逻辑和写作能力。

📷 实践方案

1. 任课教师对学生进行分组，讲解活动内容、目的及注意事项。
2. 学生分好组后，各小组内部进行分工、征集、讨论、编制、印制调查问卷。
3. 每名组员分发若干份问卷，在校园内开展调查。
4. 调查结束，组长回收问卷，以小组为单位进行统计和分析。

5.各小组撰写调查报告和制作结果展示 PPT。

6.以小组为单位在课堂进行展示和讲解。

7.任课教师对学生参与程度、调查报告内容及调查结果进行评价。

实践项目三　　　　观看视频——《武汉战疫纪》

⚙ **实践目标**

通过观看展现武汉抗疫历程的纪录片《武汉战疫纪》，理解和学习中国"最美逆行者"为人民服务的人生观。

💼 **实践方案**

1.任课教师将全班学生分为若干小组，每组人数视情况而定。

2.各小组分区就座，以便在观看结束后进行集体讨论。

3.任课教师对将要观看的视频作背景介绍。

4.任课教师使用多媒体播放纪录片《武汉战疫纪》。

5.观看结束后，任课教师组织学生以小组为单位进行讨论，讲述观看体会。

6.课下每人写一篇 1000 字左右的观后感，上交任课教师。

7.任课教师对学生的观后感进行点评和总结，并把观后感的成绩计入实践教学考评成绩。

 **相关链接：**

《武汉战疫纪》

学思践悟

第二章

追求远大理想 坚定崇高信念

　　十分重要的是，关于祖国的豪言壮语和崇高理想在学生的意识中不要变成响亮的然而是空洞的辞藻，不要使它们由于一再重复而变得黯然失色、平淡无奇。不要去空谈崇高的理想，要让这些理想存在于幼小心灵的热情激荡之中，存在于激奋的情感和行动之中，存在于爱和恨、忠诚和不妥协的精神之中。

导航篇

知识网络

追求远大理想坚定崇高信念

- 理想信念的内涵及重要性
  - 什么是理想信念
  - 理想信念是精神之"钙"
- 坚定信仰信念信心
  - 增强对马克思主义、共产主义的信仰
  - 增强对中国特色社会主义的信念
  - 增强对实现中华民族伟大复兴的信心
- 在实现中国梦的实践中放飞青春梦想
  - 科学把握理想与现实的辩证统一
  - 坚持个人理想与社会理想的有机结合
  - 为实现中国梦注入青春能量

学习指南

⊙ 学习目标

1. 深入理解理想信念对大学生成长成才的重要意义；坚定马克思主义、共产主义信仰，中国特色社会主义信念和实现中华民族伟大复兴的信心；科学把握理想与现实的辩证统一、个人理想与社会理想的有机结合，在实现中国梦的伟大实践中放飞青春梦想。

2. 通过深入的主题实践活动加深对理论知识的理解和掌握，并做到融会贯通，在学习和生活中达到理论与实践相结合的目的，坚定大学生的理想信念。

⊙ 要点提示

1. 理想信念是精神之"钙"，理想指引方向。

2. 新时代大学生应当坚定马克思主义、共产主义信仰，中国特色社会主义信念和实现中华民族伟大复兴的信心。

3. 坚持个人理想和社会理想的有机结合，在为实现社会理想奋斗的过程中实现个人理想。

4. 中国梦是中华民族的振兴之梦，也是每一个大学生的成才之梦。

⊙ 学习思路

本章内容遵循了"从思想到行为"的逻辑结构。学习本章，首先从个人和国家层面理解理想和信念的内涵和重要意义；其次学习并掌握什么是科学的理想信念、为什么要树立科学的理想信念，这两部分就是前面讲到的"思想"；最后是如何实现理想的问题，就是前面讲到的"行为"，将理想信念教育落实到大学生个体的成长实践中，让大学生在为实现中国特色社会主义共同理想而奋斗的实践过程中实现个人理想，从而让理想信念教育可感知、可体验、能行动。

理论篇

要点解析

要点一：理想信念的内涵与特征

1. 理想的内涵与特征

理想是人们在实践中形成的、有实现可能性的、对未来社会和自身发展目标的向往与追求，是人们的世界观、人生观和价值观在奋斗目标上的集中体现。理想是多方面和多类型的，它具有以下特征：

（1）超越性。理想不仅源于现实，而且超越现实。

（2）实践性。理想在实践中产生，在实践中发展，而且也只有在实践中才能得以实现。

（3）时代性。理想的时代性，不仅体现为它受时代条件的制约，而且体现为它随着时代的发展而发展。

解析： 理想无论对个人还是社会发展都是一股强大的精神力量。理想是在现实基础上产生而又超越现实的追求，脱离现实只能叫空想，不具备超越现实可能的理想只能叫描述现状；意识来源于实践，因此理想只能在实践中产生；故步自封的理想是没有意义的，理想必须与时俱进，随着时代的发展而发展。

认知

理想是在现实客观条件的基础上对人自身和未来社会的向往与追求，它来源于现实又高于现实，在改造世界中有实现的可能性，强调了主观与客观的统一。

幻想是对客观更好的超越，与现实差距很大，尚不具备实现的条件，待生产力发展，科技水平提高，在未来某一天是有可能实现的。比如中国古人曾经幻想"嫦娥奔月"，当时的条件制约不可能实现，今天随着科学技术的发展，人类已经登上月球，幻想已经变为现实。

空想是脱离客观条件、纯粹主观的东西，是违背社会发展规律随心所欲的想象。如永动机的想法起源于印度，1200年前后，这种思想从印度传到伊斯兰教世界，并从这里传到了西方。永动机是一类所谓不需外界输入能源、能量或在仅有一个热源的条件下便能够不断运动并且对外做功的机械，不消耗能量而能永远对外做功的机器，它违反了能量守恒定律。所以永动机是不能实现的空想。

梦想是对未来的一种期望，指现在想未来的事或是可以达到但必须努力才可以达到的情况，梦想就是一种让你感到坚持就是幸福的东西，甚至可以视其为一种信仰。

2. 信念的内涵与特征

信念是人们在一定的认识基础上确立的对某种思想或事物坚信不疑并身体力行的精神状态。信念具有以下特征：

（1）信念具有执着性。信念因其执着而为信念。信念一旦形成，就不会轻易改变。

（2）信念具有支撑性。任何一种理想的实现都不是轻而易举的，会遇到各种各样的困难和波折，人必须有坚定不移的决心和坚忍不拔的意志，才能不断战胜困难，把理想变为现实。

（3）信念具有多样性。不同的人由于社会环境、思想观念、利益需要、人生经历和性格特征等方面的差异，会形成不同的信念；同一个人在社会实践中会形成不同类型和层次的信念，并由此构成其信念体系。

解析： 信念是一种相对稳定的精神状态，也正是因为这种稳定性（执着性），它会在人遇到困难和挫折时支撑其继续坚持下去，并战胜困难；由于它是在人们一定的认识基础上产生的，所以信念会因人而异，也会因为同一个人认识层次的不同而不同。

要点二：理想信念是精神之"钙"

理想指引方向，信念决定成败。如果说社会是大海，人生是小舟，那么理想信念就是引航的灯塔和远航的风帆。

理想信念昭示奋斗目标。要使生命富有意义，就必须在科学的理想信念指引下，沿着正确的人生道路前进。

理想信念催生前进动力。一个人有了崇高坚定的理想信念，才会以惊人的毅力和不懈的努力成就事业。与此相反，一个人如果没有崇高坚定的理想信念，就有可能浑浑噩噩、庸庸碌碌、虚度一生，甚至腐化堕落、走上邪路。

理想信念提供精神支柱。理想信念是一个人在精神生活领域"安身立命"的根本。没有理想信念的支撑，人的精神世界就如同无根之木、无基之塔。

理想信念提高精神境界。理想信念作为人的精神世界的核心，一方面能使人的精神生活的各个方面统一起来，使人的精神世界成为一个健康有序的系统，避免精神的空虚和迷茫；另一方面又能引导人们不断地追求更高的人生目标，并在追求和实现理想、目标的过程中提升精神境界、塑造高尚人格。

解析：理想信念的四个作用依次递进、升华，崇高的理想信念对人的作用先是指引人生正确的方向、目标，然后给予我们前进的动力，使我们有信心、有干劲，然后将动力转化为精神支柱，支撑我们更好地去追求和实现目标，最后在我们追求目标并为之努力奋斗的过程中，升华我们的精神品质，提高我们的精神境界。

要点三：增强对马克思主义、共产主义的信仰

1. 为什么要信仰马克思主义

马克思主义是科学的理论，创造性地揭示了人类社会发展规律。马克思主义深刻揭示了自然界、人类社会、人类思维发展的普遍规律，为人类社会发展进步指明了方向。马克思主义揭示了事物的本质、内在联系及发展规律，是"伟大的认识工具"。

马克思主义是人民的理论，第一次创立了人民实现自身解放的思想体系。马克思主义第一次站在人民的立场探求人类自由解放的道路，以科学的理论为最终建立一个没有压迫、没有剥削、人人平等、人人自由的理想社会指明了方向。

马克思主义是实践的理论，指引着人民改造世界的行动。马克思主义不仅致力于科学解释世界，而且致力于积极改变世界。正是在马克思主义的指导下，社会主义由空想变成科学，由科学理论转变为社会实践。中国特色社会主义的成功实践，无可辩驳地证明了马克思主义具有鲜活的实践性和创造性，证明了马克思主义在中国的实践伟力。

马克思主义是不断发展的开放的理论，始终站在时代前沿。马克思主义诞生于19世纪中叶，但并没有停留在19世纪。一部马克思主义发展史就是马克思、恩格斯以及他们的后继者们不断根据时代、实践、认识发展而发展的历史，是不断吸收人类历史上一切优秀思想文化成果丰富自己的历史。

马克思主义是党和人民事业不断发展的参天大树之根本，是党和人民不断奋

进的万里长河之泉源。大学生坚定马克思主义信仰，最重要的是学习和掌握马克思主义的立场、观点、方法，准确把握时代发展潮流，以科学的理想信念指引人生前进的道路和方向。

解析：马克思主义是迄今为止最科学、最严密、最有生命力的理论体系；马克思主义反对少数人的统治，反对人剥削人的制度，代表了最广大劳动人民群众的根本利益；马克思主义为我们提供了辩证唯物主义、历史唯物主义等一系列认识世界和改造世界的科学方法；马克思主义科学预测了未来社会的发展方向。

相关链接：
马克思主义诞生

2. 胸怀共产主义远大理想

共产主义社会是物质财富极大丰富、实现按需分配、人的精神境界极大提高、每个人自由而全面发展的社会。中国共产党从成立之日起，就确立了共产主义远大理想，始终团结带领中国人民朝着这个伟大理想前行。

共产主义是现实运动和长远目标相统一的过程。共产主义远大理想既是面向未来的，又是指向现实的，不仅反映了人们对未来社会的美好向往，更是一个从现实的人出发，不断满足人的现实利益需求、推进人的全面发展、推动社会发展进步的历史过程与现实运动。

实现共产主义是一个非常漫长的历史过程，我们必须立足党在现阶段的奋斗目标，脚踏实地推进我们的事业。

解析：共产主义是人类历史上最崇高的理想。共产主义远大理想代表了无产阶级和全人类的长远利益，是无产阶级利益和全人类利益一致性的体现，共产主义远大理想是人类历史上最科学的理想。同时，实现共产主义远大理想绝非一朝一夕的事，要立足现在，脚踏实地，一步一步地去实现。

要点四：增强对中国特色社会主义的信念

中国特色社会主义是科学社会主义，不是别的什么主义。历史和现实都告诉我们，只有社会主义才能救中国，只有中国特色社会主义才能发展中国。中国特色社会主义不是从天上掉下来的，而是中国共产党带领人民历经千辛万苦找到的实现中国梦的正确道路。

中国共产党领导是中国特色社会主义最本质的特征，是中国特色社会主义制度的最大优势，是党和国家的根本所在、命脉所在，是全国各族人民的利益所系、命运所系。以史为鉴，开创未来，必须在中国共产党的领导下坚持和发展中国特色社会主义。

解析：中国特色社会主义理想之所以能成为共同理想，是因为它代表和反映了中国社会广大人民群众的根本利益，为广大人民群众所认同和接受。中国特色社会主义道路之所以前途光明，是因为有中国共产党的领导，只有在中国共产党的领导下，人民才能幸福，中国特色社会主义道路才能越走越宽，中华民族伟大复兴的中国梦才能实现。

要点五：增强对实现中华民族伟大复兴的信心

实现中华民族伟大复兴，是中华民族近代以来最伟大的梦想。这个梦想，就是要实现国家富强、民族振兴、人民幸福，它凝聚了几代中国人的夙愿，体现了中华民族和中国人民的整体利益，是每一个中华儿女的共同期盼。

实现中华民族伟大复兴的中国梦是一项光荣而艰巨的事业。走好新时代的长征路，大学生要不断增强中国特色社会主义道路自信、理论自信、制度自信、文化自信，自觉做共产主义远大理想和中国特色社会主义共同理想的坚定信仰者、忠实实践者，为崇高理想信念而矢志奋斗。

解析：百年辉煌使中华民族积蓄了无比强大的能量，在这个世界上没有任何力量能够阻挡中华民族伟大复兴的步伐。我们比任何时候都更接近实现中华民族伟大复兴，在此关键时刻，更需要我们上下一心，众志成城，大学生要有坚定的信仰信念信心，勤学笃志、努力奋斗，为实现中华民族伟大复兴的中国梦作出应有的贡献。

要点六：科学把握理想与现实的辩证统一

辩证看待理想与现实的矛盾。理想与现实是对立统一的。一方面，现实中包含着理想的因素，孕育着理想的发展；另一方面，理想中也包含着现实，既包含着现实中必然发展的因素，又包含着由理想转化为现实的条件，在一定的条件下，理想就可以转化为未来的现实。

实现理想的长期性、艰巨性和曲折性。任何一种理想的实现都不是轻而易举的，必然会遇到各种各样的困难和波折，充满着艰险和坎坷。实现理想、创造未来，必须有战胜种种艰难险阻的坚定不移的信心和坚忍不拔的毅力。

艰苦奋斗是实现理想的重要条件。对于当代青年来说，理想的实现必须通过实践才能转变为现实。凡有成就者，其渊博的知识、卓越的才能、闪光的智慧、不朽的业绩，都是从艰苦奋斗中得来的。艰苦奋斗是成就人生事业不可或缺的条件。在通向理想的道路上，在实现理想的过程中，没有艰苦奋斗的精神，理想是不会自动转化为现实的。

解析：正确认识理想与现实的关系，才能正确处理理想与现实的关系。理想是主观的、完美的、未来的，现实是客观的、缺陷的、当下的，这是理想与现实的对立性；理想可以通过努力奋斗变为现实，是以现实为基础的，这是理想与现实的统一性。所以，当我们的理想暂时没有实现，或者遇到挫折时，不要气馁，不要失望，只要有艰苦奋斗的精神，敢于吃苦、勇于奋斗，理想就一定会实现。

要点七：坚持个人理想与社会理想的有机结合

个人理想是指处于一定历史条件和社会关系中的个体对于自己未来的物质生活、精神生活所产生的种种向往和追求。社会理想是指社会集体乃至社会全体成员的共同理想，即在全社会占主导地位的共同奋斗目标。个人与社会有机地联系在一起，二者相互依存、相互制约、共同发展。

个人理想以社会理想为指引。追求个人理想的实践活动都是在社会中进行的，从根本上说，个人理想是由正确的社会理想规定的。个人理想的实现，必须以社会理想的实现为前提和基础。

社会理想是个人理想的汇聚和升华。社会是个人的联合体，社会理想建立在众人的个人理想基础之上。社会理想归根到底要靠全体社会成员的共同努力来实现，并具体体现在每个社会成员为实现个人理想而进行的活生生的实践中。

解析：做到个人理想与社会理想的有机结合，要防止只讲社会理想不讲个人理想，或者把个人理想和个人主义混为一谈；防止只讲个人理想不讲社会理想，无视客观条件的"个人理想"是无法实现的；防止只讲理想职业不讲社会需要，我们在选择职业时，既要力求符合自己的条件和专长，也要勇于担负起个人对社会应负的责任。

👍 榜样

南非首位黑人总统曼德拉一生致力于废除南非的种族隔离制度，为抗争不公平的种族隔离制度奉献了全部力量。尽管曼德拉被关押长达27年，但他消除南非种族隔离制度的信念从未动摇。曼德拉曾说："在我过去的生活中，我已经把自己献给了非洲人民的斗争事业……我希望为这个理想而生活，并努力把它变为现实。如果需要，我愿意为这个理想而牺牲自己的生命。"正是有为了消除种族隔离制度实现人人平等的执着信念，曼德拉才无畏苦难、无畏牺牲，为自己的理想目标毕生奋斗。这就是个人理想与社会理想有机结合的生动体现。

要点八：为实现中国梦注入青春能量

大学生肩负实现中华民族伟大复兴中国梦的历史重任，只有把实现理想的道路建立在脚踏实地的奋斗上，才能放飞青春梦想，实现人生理想。

立鸿鹄志，做奋斗者。志向，就是理想信念；立志，就是确立理想信念。青年志存高远，就能激发奋进潜力，青春岁月就不会像无舵之舟漂泊不定。树雄心、立壮志，是关系大学生一生前途命运的重大课题。

心怀"国之大者"，敢于担当。在今天，做大事就是献身于新时代中国特色社会主义伟大事业。新时代的大学生应该肩负历史使命，把个人的命运与国家和人民的命运联系在一起，立为国奉献之志，立为民服务之志，让青春在为祖国和人民利益的不懈奋斗中绽放绚丽之花。

自觉躬身实践，知行合一。漫长征途需要一步一步地走，崇高理想的实现需要一点一滴地奋斗。大学生要牢记"空谈误国、实干兴邦"，志存高远、脚踏实地、埋头苦干，充分展现自己的抱负和激情，在"真刀真枪"的实干中成就一番事业。

解析：青年一代有理想、有担当，国家就有前途，民族就有希望。实现中华民族伟大复兴的中国梦，是每个中国人的梦，更是青年一代的梦。这个梦，就是青年人应该立的志向，应该做的大事，需要青年一代一步一个脚印、脚踏实地地去实现。

热点解读

热点一：功利性读书使学生的理想和人文精神缺失

热点现象

随着市场经济的发展以及中国社会的急剧转型，人们的利益诉求不断彰显，现在有的大学生在谈到人生目标时，更多考虑的是自己的收入和职业、社会地位，很多大学生是以职业为导向的"功利性读书"，想发财、想当官，成了很多人的理想。有些大学生理想欲望化，注重实际利益，只重眼前，不看长远。有的大学生抱着"理想，有利就想；前途，有钱就图"的心态。功利化考虑，表现在入党动机、当班干部动机，不是为了锻炼自己为班级服务，而是希望通过这种途径获得荣誉，当荣誉已经获得，就尸位素餐、占位不干活，或者阳奉阴违、挂冠而去，如此态度，在大学生中产生了极其不良的影响，导致各项工作无法顺利开展。

热点解读

穿越岁月，青春不老。习近平总书记在纪念五四运动100周年大会上，深情寄语新时代中国青年，明确提出树立远大理想、热爱伟大祖国、担当时代责任、勇于砥砺奋斗、练就过硬本领、锤炼品德修为六点希望，勉励广大青年不辜负党的期望、人民期待、民族重托，不辜负我们这个伟大时代。

"是什么让一位34岁的年轻人，告别了他的妻子和四岁的女儿、两岁的儿子，隐姓埋名，义无反顾地走进大漠荒烟？"五四运动100周年之际，一个跨时空演绎"两弹元勋"邓稼先和妻子许鹿希故事的节目，让人热泪盈眶，更让人看到理想的力量、使命的召唤。

"新时代中国青年要树立远大理想。"在纪念五四运动100周年大会上，习近平总书记对新时代中国青年提出六点希望，第一点就是树立远大理想。理想，是习近平总书记寄语青年时，一个一以贯之的关键词："要在坚定理想信念上下功夫""追梦需要激情和理想""做到理想坚定，信念执着""把个人的理想追求融入国家和民族的事业中"……要树立理想、坚定理想，正是因为理想是一个"总开关"，有了理想，奋斗才有目标，人生才有航向，青春才有持久向上的力量。

青年的理想信念关乎国家未来。青年兴则国家兴，青年强则国家强，青年有远大理想、坚定信念，一个国家、一个民族才能有无坚不摧的前进动力。1955年8月，第一支青年垦荒队奔赴北大荒，随后来自全国各地的青年来到白山黑水之间，以坚忍不拔、艰苦创业的精神铸就拓荒丰碑。2019年1月，"嫦娥四号"在月球背面留下"中国印记"，人们发现这支团队的平均年龄是33岁，"80后""90后"已经成为航天尖兵。一代代青年人，以朝气与志气，以使命和责任，以理想和信念，为国家发展、民族复兴注入了磅礴的青春力量。

对于个人而言，有没有远大理想，能不能志存高远，也决定着青春的成色与分量。有远大理想、有鸿鹄志向，才能向着这个目标去努力、去奋斗，在人生的航线上少走弯路、不走歧路。水激石则鸣，人激志则宏。世界会为知道去哪里的人让路，而如果没有方向，任何风都可能是逆风。

习近平总书记强调，只有把自己的小我融入祖国的大我、人民的大我之中，与时代同步伐、与人民共命运，才能更好实现人生价值、升华人生境界。国家的发展、时代的进步，是青年成长进步的大舞台。唯有在这个历史的潮流中前进，才能更好地实现自己的人生价值。北大"90后"女生宋玺，剪掉长发穿上戎装，护航亚丁湾；云南"80后"干部李忠凯，奋战在脱贫攻坚主战场，劳累的工作让其"白发苍苍"；河北保定学院西部支教群体，奔赴大漠播撒梦想，将青春芳华绽放在祖国最需要的地方……胸怀祖国、胸怀人民，超越小我融入大我，才能理解工作的意义、事业的价值，也才能收获更丰盈的人生。

理想信念，从来都不是空洞的、抽象的，而应该是具体的、实践的。习近平总书记强调，青年要"到人民群众中去，到新时代新天地中去，让理想信念在创业奋斗中升华，让青春在创新创造中闪光"。抬头看天，离不开低头看路；仰望星空，也需要脚踏实地。打开"全国向上向善好青年"榜单，从帮助见义勇为者照顾家庭，到以劳模精神打造养老护理品牌；从世界技能大赛勇夺冠军，到带领村民走出贫困……这些青年榜样，把对马克思主义的信仰、对中国特色社会主义的信念、对中华民族伟大复兴中国梦的信心，融入日常的一举一动中，融入每一次选择与每一份坚守之中。他们的行动，就是他们理想信念的最好注解。

当每一份青春的力量，都向着民族复兴的梦想汇流之时，必将成为推动历史的磅礴力量。百年之前的五四运动如此，进入新时代的今天亦然。唯愿每个青年都将目光望向未来、坚定走向明天，唯愿每个青年都向上，助力中国向上、民族向上、世界向上。

> **📖 感悟**
>
> 周恩来从小学时就立志"为中华之崛起而读书"，到南开学校毕业时与同学们互赠"愿相会于中华腾飞世界时"的留言，到日本留学又回国参加五四运动，再到欧洲勤工俭学又回国投身革命……一直为中华之崛起而奋斗。少年定下初心，之后为之奋斗终身，周恩来这种坚定的理想信念和执着的人生追求，永远是我们学习的典范。

热点二：理想信念缺失就像"缺钙"

热点事件

2019 年 3 月 26 日，党的十九大以来第一个落马的正部级干部，中宣部原副部长、中央网信办原主任鲁炜案在浙江省宁波市中级人民法院公开宣判，其直接或者通过他人非法收受、索取财物 3200 万余元，因受贿罪获刑 14 年，并处罚金 300 万元。鲁炜当庭表示服从判决，不上诉。

鲁炜在忏悔书中进行了深刻忏悔："我在政治上、经济上、工作上、生活上，都犯下了严重的不可饶恕的错误，严重丧失了一名共产党员基本的党性原则和操守底线。我理想信念宗旨蜕变，严重违反'六大纪律'，'七个有之'条条都犯，自己犯错之多、之深、之恶劣，给党的事业带来巨大伤害，给党的形象抹了黑，辜负了总书记和党中央的信任重托，辜负了组织 30 年的教育培养。我感到了痛，深及肺腑；我充满了愧，无地自容；我无限地悔，肝肠寸断。我诚恳地向组织认错，悔错，改错。"鲁炜身为党的高级干部，理想信念缺失，毫无党性原则，对党中央极端不忠诚，"四个意识"个个皆无，"六大纪律"项项违反，是典型的"两面人"，是党的十八大后不收敛、不知止，问题严重集中，群众反映强烈，政治问题与经济问题相互交织的典型，性质十分恶劣、情节特别严重。

热点解读

有很多的党员干部，刚从事某项工作或刚走上某个岗位时，也曾信心满怀，要为地方、为群众做一些有益的事。经过一段时间，或者是遭遇一点挫折，再听几句周边的风言风语，就开始迷茫、动摇；或者是取得一点成绩，就开始沾沾自喜，向组织要求提拔升迁；更有甚者，在从政过程中，没守牢底线，经不住"糖衣炮弹"攻击，沦为腐败分子。这样的党员干部，或是丧失了理想信念，或是理想信念不坚定，没有坚持"为中国特色社会主义奋斗"的理想，没有牢记"全心全意为人民服务"的宗旨，忘了自己的"初心"，患了精神上的"软骨病"。

经过40多年改革开放，我们的综合国力日益增强，国际地位不断提高，成功跻身世界强国之林。但经济社会快速发展的同时，精神文明建设却在跛足而行，不少人丢失了信仰，淡薄了道德。千年以降支撑着民族精神赖以茁壮根植的土壤日趋稀少，功利主义、拜金主义、享乐主义盛行，群体性事件频发，传统道德伦理被淡忘，社会杂象丛生。

凡此种种，人们或是从物质层面归结于社会的不平等、贫富差距的拉大，或是从精神层面归因于信仰的缺失、传统文化的断层。物质与精神，犹如手心与手背，既相依存，又相背离，而物质的丰饶愈发衬托出精神的空虚。精神空虚，归根结底就在于理想信念的缺失。

也许在一些人看来，理想信念有些"空洞"，比较"虚"，其实不然。理想信念就在每一名党员干部身边，在为群众谋实事、办好事、解难事之中，在为公事勤勤恳恳、加班加点、不遗余力之中。敬畏权力、敬畏人民、敬畏历史，理想信念就会不期而至、如影随形，这就是我们"触手可及"的理想信念。相反，每一次的权权交易、权钱交易、权色交易都让理想信念望而却步，避之唯恐不及。

有的领导干部被"围猎"，诱惑增多固然是一方面。但从根本上讲，是一些党员干部丢掉了理想信念这个"根"，忘记了我们党艰辛的成长史，忘记了与人民群众的鱼水关系，忘记了自己的权力来自何处，慢慢脱离了滋养自身成长的"黄土地"，最终变成了随风摇摆的"浮萍"。党员干部只有用理想信念武装自己，把好世界观、人生观、价值观这个"总开关"，抓住理想信念这个"根"，才能在金钱、美色等诱惑面前保持足够定力，不为所动，洁身自好。这样，一些别有用心的"狩猎者"就只能无功而返。肩扛理想信念的大旗，让党员干部冲出四面"围挡"，尽快营造良好的"政治生态"，尽快回到人民的怀抱，才能创造出无愧于时代、无愧于历史、无愧于人民的彪炳业绩。

案例探讨

鲁迅当年的中国梦

一

20世纪20年代前期至中期，随着"五四"新文化运动的退潮和《新青年》团体的分化，鲁迅的内心又一次被无量的寂寞、悲哀、迷惘、犹疑等负面情绪所袭扰、所纠缠。对此，鲁迅并不讳言，而是将其真实而坦诚地披露于笔端。在完成于1924年9月24日的《野草·影的告别》里，作家就让自己的深层意念化作"影"子，留下了痛苦的告白："我将向黑暗里彷徨于无地。你还想我的赠品。我能献你什么呢？无已，则仍是黑暗和虚空而已。"而在这一天夜间，鲁迅给自己的学生李秉中写去一封信，其中同样表达了深切的自忧：

"我自己总觉得我的灵魂里有毒气和鬼气，我极憎恶他，想除去他，而不能。我虽然竭力遮蔽着，总还恐怕传染给别人，我之所以对于和我往来较多的人有时不免觉得悲哀者以此。"

诸如此类的思绪和言语，在鲁迅这一时期的著作，如《彷徨》《野草》和《两地书》中不时出现。可以这样说，"黑暗和虚空""毒气和鬼气"一度构成鲁迅极为重要的心灵色调。

然而，鲁迅同时又意识到，无论"黑暗、虚无"，还是"毒气、鬼气"，毕竟只是个人内心的一种感受和体验，它终究无法获得生活客体的验证，即所谓：

"我终于不能证实：惟黑暗与虚无乃是实有。"（《两地书·四》）正因为如此，这黑暗和虚无也就可以被质疑、被诘问、被反驳。也正是沿着这样的思路，一向关注生命奥义和精神质量的鲁迅，毅然选择了向黑暗和虚无"作绝望的抗战"——他正视黑暗的存在，却执意"与黑暗捣乱"；他承认绝望的深重，却硬是要"反抗绝望"。这时，一度"彷徨于无地"的鲁迅，便重新置身于现实的大地和苦难的人间，他依旧是以笔为旗，同时又是"抉心自食"的精神界之战士。

应当看到，鲁迅进行的"绝望的抗战"，承载着异常丰富的精神密码和情感内涵。一方面，鲁迅的反抗绝望是以自身为战场、为武器，即所谓："我只得由我来肉薄这空虚中的暗夜了，纵使寻不到身体之外的青春，也总得自己来一掷我身中的迟暮。"（《野草·希望》）因此，鲁迅的抗战回荡着"我独自远行"，"只有我被黑暗沉没"的果决与悲壮，呈现出一种以血肉之躯，拼光虚无、耗尽暗夜，不惜与之同归于尽的献身气概；一种"自己背着因袭的重担，肩扛了黑暗的闸门，放他们到宽阔光明的地方去"（《我们现在怎样做父亲》）的牺牲精神。另一方面，面对黑暗与绝望，鲁迅之所以能够实施"予及汝偕亡"式的反抗，是因为在他的内心深处，还有一种比黑暗和绝望更为强大的精神力量，这就是至迟在1906年再度赴日时即已形成，继而在"五四"运动中强力喷发，后来虽然被黑暗和绝望所压抑，但依旧不曾泯灭的对中国的希望。正所谓："绝望之为虚妄，正与希望相同。"（《野草·希望》）而这种对中国的希望，也就是属于鲁迅的中国梦。正因为如此，我们可以说：是作为鲁迅精神柱础的对中国的梦想，支撑了他与黑暗和绝望的殊死搏战。

二

既然对未来中国的梦想是鲁迅的精神柱石，那么，鲁迅的这种梦想又包括哪些内容？或者说在鲁迅的心目中，未来的、理想的中国应该是个什么样子？关于这点，鲁迅虽然没有进行专门的、集中的阐述，但在一些作品中，还是留下了若干重要的、精辟的且不乏内在联系的观点或意见，值得我们作细致梳理和深入考察。

首先，在鲁迅看来，中华民族虽有过昔日的雄大与辉煌，但近代以降却陷入了落后和怯弱的窘境。在这种情况下，"中国人"要想不被从"世界人"中挤出，就必须绝地奋发，实施变革与图强。在写于1917年的《文化偏至论》中，鲁迅明言：

"此所为明哲之士，必洞达世界之大势，权衡校量，去其偏颇，得其神明，施之国中，翕合无间。外之既不后于世界之思潮，内之仍弗失固有之血脉，取今复古，别立新宗，人生意义，致之深邃，则国人之自觉至，个性张，沙聚之邦，由是转为人国。"

这里，鲁迅不仅强调了国人自当直面时代潮流，努力变革重生的重要性和紧迫感；而且指出了在此过程中，"明哲之士"所应当遵循的基本原则和达到的最终目的：兼顾"思潮"之世界性与"血脉"之民族性，在双向鉴别、扬弃与整合的基础上，在"取今"之创造性和"复古"之根基性的动态过程中，建设具有崭新质地与沛然活力的国家文化与民族风貌，进而屹立于世界东方。这种立足现代、超越中西的文化主张，贯穿了鲁迅一生。1927年，他曾将这一主张化作对美术家陶元庆的评价："他并非'之乎者也'，因为用的是新的形和新的色；而又不是'Yes''No'，因为他究竟是中国人。所以，用密达尺来量，是不对的，但也不能用什么汉朝的虑傂尺或清朝的营造尺，因为他又已经是现今的人。"（《当陶元庆君的绘画展览时》）五年后，鲁迅为一位青年作家的论著撰写题记，又将这一主张概括表述为："纵观古今，横览欧亚，撷华夏之古言，取英美之新说。"（《题记一篇》）应当承认，鲁迅对国家变革的疾声呼唤，以及就此提出的中西合璧、复合鼎新的设想与主张，不仅超越了那个时代所流行的体用之学，构成了一种真正的精英意识，即使在全球化愈演愈烈的当下，仍然不乏显见的启示意义和借鉴价值。

在描绘国家和民族变革之路与未来前景的同时，鲁迅启动中国传统文化一向阙如的"个"与"己"的观念，就个体生命该怎样活着的问题，也发表了重要看法。在写于 1918 年的《我之节烈观》中，鲁迅先是无情鞭挞了那些"古人模模糊糊传下来的道理"和"无主名无意识的杀人团"，然后一再发愿：

"要自己和别人，都纯洁聪明勇猛向上。要除去虚伪的脸谱。要除去世上害己害人的昏迷和强暴。

要除去于人生毫无意义的苦痛。要除去制造并赏玩别人苦痛的昏迷和强暴。

要人类都受正当的幸福。"

而在稍后的《我们现在怎样做父亲》中，鲁迅更是将自己发愿的内容，概括为具有精神本原意味的生命箴言。这就是："幸福的度日，合理的做人。"

那么，"做人"怎样才算"合理"？对此，鲁迅同样以作家特有的话语方式，留下了一系列不是诠释的诠释。即所谓：中国人"在现今的世界上，协同生长，挣一地位，即须有相当的进步的智识，道德，品格，思想，才能够站得住脚"（《随感录三十六》）。亦所谓："今之所贵所望，在有不和众嚣，独具我见之士，洞瞩幽隐，评骘文明，弗与妄惑者同其是非，惟向所信是谐。"（《破恶声论》）又所谓："盖惟声发自心，朕归于我，而人始自有己；人各有己，而群之大觉近矣。"（《破恶声论》）又所谓：人生在世应有从容玩味的"余裕心"和"格外的兴趣"，因为"人们到了失去余裕心，或不自觉地满抱了不留余地心时，这民族的将来恐怕就可虑"（《忽然想到·二》）云云。若将所有这些换一种要而言之或笼而统之的说法，庶几就是鲁迅所倡言的：人要有"天马行空似的大精神"（《苦闷的象征·引言》），要"致人性于全，不使之偏倚"（《科学史教篇》）。显然，鲁迅对个体生命的理解、设计与期盼，包含了鲜明而充分的现代元素，具有很强的前瞻性与穿越性，因而足以成为国人常读常新的精神资源。

三

1926 年，鲁迅出版小说集《彷徨》。在该书的扉页，鲁迅引录了屈原的诗句"路漫漫其修远兮，吾将上下而求索"，以此表达自己不避险远、寻路前行的心志。对于这一举动，天性幽默放达的鲁迅，后来虽曾以"这大口竟夸得无影无踪"（《自选集·自序》）加以自嘲，然而事实上，编织着心中的梦想，呼唤着"你来你来！明白的梦"（《梦》），朝着于"蒙眬中"看见的"好的故事"，即自己认定的理想境界执着迈进、顽强跋涉，确实构成了鲁迅最重要和最持久的生命线索。这当中不是没有"梦醒了无路可以走"的痛苦与焦虑，但在摆脱这些之后，他的选择仍然是"梦着将来，而致力于达到这一种将来的现在"（《听说梦》）。这就是说，立足当下、走向未来，是鲁迅最基本的人生姿态。

既然是朝着未来和梦想前行，那么便必须解决路径或方略问题。正是在这一维度上，鲁迅提出了影响深远的由"立人"而"立国"的主张。还是在《文化偏至论》里，鲁迅一再申明：

"诚若为今立计，所当稽求既往，相度方来，掊物质而张灵明，任个人而排众数。人既发扬踔厉矣，则邦国亦以兴起。

是故将生存两间，角逐列国是务，其首在立人，人立而后凡事举；若其道术，乃必尊个性而张精神。"

从鲁迅提出"立人"这小，一个多世纪过去了。其期间，中国的历史条件和社会性质不断发生着巨大而深刻的变化，只是所有这些，都不曾消解或减弱"立人"的声音；相反，它凭借自身特有的丰腴而旷远的思想内涵，通过与不同历史语境的对话或潜对话，实现着意义的深化与增值，进而成为一个历久弥新的"说不尽的"话题，值得我们深入思考和深切体悟。

第一，鲁迅所说的"立人"，强调人格的独立自主和全面发展，反对人性的萎靡、扭曲与异化，体现了对理想人性和强健人格的文化关怀。中国传统的儒家文化一向注重"学以成人"，一部《论语》就是一部"成人"之书。然而，儒家的"成人"贯穿的是"仁学"思路，即所谓"克己复礼为仁"。这种以"希贤希圣"，培养君子为目标的"成人"思路，当然具有修身养气、见贤思齐、净化人心的道德力量。然而，一种根本上的"吾从周"、向后看的姿态，以及由此衍生的"三纲"云云，又决定了它必然包含观念上的封闭性、保守性、等级性和强制性，以致难免酿出抹杀个性、扭曲人性的苦果。鲁迅的"立人"与之迥然不同。它立足全新的历史条件，直面剧变的时代潮流，倡导国人在珍视个体生命价值的基础上，破除一切陈旧落后的观念束缚，以坚毅和热情的态度，谋求生存权利，注重生命质量，"能做事的做事，能发声的发声。有一分热，发一分光"，在"只是向上走"的过程中，实现健康人性的自由发展。正所谓"一要生存，二要温饱，三要发展。有敢来阻碍这三事者，无论是谁，我们都反抗他，扑灭他"（《北京通信》）。而在生命前进的过程中，国人又要保持清醒头脑，把握适度原则，警惕生命异化。即所谓："所谓生存，并不是苟活；所谓温饱，并不是奢侈；所谓发展，也不是放纵。"这样的"立人"主张对于正在经历着多重挑战的现代人来说，无疑仍有显见的精神鉴照意义。

第二，鲁迅所说的"立人"，包含改造与重构国民性的意愿，这一意愿迄今尚不能说完全实现，因此"立人"的主张仍有现实意义。1925年3月31日，鲁迅在致许广平的信中写道："说起民元的事来，那时确是光明得多……一到二年二次革命失败之后，即渐渐坏下去，坏而又坏，遂成了现在的情形……使奴才主持家政，那里会有好样子。最初的革命是排满，容易做到的，其次的改革是要国民革自己的坏根性，于是就不肯了。所以此后最要紧的是改革国民性，否则，无论是专制，是共和，是什么什么，招牌虽换，货色照旧，全不行的。"（《两地书·八》）这段话告诉我们，当年鲁迅之所以主张"首在立人"，是因为他发现，国民身上存在的一些陈腐恶劣的根性，已成为社会变革与进步的严重障碍和深层阻力。如不加以改造，"立国"便没有希望。从那时到现在，时光走过一百多年。随着国家强大和国运昌盛，国人的精神面貌无疑发生了深刻变化，但改造国民性中负面因素的任务，却很难说已经完成。君不见，这些年来社会上每见的物质主义、享乐主义、官僚主义、犬儒主义以及精神涣散、道德滑坡等，大都与本民族由来已久的精神病灶相关联，而一些人在日常生活和公共领域表现出的行为举止的种种不堪，更是直接暴露出国人尚未彻底摆脱的思想与文化贫困。在这种情境下，鲁迅的"立人"主张，便呈现出跨越时空的针对性和生命力，进而成为当代人与时俱进的生命实践。

第三，鲁迅所说的"立人"，着眼于绝大多数人的精神质变与人格提升，着眼于民魂的淬炼与群声的大觉，实际上是抓住了社会发展的核心元素和历史前行的根本动力。尽管鲁迅不满于当时的国民精神现状，忧患于"庸众"的昏聩与落后，但他并没有因此而陷入思想上的悲观主义和虚无主义，相反，在同无边黑暗的持久搏战中，他越来越意识到民众的力量及其推动历史前进的重要作用。正所谓："多数的力量是伟大，要紧的，有志于改革者倘不深知民众的心，设法利导，改进，则无论怎样的高文宏议，浪漫古典，都和他们无干，仅止于几个人在书房中互相赞赏，得些自己满足。"（《习惯与改革》）而他所主张的"立人"恰恰是要关注"多数的力量"和"民众的心"。也就是说，要从整体上改变国人的精神，重铸民族的灵魂。这当中包含的积极意义，正如王富仁的精辟阐释："当时中国是四亿五千万人的大国，政府官僚和精英知识分子最多也只有几万、几十万，那么，剩下的那四亿四千多万的民众就与中国现当代历史的发展无关了吗？就只能消极地跟着这些政府官僚和少数精英知识分子跑了吗？这些政府官僚和少数精英知识分子就一定能够将他们带到光明的地方去吗？如果万一没有将他们带到那样的地方去，怎么办呢？……只要意识到这一点，我们就不难理解，为什么青年鲁迅并不满足于当时洋务派富国强兵的计划和改良派、革命派革新政治制度的主张，而另外强调'立人'的重要性了。"（《中国需要鲁迅》）由此可见，鲁迅倡导的"立人"，说到底是为了让"沉默的大多数"在实现了精神质变之后，自觉参与国家的建设和社会的改造，进而成为历史的主人。必须看到，鲁迅的构想和期待，实际上体现了人与历史共同发展的大目标和大向度。

四

有一种观点认为：鲁迅极度憎恶，也极度失望于自身所处的社会政治状况，这导致他对社会政治体制和权力关系抱有很深的怀疑和成见，同时也决定了他在朝着自己认定的国家和民族梦想探索前行时，很自然地放弃了革新政治制度的路径，而选择了思想文化批判与改造的向度。这样的说法看似有些道理，但一旦对照鲁迅的整体人生，即可发现它的以偏概全。

诚然，作为作家和学人的鲁迅，在敞开自己的国家情怀时，确实把思想文化的批判与改造放在首位，然而，这并不意味着他会因此而否定社会变革中的政治因素。事实上，鲁迅明确意识到，在当时的历史和国情条件下，要实现社会变革，政治的力量不可或缺；而作为极致性政治手段的革命战争，对于推动社会变革更是具有最直接和最有效的作用。唯其如此，他在题为《革命时代的文学》的演讲中明言："中国现在的社会情形，只有实际的革命战争，一首诗吓不走孙传芳，一炮就把孙传芳轰走了。"与此同时，鲁迅还认为，即使做学问、搞研究，也不能说和政治无关。在1926年10月20日致许广平的信里，鲁迅写道："现在我最恨什么'学者只讲学问，不问派别'这些话，假如研究造炮的学者，将不问是蒋介石，是吴佩孚，都为之造么？"显然，在鲁迅眼里，学者从事研究工作，同样无法摆脱政治立场的潜在制约，因此，也应当考虑社会的正义与进步。尽管这封信在《两地书》正式出版时被鲁迅抽掉了，但它传递的鲁迅的思想观点却不会有错。

正因为鲁迅意识到政治因素对于社会变革的重要作用，所以，在大革命失败后，他就开始重新打量中国社会的政治格局与政治力量。这时，国民党集团的疯狂杀人，把鲁迅的同情推到了被屠杀的共产党人一边；而"革命文学家"极左性质的围攻，又促使鲁迅开始认真阅读马克思主义文艺理论著作，即"从别国里窃得火来……煮自己的肉"。接下来，在反抗黑暗、呼唤光明的文化斗争中，鲁迅被尊为左翼作家的领袖和旗帜；而同党的文化工作领导者如瞿秋白、冯雪峰的亲密交往，又使鲁迅收获了友谊的浸润与人格的激赏。还有来自十月革命后俄国的信息，如"煤油和麦子的输出，竟弄得资本主义文明国的人们那么骇怕"，"几万万的群众自己做了支配自己命运的人"，以及苏维埃领袖多次声明，愿意放弃沙俄时代的在华特权等，更是让鲁迅看到了人类社会的另一番风景，斯时的鲁迅，已自觉汇入中国共产党领导下的人民民主革命的洪流。

毋庸讳言，对于鲁迅晚年的选择，近年来不时有批评和否定的声音出现。我尊重这些学人的见解，但又发现，这些产生于后革命时代的见解，在谈论鲁迅革命时代的政治态度时，常常因为语境的隔膜或观念的错位，而难免陷入或主观妄断或郢书燕说的误区，以致扭曲和遮蔽了历史的本真。而要避免这种情况，切实做到正确理解和评价鲁迅晚年的选择，一条有效的路径应当是：以唯物史观为引领，重返八十多年前的民国现场，看看鲁迅究竟是依据什么而站到中国共产党人一边。而在这一维度上，至少有三点显而易见：

第一，与"立人"的主张相联系，中年之后的鲁迅越发关注大多数普通民众的社会境遇和精神生态，正如他在生命最后时段所重申的："外面进行着的夜，无穷的远方，无数的人们，都和我有关。"(《"这也是生活"……》)为此，他一面倾听地火的奔突，一面呼唤那些埋头苦干、拼命硬干、为民请命的"民族的脊梁"。而这在当时的中国，更多集中于共产党人身上。于是，鲁迅将共产党人——"那切切实实，足踏在地上，为着现在中国人的生存而流血奋斗者……引为同志"(《答托洛斯基派的信》)。

第二，"风雨如磐黯故园"，"雾塞苍天百卉殚"（鲁迅诗句），对于中国社会存在的种种黑暗，鲁迅自有深刻的体认和强烈的忧患。从这种体认和忧患出发，鲁迅一生不但同黑暗展开了坚决而持久的斗争，而且把如何对待这黑暗，当成衡量一切政治力量进步与反动的重要尺度，进而决定自己是拥护或反对。据许寿裳回忆，鲁迅生前曾多次表达过这样的意见："我所抨击的是社会上的种种黑暗，不是专对国民党，这黑暗的根源，有远在一二千年前的，也有在几百年，几十年前的，不过国民党执政以来，还没有把它根绝罢了。现在他们不许我开口，好像他们决计要包庇上下几千年一切黑暗了。"（《亡友鲁迅印象记》）沿着这样的逻辑推理，鲁迅抨击大革命之后的国民党政权，而认同当时正在与黑暗肉搏的中国共产党人，实在是情理之中的事情。

第三，鲁迅所处的时代是黑暗的，然而，黑暗中的鲁迅却执着于对光明的寻找。他由衷希望美好的人和事不断出现，热切期盼"一个簇新的、真正空前的社会制度从地狱里涌现而出"。而斯时，能够让鲁迅感到欣慰的，恐怕还是中国共产党人的浴血奋斗，以及由俄国十月革命所展现的未来社会的另一种可能。尽管鲁迅的欣慰中也掺杂着一些由负面信息和不快感受所带来的忧虑不解，但他最终还是庄严声明："惟新兴的无产者才有将来"（《答托洛斯基派的信》），从而站到新兴的无产者一边。

显然，鲁迅晚年的选择，拥有他那个时代难能可贵的精神依据。我们今天加以评价，应当着重体味其中包含的正义和崇高，而不宜用历史的曲折和局限去苛求前人。

（资料来源：中国作家网，2016年3月24日，有改动）

？问题探讨

问：鲁迅的中国梦体现了他怎样的理想信念？

答： 鲁迅所处的时代是黑暗的，然而，黑暗中的鲁迅却执着于对光明的寻找。这份"光明"，就是中国美好的未来，鲁迅将个人理想与整个人类解放的崇高理想统一在一起。鲁迅虽然是个性解放运动的倡导者，但是他并没有因此变成绝对的个人主义者，普通大众始终是他文学活动的关注核心。理想指引方向，信念决定成败，坚定的理想信念使鲁迅无论是学医还是弃医从文，都始终心怀国家。大学生只有树立起崇高的理想信念，只有将自己的个人理想融入社会理想，才能够解答好人生的意义、奋斗的价值以及做什么样的人等重要的人生课题。鲁迅的一生，就是崇高的、伟大的、有意义的一生。

方志敏：追求理想与信念的典范

方志敏是早期中国革命的领导人之一，1899年生于江西省弋阳县一个世代务农之家，1924年3月加入中国共产党。他是赣东北革命根据地和红军第十军的主要创建人。他"两条半枪闹革命"开创的革命根据地，被毛泽东评价为"方志敏式"的农村革命根据地。1935年1月，方志敏率领红十军团北上途中，被国民党军队包围，不幸被俘，被押押在国民党南昌监狱。同年8月，方志敏英勇就义，时年36岁。方志敏一生对革命矢志不渝，直至献出生命。

对中国革命的巨大贡献

方志敏入党后，积极在工人、农民中传播马克思主义。大革命失败后，在紧急关头党召开的八七会议，确定了实行土地革命和武装起义的方针。以毛泽东为主要代表的中国共产党人创造了"农村包围城市，武装夺取政权"的道路。方志敏是自觉地参与创造中国革命道路的重要成员之一。同时，方志敏还致力于开展土地革命。1928年11月方志敏签署《布告》公布了信江特区苏维埃制定的《临时土地分配法》。"没收豪绅地主和一切封建祠堂庙宇的全部土地，以村为单位按人口平均进行分配；凡不反对苏维埃政权者均有分得土地之权；在谁种谁收的基础上，抽多补少，抽肥补瘦……"方志敏还把土地证颁发给农民，这一举措得到广大农民的热烈拥戴。

方志敏领导的弋阳、横峰县苏维埃政权，是全国最早一批成立的苏维埃政权。他还创造了开辟根据地的新形式，通过上名字画押的形式，组织起了党领导下的集军事、政权于一体的农民武装。而且，方志敏创建的闽浙赣苏区还比较早地运用了发展国民经济的办法来增加苏区财政收入，在1929年就开始了对外贸易。并发行了第一张红色股票，募集的资金，有力地支持了革命战争，为第五次反"围剿"准备了相应的财力。1934年1月，毛泽东在江西瑞金召开的第二次全国工农兵代表大会上所作报告的一部分《我们的经济政策》中，充分肯定了闽浙赣苏区的经济工作，并四次点名表扬了闽浙赣苏区的经济工作。

铁血肩扛责任、誓死效命事业

在1934年秋军事形势日趋险恶之际，中央命令方志敏担任红十军团军政委员会主席，领导红军北上抗日先遣队行动，以牵制敌军、掩护中央红军战略转移。在部队行动失败、艰难突围而被敌军打成两段的情况下，方志敏虽已经在前段跳出包围，但他作出的选择是置个人生死于不顾，毅然转向返回敌人重重包围中寻找仍在后段的大部队。他说，"因大队伍尚在后面，在责任上我不能先走"。因为这一铁血担当和选择，他最终落入敌手，壮烈就义。

方志敏的担当精神，也表现在对错误的严厉自责上。他在狱中，对苏区工作中发生的错误，特别是对先遣队军事指挥上的错误，对"失败的血的教训"，反复进行深刻而沉重的总结。他对错误痛心疾首、刻骨铭心，尽管失败的原因主要是军事指挥员的犹豫等所致，但他认为自己要负主要责任，而"愧悔交集""感着无穷的羞辱"，希望能"赎罪雪耻"。

追求理想与信念的典范

方志敏对共产主义的理想信念热情似火、坚贞不移，无论何时何地都毫不动摇。他毫不掩饰自己的政治信仰，坚定地宣布："我已认定苏维埃可以救中国，革命必能得最后的胜利。"这种信仰上的坚定，源于他对苏维埃的深刻了解。他发出誓言："我的一切，直至我的生命都交给党去了。"为了实现理想，方志敏拼命地工作，以致二十几岁就累得患了肺病，经常吐血，但他"仍然是干而复病，病好复干"。

方志敏被俘后，国民党不择手段地进行威逼利诱。蒋介石物色了一批党政军要员和方志敏的几个同乡同学，充当说客，企图劝降。但方志敏坚决地回答他们："你们法西斯匪徒只能砍下我们的头颅，决不能动摇我们的信仰！""因为我们信仰的主义，乃是宇宙的真理！为着共产主义牺牲，为着苏维埃流血，那是我们十分情愿的啊！"在监狱里，面对国民党当局高官厚禄的利诱，方志敏回答："我不爱爵位也不爱金钱！""为着阶级和民族的解放，为着党的事业的成功，我毫不稀罕那华丽的大厦，却宁愿居住在卑陋潮湿的茅棚；不稀罕美味的西餐大菜，宁愿吞嚼刺口的苞粟和菜根；不稀罕舒服柔软的钢丝床，宁愿睡在猪栏狗窝似的住所。"

一生清贫　绝不徇私

方志敏曾担任中华苏维埃中央主席团委员、党中央委员、闽浙赣省苏维埃政府主席、红十军政委等职，可谓身居高位、手握大权，又掌握着巨额公款。然而在他心目中，共产党的高官应有的不是什么享有特权的荣耀，而是为党的事业奋斗的使命。他始终严于律己，对家属亲友同样公心可鉴。

方志敏在家乡江西领导革命时，国民党当局视之为心腹大患，他的亲属成为受迫害的主要对象。方志敏的大伯惨遭国民党杀害，家族的房屋先后被烧毁10余次，日常生活非常艰难。有一次，方志敏的婶婶带着他的母亲，走了几十里山路找到方志敏，想让当官的儿子拿点饷银给母亲做条裤子，再给婶婶买点食盐。看到自己的母亲，方志敏感到非常难过。一来自己常年在外行军打仗，没有片刻空闲侍奉双亲；二来他兄弟二人都在部队，家里田地缺耕少种，自己却没有一分钱补贴家用。他只好含泪告诉母亲："我是省苏维埃主席，可当的是穷人的主席。饷银嘛，将来会发，现在没有。家庭生活困难我也知道，但都是暂时的艰苦，将来会过上好日子的。"

1931年的一天，方志敏的朋友景德镇商会会长陈仲熙到横峰县葛源镇商谈贸易，事情办完后便来到方志敏家。他随身带了一块墨绿色平绒布，说是给方志敏的夫人缪敏的见面礼。缪敏拿着布想让丈夫买下来，谁知方志敏一听面色骤变，他取布上马，冲妻子大声说："花钱买也是变相受贿！"说完策马飞奔，赶上陈仲熙，原物奉还。缪敏觉得很委屈，大哭了一场，方志敏回来后，劝慰她说："谁让你是我方志敏的妻子呢？"

方志敏一直过着极为清贫的生活，他曾说："我从事革命斗争，已经十余个年头了。在这长期的奋斗中，我一向是过着朴素的生活，从没有奢侈过。"当他被捕遭到敌人搜查时，敌人十分惊讶，像他这样重要的领导人，身上除了一支钢笔和一块旧表外，竟然什么值钱的东西也没有。

他在狱中用敌人提供劝降的纸笔，写下了《可爱的中国》《清贫》等动人篇章，饱含着对党、对祖国、对人民的爱，是我们党的宝贵精神财富。这位被蒋介石亲自布置劝降的共产党人，在狱中的一举一动都被严密监视、严防死守。人们不禁好奇，狱中的方志敏是如何运筹帷幄，为文稿"越狱"打通"信道"，使文稿穿透敌人的"铜墙铁壁"呈现在今天的我们面前的呢？

刚入狱时，方志敏曾一心求死，但后来得知案子"缓办"，他开始积极活动求生。方志敏很快与狱中的共产党人取得了联系，对看守进行教育、感召，高家骏就是其中一个被感召的看守。他将方志敏在狱中给宋庆龄、鲁迅和李公朴的三封书信和一个纸包，托给在杭州做小学教员的女友程全昭，请她将书信送到上海，并嘱咐她：方志敏替你起了化名叫李贞，就是"力争"的意思。身负嘱托，程全昭随即赶往上海，几经辗转，最终将书信和纸包送达。就这样，方志敏在狱中完成的手稿分四批，通过胡逸民夫妇、高易鹏、程全昭四个人传出来。

《可爱的中国》是方志敏的遗著，至今读来仍催人泪下，使人奋进。在《可爱的中国》中，方志敏将祖国称作"美丽的母亲，可爱的母亲"，在文末，他写出了中国革命的光明前景："中国一定有个可赞美的光明前途……到那时，到处都是日新月异的进步，欢歌将代替了悲叹，笑脸将代替了哭脸，富裕将代替了贫穷，健康将代替了疾苦，智慧将代替了愚昧，友爱将代替了仇杀，生之快乐将代替了死之悲哀，明媚的花园，将代替了凄凉的荒地！"

（资料来源：共产党员网，2016年10月26日，有改动）

❓ 问题探讨

问：方志敏的事迹对我们有什么启示意义？

答：坚定的理想信念是方志敏献身革命的内在动力。方志敏对共产主义的理想信念热情似火、坚贞不移，无论何时何地都毫不动摇。他毫不掩饰自己的政治信仰，坚定地宣布："我已认定苏维埃可以救中国，革命必能得最后的胜利。"正如文中所说，方志敏是"追求理想与信念的典范"。作为大学生，我们要学习方志敏对理想信念的坚定执着，要坚定对自己的未来、对祖国、对中国特色社会主义事业的理想信念，刻苦学习、努力奋斗，为中华民族伟大复兴贡献自己的热血青春。

讲好青年人才故事，奏响奋斗强音

青年是祖国的未来，新时代需要青年，尤其需要用好宣讲的方式，引导、凝聚更多的青年力量向基层流动，才能够更好地担负起时代的重任，更好地书写为民服务的新华章。

由王辉、金彩虹、陶建刚、齐晓景和代东援组成的"最美基层高校毕业生"宣讲团，通过一场场演讲、一个个故事，为青年学子点燃"筑梦基层，绽放青春"的理想，照亮他们迈向星辰大海的征程。

党的十九大报告强调："青年一代有理想、有本领、有担当，国家就有前途，民族就有希望。"青年人才是国家的栋梁之材，是人才队伍中的中坚力量，是推动党的事业发展的"新鲜血液"，要加快新时代向前迈进的速度，尤其需要重视青年人才力量。青年兴则国家兴，青年强则国家强。只有锻造一支坚强有力的青年人才队伍，汇聚强大的合力，才能更好地书写青春故事，为国家发展贡献青春力量。基层呼唤人才，基层实现梦想，要引导更多的人才到基层去奋斗，到基层去实现梦想，尤其需要讲好青年人才基层追梦筑梦的故事，激荡青年人才的内生动力，以奋斗之姿，保持前行的恒心，让新时代的有为青年写好中国发展新篇章。

引导青年人才到基层去，让追梦筑梦的根扎进群众中。"青年人才是块砖，哪里需要哪里搬"，青年人才是党的事业发展的后备力量。当前处于脱贫攻坚的"过渡期"，是做好脱贫攻坚和乡村振兴衔接的关键期，在这个阶段，尤其需要引导更多的青年人才走向基层。通过遴选"最美基层高校毕业生"的方式，让更多的青年人才响应党和国家号召，主动地走向基层，扎根在人民群众中，才能在广袤的大地上追梦筑梦，绽放最美青春。

激荡青年人才奋斗热情，让基层成为磨砺成长的舞台。"最美基层高校毕业生"宣讲团是用真实的故事，以情动人，让更多的有志青年能够受到触动，感悟基层青年人才的故事，对他们产生敬佩之情，激荡青年人才的奋斗热情，让他们愿意扎根基层，主动到基层去磨砺成长。要用好情感上的激励，更要用好政策上的引导，要持续推动大学生村官计划、"三支一扶"计划、志愿服务西部计划、教师特设岗位计划以及选调生政策的落实，让更多的青年人才到合适的岗位上锻炼。

鼓励青年人才宣讲交流，用奋斗奏响基层发展的强音。宣讲交流是青年人才展示自我的一次机会，也是相互交流的一个平台，能够让青年人才在这里有更多的收获和成长。要加大青年人才宣讲交流的力度，创新宣讲的方式，从奔赴海岛到高海拔地区，从革命老区到田间地头，越接地气的宣讲方式，越是能够入心。宣讲工作能够汇聚更多的青年力量，为推动基层发展奏响时代强音。

（资料来源：鲁网，2020年12月14日）

? 问题探讨

问：结合案例谈谈青年大学生如何为实现中国梦注入青春力量。

答： 中国梦属于中国的每一位公民，我们每个人都有责任为了实现它而努力奋斗，只是方式不同。案例中的5位青年，选择组建卫川山，为人写生点燃激情，这是他们擅长的方式。而我们也可以用自己擅长的方式去做力所能及的事，只要我们在行动、在奋斗，我们的梦想就不会破灭，就一定会实现。

✏ 习题演练

一、单项选择题

1. ( ) 是人的精神世界的核心，是人精神上的"钙"。

A. 思想道德　　　　B. 道德素质　　　　C. 理想信念　　　　D. 人生价值

2. 下列关于理想的论述，正确的是 ( )。

A. 理想是与生活愿望相结合并指向未来的想象

B. 理想是缺乏客观根据地随心所欲地对未来的想象

C. 理想是在实践中形成的、有实现可能性的、对未来社会和自身发展目标的向往和追求

D. 理想是与现实有很大差距，毫无实现可能的种种未来想象

3. 下列关于理想的论述，错误的是 ( )。

A. 理想带有时代的烙印，在阶级社会中，还必然带有特定阶级的烙印

B. 理想之所以能够成为一种推动人们创造美好生活的巨大力量，就在于它不仅具有现实性，而且具有预见性

C. 理想是人的主观能动性与社会发展客观趋势的一致性的反映，是人们在正确地把握社会历史发展客观规律的基础上形成的，因此理想必然可以实现

D. 实践产生理想，理想指引实践，理想与实践的相互作用推动着人们立足现实、着眼未来，在奋斗中追求，在追求中奋斗

4. 现阶段我国各族人民建设中国特色社会主义的共同理想和我们党建立共产主义社会的最高理想，属于人生理想中 ( ) 的内容。

A. 生活理想　　　　B. 职业理想　　　　C. 道德理想　　　　D. 政治理想

5. 理想和现实的统一性表现在 ( )。

A. 理想就是现实

B. 有了坚定的信念，理想就能自动变为现实

C. 现实是理想的基础，理想是现实的未来

D. 理想总是美好的，而现实中既有美好的一面，也有丑陋的一面

6. 下列关于理想、幻想和空想的表述，正确的是（　　　）。

A. 理想是个人对幻想和空想的改进

B. 理想源于实践，具有实现的可能，幻想和空想是对未来的向往和追求

C. 理想是永恒的，幻想和空想可以随时间的变化而变化

D. 知识渊博的人具有崇高的理想，而空想和幻想则源于无知

7. 下列选项中不属于理想信念的作用的是（　　　）。

A. 理想信念昭示奋斗目标　　　　　　B. 理想信念满足物质需求

C. 理想信念催生前进动力　　　　　　D. 理想信念提供精神支柱

8. 下列对信念的表述，正确的是（　　　）。

A. 信念强调的是认识的正确性

B. 信念表达的是一种真诚信服的态度

C. 信念反映的是客观事物的发展规律

D. 信念体现的是人们对人生目标的追求，具有合理性、科学性

9. 理想作为一种精神现象，是人类社会实践的产物。理想源于现实，又超越现实，在现实中有多种类型。从层次上划分，理想有（　　　）。

A. 个人理想和社会理想　　　　　　　B. 道德理想和政治理想

C. 生活理想和职业理想　　　　　　　D. 崇高理想和一般理想

10. 正确坚定的理想信念，激励人们为一定的（　　　）和生活目标而不断努力追求。

A. 个人理想　　　　B. 社会理想　　　　C. 职业理想　　　　D. 家庭理想

11. 理想同任何一种社会意识形态一样，都是一定时代的产物，都带着特定历史时代的烙印。这是对理想（　　　）的描述。

A. 具有阶级性　　　B. 具有时代性　　　C. 具有实践性　　　D. 具有超越性

12. 大学生应客观分析自己的特点，根据自己的实际情况，制定"跳一跳"能够实现的目标。下列说法错误的是（　　　）。

A. 理想高于现实　　　　　　　　　　B. 现实是理想的基础

C. 现实控制理想的实现　　　　　　　D. 理想与现实既对立又统一

13. 理想之所以能够成为一种推动人们创造美好生活的巨大力量，就在于它不仅源于现实，而且超越现实。从这个角度来分析，下列表述不正确的是（　　　）。

A. 理想对现实有超越性

B. 理想是与奋斗目标相联系的未来的现实

C. 理想是对现实的简单描绘

D. 理想是人们对未来美好生活的憧憬和期待

14. 一个人所拥有的许多信念在类型和层次上是不同的，其中，（　　　）。

A. 高层次的信念决定低层次的信念　　B. 各种层次的信念互不干扰

C. 低层次的信念决定高层次的信念　　D. 信仰是最低层次的信念

15. 无数杰出人物之所以能在平凡的岗位上作出不平凡的业绩，在极其困难的条件下创造奇迹，一个重要的原因就是他们具有（　　）。

　　A. 良好的经济基础　　　　　　　　B. 广泛的人脉关系

　　C. 丰富的专业知识　　　　　　　　D. 崇高的理想信念

16. 关于马克思主义成为我党的指导思想，下列描述错误的是（　　）。

　　A. 马克思主义理论和我国现实完全相一致

　　B. 是近代以来中国历史发展的必然结果

　　C. 是中国人民长期探索的历史选择

　　D. 是由马克思主义严密的科学体系等决定的

17. 大学生只有（　　），才能真正确立崇高的理想信念。

　　A. 建立广泛的人脉关系　　　　　　B. 积累大量的个人财富

　　C. 掌握丰富的专业知识　　　　　　D. 确立马克思主义的科学信仰

18. 要辩证看待理想和现实的矛盾，对"理想中包含着现实"这句话的理解错误的是（　　）。

　　A. 理想包含着现实中必然发展的因素　B. 可以脱离现实谈理想

　　C. 理想包含着由理想转化为现实的条件　D. 在一定条件下，理想可以转化为现实

19. 理想必须通过实践才能实现，在实践中要坚持艰苦奋斗这个"传家宝"。这是因为（　　）。

　　A. 艰苦奋斗是不讲物质利益的

　　B. 艰苦奋斗是实现理想的权宜之计

　　C. 只要发扬艰苦奋斗精神，什么理想都可以实现

　　D. 理想是不会自动转化为现实的

20. 社会理想不是凭空产生的，也不是由外在力量强加的，而是建立在（　　）之上的。

　　A. 统治阶级的意志　　　　　　　　B. 大量的物质财富

　　C. 众人的个人理想基础　　　　　　D. 人类文明成果

二、多项选择题

1. 无数事实证明，人有了明确的理想，才能在人生的追求上不断去攀登，最大限度地实现人生价值；人若没有明确的理想，就会像没有舵的小船，在生活的大海中迷失方向，甚至搁浅触礁。这就是说（　　）。

　　A. 理想是人生的奋斗目标

　　B. 理想是人生前进的动力

　　C. 理想是人们的主观意志和想当然

　　D. 理想等同于现实，是可以立即实现的

2.马克思主义是我们立党立国的根本指导思想。我们之所以信仰马克思主义，是因为（　　　）。

A.这是中国人民长期探索的历史选择

B.马克思主义深刻揭示了自然界、人类社会、人类思维发展的普遍规律

C.这是由马克思主义鲜明的阶级立场和巨大的实践指导作用决定的

D.中国的革命、建设和改革实践充分证明了马克思主义的生命力

3.一个真正认为共产主义是科学的人，在世界社会主义发展遭到暂时困难和曲折时，也不放弃自己追求的目标。这说明（　　　）。

A.信念是一种单纯的知识或想法

B.追求崇高的理想需要坚定的信念

C.信念本身就表明一种稳定的立场

D.信念可以成为人们追求理想目标的强大动力

4.下列关于信念的表述，正确的有（　　　）。

A.信念是对美好未来的向往和追求

B.信念是客观事物的本质和发展规律的正确反映

C.信念是认知、情感和意志的有机统一体

D.信念是人们在一定的认识基础上确立的对某种思想或事物坚信不疑并身体力行的心理态度和精神状态

5.为实现中国梦注入青春能量，青年要（　　　）。

A.为国捐躯，以身殉国　　　　B.立鸿鹄志，做奋斗者

C.心怀"国之大者"，敢于担当　　D.自觉躬身实践，知行合一

6.没有理想信念的人生，就像失去了方向和动力的小船，在生活的波浪中随处漂泊，甚至会沉没于急流之中。这句话说明（　　　）。

A.人生之路就是行驶小船　　　　B.理想信念是人生发展的内在动力

C.理想指引方向　　　　　　　　D.信念决定成败

7.中国特色社会主义以全新的视野深化了对（　　　）的认识，使我们国家快速发展起来。

A.共产党执政规律　　　　　　　B.计划经济发展规律

C.社会主义建设规律　　　　　　D.人类社会发展规律

8.共产主义社会是（　　　）的社会。

A.物质财富极大丰富　　　　　　B.实现按需分配

C.人的精神境界极大提高　　　　D.每个人自由而全面发展

9.在追求理想的过程中，面对理想和现实的矛盾，应该（　　　）。

A.用理想的标准来衡量和要求现实

B.不加分析地全盘认同当前的现实

C. 充分认识理想实现过程的长期性、曲折性和艰巨性

D. 既看到理想与现实对立的一面，又看到它们统一的一面

10. 下列关于个人理想和社会理想的描述，正确的有（　　　　）。

A. 个人理想规定指引社会理想　　　　　　B. 社会理想规定指引个人理想

C. 个人理想与社会理想无关　　　　　　　D. 社会理想是对个人理想的凝练和升华

三、简答题

1. 理想的含义是什么？信念的含义是什么？理想信念的重要意义是什么？

2. 什么是个人理想？什么是社会理想？个人理想与社会理想之间有着怎样的辩证关系？

3. 如何正确认识和对待理想与现实的关系？

4. 大学生应如何树立崇高的理想信念？

四、材料分析题

20世纪70年代，已是多所名牌大学教授的叶嘉莹，选择不要任何报酬回国教书。如今，90多岁高龄的她仍坚持讲学，还捐出3500多万元支持优秀传统文化研究。她用一生培养了大批中国传统文化和古典文学人才。

桃李天下，传承一家，你发掘诗歌的秘密，人们感发于你的传奇。转蓬万里，情牵华夏，续易安灯火，得唐宋薪传，继静安绝学，贯中西文脉，你是诗词的女儿，你是风雅的先生。

——《感动中国》2020年度人物叶嘉莹

请结合上述材料，谈谈如何做到个人理想与社会理想的统一。

实践篇

实践项目一　　主题调研——大学生理想信念现状

⚙ 实践目标

通过调查了解大学生的理想信念状况，准确把握大学生的思想脉搏，明确理想信念对大学生成长成才的重要性，了解理想信念在我国社会发展不同阶段的重要作用，起到系好人生第一粒扣子的作用。

实践方案

1.通过网络或其他工具，学习研究与大学生理想信念相关的研究报告或问卷调查，对要调查的问题形成初步认识。

2.任课教师组织学生进行小范围、小规模的访谈，确定问卷调查的目的和主题范围。

3.任课教师指导学生设计问题，编制问卷。

4.组织学生分成小组，按照不同专业展开调查。在调查时要注意兼顾年级、性别、政治面貌、家庭出身等因素，使样本的选取尽量科学、有代表性。

5.以小组为单位，对收集回来的问卷进行统计分析，展示现状，剖析原因，找出对策，并写成调查报告。

6.各小组以PPT形式展示调查报告，学生现场问答，教师当场点评。

7.任课教师按照评价标准对小组进行评价，小组内部根据成员工作情况评定其成绩。

8.任课教师将最终结果计入平时考核成绩。

参考资料

一、评价标准

一级指标	二级指标	评分标准	分值	得分
社会调查	活动主题	观点正确，主题集中、鲜明	10分	
	活动组织	准备充分，分工科学，协调得力，效果突出	15分	
	团队合作	气氛融洽，凝聚力强；相互支持，协作性好；积极投入，调查团队精神风貌高	10分	
调查报告	内容	内容完整、充实，重点突出	15分	
	结构	结构严谨，层次清晰，逻辑性强	10分	
	数据分析	数据真实；分析有针对性；解决措施合理	15分	
	文字	语言简明，格式规范，表达能力突出	5分	
PPT展示	整体设计	内容协调，设计合理，图文颜色匹配，视觉效果好	10分	
	现场展示	内容熟练，声音洪亮，吐字清晰，自信端庄	10分	
总分			100分	

二、大学生理想信念现状调查问卷

时代在进步，社会在发展，大学生的理想信念正呈现新变化。为此，我们开展了针对当代大学生理想信念的问卷调查，旨在了解大学生的理想信念现状，分析总结并帮助大学生树立正确的理想信念观。请您配合我们完成这份问卷，并保证您的答案真实有效。

1. 你的性别是（　　　）。

A. 男

B. 女

2. 你来自（　　　）。

A. 乡村

B. 县城或郊区

C. 中等以上城市市区

3. 你认为成为一名大学生的主要目的是（　　　）。

A. 混混日子

B. 找到人生的另一半

C. 学习更多知识，获取文凭

D. 实现理想抱负

4. 到大学后你是否重新调整了自己的理想？为什么？（　　　）

A. 不曾改变，专注于同一理想并为之努力

B. 因思想成熟而改变

C. 因别人影响而改变

D. 为适应家庭或就业形势而改变

5. 在实现理想的过程中，什么是你的阻力？（　　　）

A. 缺乏艰苦奋斗的精神与坚持的毅力

B. 理想与现实的差距

C. 无法合理安排自己的学习与生活

D. 家庭的压力，社会的形势

6. 你有在失落时起鼓舞作用的座右铭吗？（　　　）

A. 有

B. 曾经有

C. 没有

7. 你觉得人生最重要的是什么？（　　　）（选两项，按重要程度由大到小排列）

A. 健康

B. 理想信念

C. 金钱

D. 名誉

E. 权力

F. 其他

8. 你相信会实现自己的理想吗？（　　）

A. 相信，因为我有信念的支持

B. 相信，但我觉得我的成功与信念无关

C. 不知道，因为理想与现实相差太大，信念有时很空洞

9. 你认为影响你追求的因素有哪些？（　　）（按影响从大到小排列）

A. 个人能力有限

B. 碰壁，路途坎坷，总感到不顺心

C. 学历的高低

D. 自己有能力却没有好机遇

E. 人际关系处理问题

F. 父母及其他人不赞同

10. 毕业后，政府号召你去经济欠发达的西部支援，你会去吗？（　　）

A. 会

B. 不会

C. 还不知道

11. 你实现理想的动力信念来自哪里？（　　）（最多三项）

A. 为了让家人过上好日子

B. 为了让别人看得起

C. 为了自己美好的将来

D. 为自己另一半努力

E. 报效社会

F. 父母师长及朋友的鞭策和鼓励

G. 实现人生价值

12. 将来选择工作时，你首先考虑的因素是（　　）。

A. 能发挥自己的专长

B. 经济收入多，待遇好

C. 离家近，方便照顾父母

D. 城市发达程度

13. 你觉得谁对你的人生观建立影响最大？（　　）

A. 父母长辈

B. 书籍

C. 朋友同学

D. 媒体

14. 你是如何选择目前就读的专业的？（　　　）

A. 家人替自己选择的，并不是自己喜欢的

B. 自己一直感兴趣

C. 根据社会就业前景

D. 学校调剂

15. 以下在你的课外生活中花费比较高的三项是（　　　）。

A. 完成课内作业

B. 课外阅读

C. 体育锻炼

D. 学生工作

E. 上网玩游戏、看电影

F. 社会工作

16. 你抱着怎样的心情上大学？（　　　）

A. 充满期待，大学是一个提升能力创造奇迹的地方

B. 不稀罕，很正常的事

C. 没办法，家人意愿

17. 你拥有理想吗？（　　　）

A. 有长远理想，并为之一直准备着

B. 有长远理想，并没有相应计划，凭感觉走

C. 有短期理想，并且有意识地达成自己的理想目标

D. 没有，根本没想过，整天混日子

18. 你觉得怎样实现自己的理想？（　　　）

A. 凭自己的实力

B. 主要靠别人的帮助

C. 自己的努力和别人的帮助

D. 顺其自然

19. 如果你买彩票中了 100 万元，你会怎么用？（　　　）

A. 享受物质的富足，满足精神的需求

B. 投资或创业赚更多的钱从事慈善，帮助更多人

C. 用来当作实现理想的资本

D. 其他

20."乡村教师谢毕华孤身一人在大山深处坚守6年，实现了村里20多个学生'家门口'的上学梦"，对此你怎么看？（　　　）

A.可以像他一样坚定自己的理想信念

B.别人的事与我无关，我不发表意见

C.他的信念让他得不到物质享受，我可能做不到

21."周恩来曾说过'为中华之崛起而读书'，并为此作出了不懈努力，最终获得举世瞩目的成就"，你怎样看待周总理的成功？（　　　）

A.他拥有非凡的信念，并将行动践履

B.他是圣贤，而我是一般人，无法揣摩和匹敌

C.天生我材必有用，每个人的理想都有自己的价值，无须对他人理想进行评价

D.不可同日而语

22.一句话说说理想信念的重要性。

_____

再次感谢您的配合，祝您生活愉快。

实践项目二　　经典著作研读——坚定理想信念

⚙ 实践目标

把研读马克思主义经典同深入学习习近平总书记系列重要讲话紧密结合，准确把握党的科学理论一脉相承又与时俱进的内在联系，增强对讲话精神的思想认同、理论认同、情感认同，把基础理论与重大现实问题统一起来，增强中国特色社会主义道路自信、理论自信、制度自信、文化自信，从而更加坚定中国特色社会主义的理想信念。

实践方案

1.学习委员做好准备工作，收集马克思主义、毛泽东、习近平等相关著作。

2.根据教师指定的阅读书目，给每位学生拟定合理的诵读篇目。

3.学习委员配合教师完成任务发放。

4.课堂上阐述活动时间以及活动要求。

5.按照时间节点上交诵读任务。

6.将学生诵读任务推送至学院网站，投票选出"最佳诵读者"。

7.颁奖（课堂上）。

实践项目三   主题演讲——我心中的马克思

⚙ 实践目标

通过主题演讲，帮助大学生了解马克思，从而理解马克思主义对中国特色社会主义事业的指导作用，进而信仰马克思主义。

实践方案

1. 任课教师宣布演讲主题，明确方向。

2. 将全班学生分为若干小组并指定组长，组长负责本小组活动的有序开展。

3. 任课教师监督和指导各小组进行演讲稿撰写和演讲排练。

4. 任课教师组织学生以小组为单位各派一名演讲选手进行演讲。

5. 评委依次进行打分。

6. 演讲完毕，任课教师对学生表现和本次活动进行点评，并公布各小组成绩。

7. 各小组提交演讲稿，每名学生提交一份活动总结。

学思践悟

继承优良传统
弘扬中国精神

第三章

　　一个民族的复兴不仅需要强大的物质力量，还需要强大的精神力量。在几千年的历史流变中，中华民族生生不息、绵延发展，饱受挫折又浴火重生，其中很重要一点就是我们的民族积淀了自身最深沉的精神追求，它有着独一无二的理念、智慧、气度，增添了中国人民内心深处的自信和自豪。这种强大的精神支撑，成为中华民族奋发进取的动力之源。

导航篇

知识网络

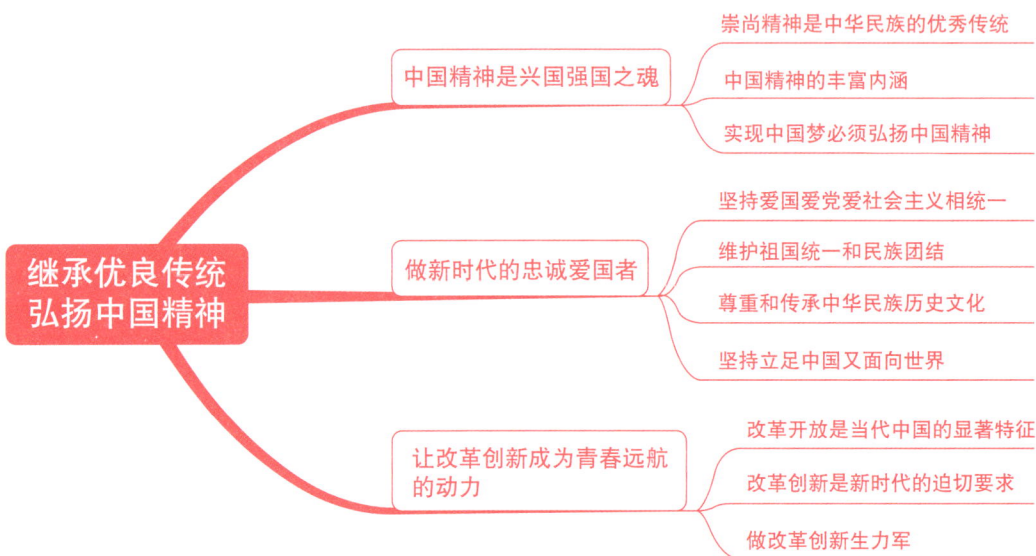

继承优良传统 弘扬中国精神

- 中国精神是兴国强国之魂
  - 崇尚精神是中华民族的优秀传统
  - 中国精神的丰富内涵
  - 实现中国梦必须弘扬中国精神
- 做新时代的忠诚爱国者
  - 坚持爱国爱党爱社会主义相统一
  - 维护祖国统一和民族团结
  - 尊重和传承中华民族历史文化
  - 坚持立足中国又面向世界
- 让改革创新成为青春远航的动力
  - 改革开放是当代中国的显著特征
  - 改革创新是新时代的迫切要求
  - 做改革创新生力军

学习指南

⊙ 学习目标

1. 系统学习中国精神的丰富内涵，深刻理解爱国主义始终是把中华民族坚强团结在一起的精神纽带，改革创新始终是鞭策我们在改革开放中与时俱进的精神力量，引导大学生做新时代的忠诚爱国者和改革创新的生力军。

2. 通过深入的主题实践活动加深对理论知识的理解和掌握，并做到融会贯通，在学习和生活中达到理论与实践相结合的目的，学习并弘扬中国精神。

⊙ 要点提示

1. 中国精神的丰富内涵。

2. 实现中国梦必须弘扬中国精神。

3. 爱国主义是中国精神的核心。

4. 爱国主义的时代要求。

5. 改革是激发社会活力的引擎，创新是引领发展的动力。

6. 当代大学生要做改革创新的生力军，树立改革创新意识，培养改革创新能力，投身改革创新实践。

⊙ 学习思路

本章从一开始就点明主旨，解释了什么是中国精神：以爱国主义为核心的民族精神和改革创新为核心的时代精神；随后从三个部分展开论述，第一部分侧重于回答中国精神的内涵，第二部分重点阐述爱国主义的价值体现，第三部分主要讲述当今时代孕育出来的时代精神，同时给当代大学生指明了发展的方向。

理论篇

要点解析

要点一：崇尚精神是中华民族的优秀传统

中华民族崇尚精神的优秀传统，首先表现为对物质生活与精神生活相互关系的独到理解，其次表现为中国古人对理想的不懈追求，最后表现为对品格养成的重视。

解析： 精神是一个民族赖以长久生存的灵魂，中华民族自古以来就重视精神境界的修为，如"君子爱财，取之有道""修身，齐家，治国，平天下"等，经过几千年的传承，中国精神已经成为中华民族的重要标识。

认知

清代中期，当朝宰相张英与一位姓叶的侍郎都是安徽桐城人。两家毗邻而居，都要起房造屋，为争地皮，发生了争执。张老夫人便修书北京，要张英出面干预。这位宰相到底见识不凡，看罢来信，立即作诗劝导老夫人："千里家书只为墙，让他三尺又何妨？万里长城今犹在，不见当年秦始皇。"张母见书明理，立即把墙主动退后三尺；叶家见此情景，深感惭愧，也马上把墙让后三尺。这样，张叶两家的院墙之间就形成了六尺宽的巷道，成了有名的"六尺巷"。

要点二：中国精神的丰富内涵

伟大创造精神、伟大奋斗精神、伟大团结精神、伟大梦想精神，传承中华民族的宝贵精神基因，汲取时代的丰厚精神滋养，是对中国精神内涵的系统阐释。

伟大创造精神。在几千年历史长河中，中国人民始终辛勤劳作、发明创造。今天，中国人民的创造精神正在前作未有地迸发出来，推动我国日新月异向前发展，大踏步走在世界前列。

伟大奋斗精神。中国人民自古就明白，世界上没有坐享其成的好事，要幸福就要奋斗。今天，中国人民拥有的一切，凝聚着中国人的聪明才智，浸透着中国人的辛勤汗水，蕴含着中国人的巨大牺牲。

伟大团结精神。在几千年历史长河中，中国人民始终团结一心、同舟共济，建立了统一的多民族国家，发展了56个民族多元一体、交织交融的融洽民族关系，形成了守望相助的中华民族大家庭。特别是近代以后，我国各族人民英勇奋斗，浴血奋战，打败了一切穷凶极恶的侵略者，捍卫了民族独立和自由，共同书写了中华民族保卫祖国、抵御外辱的壮丽史诗。今天，中国取得的令世人瞩目的发展成就，更是全国各族人民同心同德、同心同向努力的结果。

伟大梦想精神。在几千年历史长河中，中国人民始终心怀梦想、不懈追求，我们不仅形成了小康生活的理念，而且秉持天下为公的情怀，盘古开天、神农尝草等我国古代神话故事深刻反映了中国人民勇于追求和实现梦想的执着精神。今天，中国人民比历史上任何时期都更接近、更有信心和能力实现中华民族伟大复兴。

解析：中国人民自古以来都是勤劳的、智慧的、团结的、勇敢的，中国几千年的辉煌成就印证了这一点，今天我们正在进行的中国特色社会主义事业更加印证了这一点。有这样一群人在，中华民族伟大复兴中国梦的实现就在不远的将来，这就是中国精神的力量。

要点三：实现中国梦必须弘扬中国精神

实现中华民族伟大复兴的中国梦，开启社会主义现代化国家建设新征程，必须大力弘扬中国精神，弘扬以爱国主义为核心的民族精神和以改革创新为核心的时代精神，振奋起全民族的"精气神"。

1. 凝聚民族复兴的磅礴伟力

凝聚中国力量的精神纽带。弘扬中国精神，对于维系中华民族的生存与发展、维护国家统一和民族团结发挥着重要的凝聚作用。

激发创新创造的精神动力。推进新时代的伟大事业，必须有创新创造、向上向前的强大精神奋发力，勇于变革、勇于创新，永不僵化、永不停滞，使全体人民始终保持昂扬向上的精神状态。

挺进复兴伟业的精神支柱。实现中华民族伟大复兴的中国梦，需要我们正确认识当代世界和中国发展大势，正确认识中国特色和国际比较，增强民族自尊心和自信心，坚定不移走自己的路，使全体人民拥有坚如磐石的精神和信仰力量，坚定不移把中国特色社会主义事业不断推向前进。

解析：人无精神不立，国无精神不强。中国梦就其内在属性和本质而言，就是蕴含社会理想与愿景的人类基本精神活动，从这个意义上看，中国精神是团结一心实现中国梦的精神纽带，是自强不息实现中国梦的精神动力，是拼搏进取实现中国梦的精神力量。

2. 弘扬以爱国主义为核心的民族精神

民族精神是一个民族在长期共同生活和社会实践中形成的，为本民族大多数成员所认同的价值取向、思维方式、道德规范、精神气质的总和，是一个民族赖以生存和发展的精神支柱。

爱国主义体现了人们对自己祖国的深厚感情，揭示了个人对祖国的依存关系，是人们对自己家园以及民族和文化的归属感、认同感、尊严感与荣誉感的统一，是调节个人与祖国之间关系的道德要求、政治原则和法律规范。

爱国主义的基本内涵主要表现在四个方面。一是爱祖国的大好河山。二是爱自己的骨肉同胞。三是爱祖国的灿烂文化。四是爱自己的国家。

解析：以爱国主义为核心的民族精神是中华民族生命力、凝聚力、创造力的源泉，是中华民族生生不息自立于世界民族之林的强大精神动力。爱国主义作为民族精神的核心，既是中华民族最深厚的精神传统，也是动员和鼓舞人民团结奋斗的精神旗帜、推动中国社会历史发展的巨大力量。

相关链接：

习近平讲述的故事｜"爱国三问"

3. 弘扬以改革创新为核心的时代精神

时代精神是一个国家和民族在新的历史条件下形成和发展的，体现民族特质并顺应时代潮流的思想观念、价值取向、精神风貌和社会风尚的总和。

弘扬以改革创新为核心的时代精神，就是要树立突破陈规、大胆探索、敢于创造的思想观念，从不合实际、不合规律的观念和体制的束缚中解放出来，从错误和教条式的思想观念中解放出来；就是要培养不甘落后、奋勇争先、追求进步的责任感和使命感，以"落后就会挨打"的危机感和忧患意识自我警醒，以只争朝夕的奋发精神和竞争意识自我激励；就是要保持坚忍不拔、自强不息、锐意进取的精神状态，有"敢啃硬骨头""敢涉险滩"的闯劲，有"咬定青山不放松"的韧劲，有"生命不息，奋斗不止"的拼劲。

解析： 任何领域的运行都有一个体制机制问题，如果不解决好体制机制问题，不破除阻碍发展的旧体制旧机制，不建立有利于发展的新体制新机制，创新发展就无从谈起。我国改革创新的历史充分证明，只有改革开放才能发展中国、发展社会主义、发展马克思主义；只有创新才能让中国在世界上立于不败之地，才能更好地实现中华民族伟大复兴的中国梦。

要点四：做新时代的忠诚爱国者

大力弘扬新时代爱国主义，必须坚持爱国爱党爱社会主义相统一、维护祖国统一和民族团结、尊重和传承中华民族历史文化、坚持立足中国又面向世界。

1. 坚持爱国爱党爱社会主义相统一

新中国是中国共产党领导的社会主义国家，祖国的命运和党的命运、社会主义的命运密不可分。

我们爱的"国"是中国共产党领导的社会主义中国。拥护国家的基本制度，遵守国家的宪法法律，维护国家安全和统一，捍卫国家的利益，为国家繁荣发展贡献自己的力量，是爱国主义的基本要求。

爱国爱党爱社会主义统一于实现中华民族伟大复兴的历史进程中。不同历史时期的爱国主义虽然内涵和表达方式有所不同，但本质上是爱国爱党爱社会主义的高度统一，都统一于实现中华民族伟大复兴的中国梦的鲜活实践之中。新时代大学生不仅要在认识上深刻理解爱国爱党爱社会主义的高度统一，更要以实际行动体现对祖国的热爱、对党的热爱、对社会主义的热爱。

2. 维护祖国统一和民族团结

国家统一和民族团结是中华民族根本利益所在。

（1）维护和推进祖国统一。①推进祖国统一，必须保持香港、澳门长期稳定。香港、澳门与祖国内地的命运始终紧密相连，实现中华民族伟大复兴的中国梦，需要香港、澳门与祖国内地坚持优势互补、共同发展，需要港澳同胞与内地人民坚持守望相助、携手共进。②维护国家主权和领土完整、实现祖国完全统一是大势所趋、大义所在、民心所向。首先，坚持一个中国原则；其次，推进两岸交流合作；最后，促进两岸同胞团结奋斗。必须反对和遏制任何形式的"台独"分裂主张和活动，不能有任何妥协。

（2）促进民族团结。处理好民族问题、促进民族团结，是关系祖国统一和边疆巩固的大事，是关系民族团结和社会稳定的大事，是关系国家长治久安和中华民族繁荣昌盛的大事。新时代大学生要像爱护自己的眼睛一样维护民族团结，像爱护自己的生命一样维护社会稳定，自觉做民族团结进步事业的建设者、维护者、促进者。

3. 尊重和传承中华民族历史文化

（1）历史文化是民族生生不息的丰厚滋养。中华优秀传统文化是中华民族的精神命脉，其中蕴含着中华民族世世代代形成和积累的思想营养和实践智慧，是中华民族得以延续的文化基因，也是我们在世界文化激荡中站稳脚跟的根基。要不断向历史学习，汲取历史智慧，总结历史经验和历史规律，回答和解决在新的历史条件下党和国家发展面临的重大理论和现实问题。

（2）旗帜鲜明反对历史虚无主义。我们不是历史虚无主义者，也不是文化虚无主义者，不能数典忘祖、妄自菲薄。我们要对中华民族的英雄心怀崇敬，自觉传承好中华民族辉煌灿烂的历史文化。

4. 坚持立足中国又面向世界

（1）维护国家发展主体性。在经济全球化的背景下，国家仍然是民族存在的最高组织形式，是国际社会活动中的独立主体。只要国家继续存在，爱国主义就有坚实的基础。

（2）自觉维护国家安全。①确立总体国家安全观。国家安全是指一个国家不受内部和外部的威胁、破坏而保持稳定有序的状态。确立总体国家安全观，必须既重视外部安全，又重视内部安全；既重视国土安全，又重视国民安全；既重视传统安全，又重视非传统安全；既重视发展问题，又重视安全问题。②增强国防意识，履行维护国家安全的义务。我国的国防是全民的国防。大学生必须有很强的国防观念和忧患意识，自觉接受国防和军事方面的教育训练，关心国防、了解国防、热爱国防、投身国防，积极履行国防义务，成为既能建设祖国又能保卫祖国的优秀人才。

（3）推动构建人类命运共同体。共同建设一个持久和平、普遍安全、共同繁荣、开放包容、清洁美丽的世界，是全人类的共同利益和共同价值追求。面向世界，推动构建人类命运共同体，要有更加宽广的世界胸怀和全球视野，为维护人类共同利益、推动人类文明发展进步提供中国智慧，始终做世界和平的建设者、全球发展的贡献者、国际秩序的维护者。

解析：我们是中国共产党领导的社会主义国家，所以爱国的同时也必须爱党爱社会主义；我国是多民族国家，爱国就要做到维护民族团结，要尊重少数民族的信仰，不能歧视、辱骂等；中华优秀传统文化历史悠久，是最深厚的国家软实力，抛弃中华优秀传统文化，我们将成为无源之水、无本之木，爱国一定要尊重和传承中华民族历史文化；如今我们与世界的关系越来越密切，我们的发展离不开世界舞台，世界也需要中国智慧、中国方案，因此，我们不能只在自己的"一亩三分地"上发展，要既立足中国，保证国家安全稳定地发展，又面向世界，和世界人民一道维护世界的和平与发展。

🏅 **榜样**

"王继才同志守岛卫国32年，用无怨无悔的坚守和付出，在平凡的岗位上书写了不平凡的人生华章。我们要大力倡导这种爱国奉献精神，使之成为新时代奋斗者的价值追求。"

王继才放弃原本舒适的生活，在前几任"岛主"最多只坚持十几天的背景下，他和妻子在江苏省开山岛一扎就是32年。其间，他既克服了孤岛上环境恶劣、条件艰苦，同时面对不法分子的威逼利诱，他始终坚守作为岛屿卫士的职责，为国防建设贡献了一生。

王继才始终把国家利益放在首位，守岛32年间，他不计个人得失，始终坚守在平凡岗位上，在岛上一万多个日日夜夜，他坚持每天按时巡岛、护航标、写日志，与走私、偷渡等不法分子作斗争，为国家挽回巨额经济损失，有力捍卫了国家利益，书写了不平凡的人生。王继才是广大基层民兵的优秀代表，他的事迹为基层党员干部树立了爱国奉献的崇高榜样。

要点五：让改革创新成为青春远航的动力

改革创新是当代中国最突出、最鲜明的特点。

1.改革开放是当代中国的显著特征

（1）改革开放是当代中国最鲜明的特色。改革开放是党在新的历史条件下领导人民进行的新的伟大革命，是决定当代中国命运的关键抉择。实践充分证明，改革开放是当代中国发展进步的活力之源，它只有进行时，没有完成时。

（2）创新是改革开放的生命。改革开放创造的奇迹不是天上掉下来的，而是来自中国共产党和中国人民的理论创新、实践创新、制度创新、文化创新以及各方面创新。当前，我们要用深邃的历史眼光、宽广的国际视野把握事物发展的本质和内在联系，立足亿万人民的创造性实践，借鉴吸收人类一切优秀文明成果，以前所未有的积极性、主动性、创造性推进改革开放和社会主义现代化建设。

2.改革创新是新时代的迫切要求

（1）创新始终是推动人类社会发展的第一动力。创新决定着世界政治经济力量对比的变化，也决定着各国各民族的前途命运。

（2）创新能力是当今国际竞争新优势的集中体现。今天，国际竞争的新优势越来越集中体现在创新能力上。面对科技创新和产业革命新趋势，世界主要国家都在积极调整应对，努力寻找创新的突破口，抢占发展的先机，纷纷出台新的创新战略，加大投入，加强人才、专利、标准等战略性创新资源的争夺，创新战略竞争在综合国力竞争中的地位日益重要。

3. 做改革创新生力军

（1）树立改革创新的自觉意识。①增强改革创新的责任感；②树立敢于突破陈规的意识；③树立大胆探索未知领域的信心。

（2）增强改革创新的能力本领。①夯实创新基础；②培养创新思维；③投身创新实践。

解析： 改革创新指的是改掉旧的、不合理的部分，使其更合理完善，并开创新的事物。改革创新是社会主义核心价值体系的基本内容之一，也是实现科学发展的重要动力。社会发展史证明，人类进步的历史，就是一部创新的历史。人类一切文明成果都是创新思维的胜利成果，都是创新智慧的凝结。有了改革创新的意识和改革创新的本领，在实践中自然而然就能够成为改革创新者。因此，作为大学生，要努力学习知识，在日常学习生活中，自觉培养改革创新的意识，从理论学习和日常生活实践中增强改革创新的能力，积极投身于改革创新的实践中，为祖国的繁荣发展肩负起自身的历史使命，为实现中华民族伟大复兴贡献自己的聪明才智。

相关链接：

伟大民族精神畅想

热点解读

热点一：弘扬航天精神　建设航天强国

热点事件

随着科学技术的发展，国家的竞争逐渐演变成科技的竞争。自 2018 年 6 月以来，美国对中国的打压愈演愈烈，从"中兴事件"到"华为事件"，从贸易战到科技战，这种打压已经由局部向全面扩展。其原因就是中国的发展和强大已经让美国感到了威胁，已经让美国在全球的霸权地位受到挑战。为了扼制中国的发展，继续保持自己在全球的优势地位，美国一点点撕掉所谓"民主""自由""公平""契约"的遮羞布，不惜赤膊上阵，从各个层面封锁围堵中国，尤其是 2019年 5 月出台的"实体清单"和新颁布的签证审查制度，更是让我们明白核心技术不能受制于人的道理。科学技术没有国界，但如果我们不能够掌握这些先进的科学技术，没有自己的科学家，那么这些科学技术将会成为我们国家走向强大的巨大障碍。

热点解读

1970 年 4 月 24 日，我国第一颗人造地球卫星"东方红一号"从戈壁大漠飞向九天，毛泽东主席发出的"我们也要搞人造卫星"号召与誓言终成现实。这是我国科技工作者创造的又一里程碑式壮举。50 多年来，航天精神代代相传、生生不息，中国航天自力更生、勇攀高峰，不断演绎着中国精神、中国力量。

"东方红一号"成为中国航天里程碑

"东方红一号"任务的完成，显著提升了我国国际影响力。正如邓小平所说："如果六十年代以来中国没有原子弹、氢弹，没有发射卫星，中国就不能叫有重要影响的大国，就没有现在这样的国际地位。"

提振了中华民族信心。"东方红一号"发射成功，打破超级大国对航天尖端技术的垄断，我国成为世界上第五个用自制火箭发射国产卫星的国家，进一步夯实了国家安全发展基石。这是在中国共产党领导下，广泛动员社会力量大协作的成果，彰显了举国体制的巨大优势。太空奏响的悠扬的《东方红》成为激励一代人最振奋的音符，极大增强了全国人民的民族自信心与自豪感。

奠定了中国航天根基。"上得去，抓得住，听得着，看得见"，艰辛起步，目标明确。在基础薄弱、条件简陋，无参照样本、无完整资料情况下，老一辈航天人因陋就简，土法上马，攻克一系列关键技术和工艺难关，从元件、材料到单机、分系统以至整星，实现系统综合集成、工程整体优化，取得一系列重大突破。系统工程的理论与方法成为航天工程管理的"传家宝"，自主创新的技术与能力成为攀登科技高峰的"压舱石"，不怕困难的豪情与斗志成为航天发展的"动力源"。中国航天出成果、出装备、出人才，造就一批科技大师、工程"两总"、大国工匠，打造了老中青三代梯次接续、充满活力的人才队伍。

孕育了"两弹一星"精神。为了托举"中国第一星"，以钱学森为代表的一大批航天事业的亲历者、参与者，有的放弃国外优越的条件，有的告别繁华喧嚣的城市，扎根深山、转战大漠，隐姓埋名、奉献青春，群策群力、攻坚克难，以许党报国的雄心壮志和永存史册的业绩功勋，诠释着祖国利益高于一切的价值追求，形成了"热爱祖国、无私奉献，自力更生、艰苦奋斗，大力协同、勇于登攀"的"两弹一星"精神，积淀了独具特色的军工文化，成为中华民族永攀科技高峰的精神象征。

航天发展成为中华民族走向复兴的时代标志

太空探索永无止境。从"东方红一号"到"东方红五号"，从"嫦娥一号"到"嫦娥五号"，从"神舟一号"到"神舟十一号"，中国航天奋发图强、砥砺奋进，不断刷新高度，助力国家发展。

引领国家科技进步的新高地。航天是当今世界最具挑战性和广泛带动性的高技术领域之一，是推动国家科技进步的强大引擎。党的十八大以来，国家科技重大专项接续实施。载人航天"三步走"战略第二步任务圆满完成；"嫦娥三号"落月探测和探月工程三期再入返回飞行试验取得圆满成功，"嫦娥四号"首次实现航天器在月球背面软着陆；"北斗"卫星导航系统即将完成全球组网服务；高分辨率对地观测卫星陆续投入使用，民用空间基础设施不断完善。"长征五号"火箭发射成功意味着中国具备探索更远深空能力，首次固体运载火箭海上发射试验成功标志着中国掌握两栖发射能力。从"长征一号"将"东方红一号"送入太空起，"长征"系列火箭已完成 330 次发射任务，第一个 100 次发射用时 37 年，第二个 100 次用时 7 年零 6 个月，第三个 100 次仅用时 4 年零 3 个月。空间科学、空间技术、空间应用全面发展，显著带动空间物理、空间天文、空间生物等重要领域基础理论研究，牵引着自动控制、计算机、电子信息、精密制造、新材料等高新技术快速发展。

服务经济社会发展的新动能。我国形成"箭、弹、星、船、器"的完整体系，在轨卫星超过 300 颗。卫星通信、卫星导航、卫星遥感在多领域广泛运用，培育了以卫星应用为代表的新经济增长点。党的十八大以来，商业航天、"互联网＋卫星应用"等高新技术产业发展加速，航天科技成果大力转化，"高分"专项在资源开发与生态环境保护、防灾减灾与应急响应、公共管理与社会服务等领域发挥重要作用。航天技术与产品服务助力脱贫攻坚，超过 2000 项航天技术成果实现移植深耕，孕育了智慧城市、太空育种、太空制药等新业态，产业经济规模由百亿量级跃升至千亿量级。在 2020 年抗击新冠肺炎疫情中，"高分""北斗"组合精准化标绘、高精度定位，全网见证火神山医院、雷神山医院建设"中国速度"，为战"疫"提供新"武器"，科技报国、科技惠民、科技抗疫辐射效应凸显。

深化国际合作交流的新名片。党的十八大以来，中国航天以积极开放的姿态开展国际交流，形成开放合作新格局：中巴地球资源卫星、中意电磁卫星、中法海洋卫星相继成功发射。月球与深空探测领域国际交流合作取得新进展。启动"一带一路"空间信息走廊、亚太空间合作组织多任务小卫星等多边合作项目，增添共同发展新动力。为近 30 个国家和国际组织实施 50 余次发射任务，提供近 20 次搭载服务，宇航产品成为我国高端装备"走出去"新名片。积极参与联合国外空委及空间与重大灾害国际宪章、机构间空间碎片协调委员会等国际组织活动，发布《中国航天助力联合国 2030 年可持续发展目标的声明》，向全球开放共享"高分"卫星 16 米数据，为应对全球气候变化和重大自然灾害等人类共同挑战作出重要贡献。

50 多年来，在航天事业不断发展壮大中积累了弥足珍贵的经验财富。党中央坚强领导和新型举国体制政治优势是根本保障，自力更生、自主创新是血脉基因，系统管理、狠抓质量是制胜法宝，尊重科学、尊重人才是不竭源泉。

以航天梦助力强国梦复兴梦

习近平总书记发出"发展航天事业，建设航天强国"动员令，寄语航天战线和科技工作者"伟大事业都始于梦想""伟大事业都基于创新""伟大事业都成于实干"。中国航天向世界一流看齐，向强国目标聚焦，有决心、有能力再立新功。

始终抢抓机遇、自主创新。2020年，我国实施了探月三期、北斗导航、首次火星探测等国家重大工程。中国航天围绕集中力量办大事，抓住重大科技工程、抓住急需尖端需求、抓住关系未来的根本和基础，充分发挥重大专项对技术、科学的牵引和"扳机"作用。强化底线思维，坚持技术推动、需求拉动，坚持结果导向、问题导向，加大航天基础能力建设力度，切实解决影响制约发展的瓶颈短板问题。

始终集智攻关、协同创新。航天是大融合大联动的创新。要按照"发挥市场经济条件下新型举国体制优势，集中力量、协同攻关"要求，更加注重有效统筹各类主体、工程总体及各大系统单位，协同各层科技力量，形成航天重大项目的战略布局和系统安排；有效发挥各类创新资源优势，崇尚首创、鼓励冒险、允许试错、宽容失败，激励科学大家、领军人才、青年才俊和创新团队矢志创新、专注创造；有效汇聚社会优势资源，完善航天创新体系，实现由大向强的行稳致远，带动整体实力攀升。

始终共享共赢、开放创新。世界航天进入大发展时代，同场竞技、联袂展示。要坚持共商共建原则，加强航天领域基础科学研究国际交流，推动大科学计划、工程与中心建设，开展多领域、多层次、多形式国际交流，扩大创新能力开放合作。坚持和平利用外层空间一贯宗旨，积极参与国际外空规则制定和全球防灾减灾等国际创新治理，主动布局全球创新网络、设置合作议题，使更多人享受航天新发展带来的福祉。

中国航天将以习近平新时代中国特色社会主义思想为引领，赓续"两弹一星"精神、载人航天精神和探月精神，牢记初心使命，不畏艰险挫折，继续追天揽月征程，共享和平美好太空。

📖 **感悟**

很难说有什么办不到的事，因为昨天的梦想可以变成今天的希望，也可以变成明天的现实。

——〔美〕戈达德

热点二：理想信念缺失就像"缺钙"

热点事件

习近平总书记指出："精神是一个民族赖以长久生存的灵魂，唯有精神上达到一定的高度，这个民族才能在历史的洪流中屹立不倒、奋勇向前。"2019年的冬天过得太漫长，春节前夕，一场没有硝烟的战争悄无声息地来临，似乎就在一夜间，一座灯红酒绿、热闹非凡的大都市，像被时间定格了，成了无人守候的"空城"。但与此同时，十四亿人民的心，不约而同地凝聚在江城大地，各方力量凝结在一起，展现出无坚不摧、战无不胜的巨大精神力量。"中国精神"四个字掷地有声，成为坚决打赢新冠肺炎疫情防控阻击战的磅礴伟力，为疫情的防控构筑了坚实的防线，激励着中华民族同心战"疫"、共克时艰。

热点解读

人同心，则力同向，力同向，则战必胜。

"不怕巨浪高，只怕桨不齐。"中国精神是"团结一心、同舟共济"的团结精神。在疫情发生后，面对严峻复杂的局势，全国上下紧急行动，全力支援湖北省和武汉市抗击疫情。无数白衣天使白衣执甲、逆行出征，签下"生死状"去往疫情一线，日夜奋战。为加强医疗物资生产供应，医疗企业开足马力、扩大产能，相关行业企业迅速转产，保障资源供应。而每一位普通的中国人不分男女老幼，不论岗位分工，都自觉投入抗击疫情的人民战争中，坚韧团结、和衷共济。护目镜遮不住的坚毅专注眼神，口罩勒出深深压痕的脸庞；与时间赛跑的火神山、雷神山医院建设者；为居民代买药品、浑身挂满药袋的社区工作者；昼夜转运物资、接送医护人员上下班的志愿者……一个个感人瞬间充满震撼之力，被历史铭记。

为众人抱薪者，必为人民所铭记。

"明知山有虎，偏向虎山行。"中国精神是"鞠躬尽瘁、死而后已"的奉献精神。17年前他曾坚定地说："把最严重的病人都送到我这里来。"斩钉截铁的话语，令全世界惊叹。17年后新型冠状病毒疫情面前，已84岁的钟南山院士跟人们说："切记没事不要往武汉奔。"但他自己却义无反顾地去了武汉，冲到疫情的第一线。这颗为人民服务的心，始终未改，为人民安全逆行的志，始终未变。身患渐冻症的金银潭医院院长张定宇，腿脚不便，但他依旧奋不顾身地冲在疫情一线，"如果你的生命开始倒计时，就会拼了命去争分夺秒做一些事"。张定宇院长把宝贵的时间留给患者，即使妻子感染病毒住院，他也没能去照顾。医者无惧，医者仁心。越是艰巨的任务，越有冲天的豪情；越是最危险的地方，越有最英勇的战斗。

什么是中国精神？是社会主义核心价值体系的精髓，是以爱国主义为核心的民族精神和以改革创新为核心的时代精神的统一。但我们深知，中国精神是凝心聚力的兴国之魂、强国之魂。是不怕艰难困苦，坚持到底、面对逆境勇于前进，勇于担当、敢于奉献不怕牺牲的精神。是竭尽全力，坚定信念，不畏强手，敢打敢拼，永不言弃的精神。中华民族历经磨难，但从未被压垮，在中国精神的强力支撑下，我们必将攻坚克难，砥砺奋进，迎接无限阳光明媚的春天！

相关链接：

中国精神——抗疫精神

案例探讨

红色文化为百年辉煌铸魂

"历史是最好的教科书，也是最好的清醒剂"。在全国两会上，习近平总书记大力号召全体党员，从"四史"的学习中"坚定理想信念、筑牢初心使命，不断增强斗争精神、提高斗争本领，做到在复杂形势面前不迷航、在艰巨斗争面前不退缩"。学史明理、学史增信、学史崇德、学史力行。党史学习，红色资源是富矿。历经沧桑，中国共产党波澜壮阔的革命史、惊天动地的建设史、披荆斩棘的改革史孕育出丰富多彩的红色资源，淬炼了昂扬向上的红色文化，构筑起绵延不断的精神谱系。在百年大党华诞之时，用光辉历史涵养初心使命，用红色文化赓续精神谱系，用信仰之光谱写时代华章，恰逢其时。

红色文化是革命基因和民族复兴的精神坐标

红色历史之所以被铭记，是因为它作为一种穿越时空的真理的力量、精神的力量早已融入共产党人的血脉和基因。红色历史发端于近现代中国人民捍卫民族独立和人民解放的崇高追求之中。在新民主主义革命时期，任凭帝国主义对中国的疯狂践踏，任凭白色恐怖政权对革命先烈的残酷杀害，都没有阻挡住中国人民彻底打败帝国主义，推翻国民党反动统治，成立新中国的坚强决心。在社会主义革命与建设时期，面对一个底子薄、基础差的农业大国，中国共产党人依靠独立自主、自力更生、艰苦创业的精神完成了中华民族有史以来最为广泛而深刻的社会变革。在改革开放的建设时期，我们以解放思想、实事求是的科学态度和继往开来的政治勇气吹响了改革开放的号角，确立了中国特色社会主义制度，迎来了中国人民从站起来到富起来、强起来的伟大飞跃。进入新时代，站在百年未有之大变局和中华民族伟大复兴的历史交汇点，中国共产党人以开拓创新、奋发有为、锐意进取的新时代风貌创造了让世界瞩目让人民满意的辉煌成就。

一路走来，党带领人民历经沧桑而百折不挠，风雨兼程却临危不惧。这就是伟大的革命精神赋予我们的强大动力。"人无精神则不立，国无精神则不强。精神是一个民族赖以长久生存的灵魂，唯有精神上达到一定的高度，这个民族才能在历史的洪流中屹立不倒、奋勇向前。"伟大的事业需要伟大的精神支撑。无论是革命战争年代的红船精神、井冈山精神、长征精神、延安精神，抑或是社会主义建设时期的"两弹一星"精神、大庆精神、红旗渠精神、雷锋精神，还是改革开放与新时代的抗震救灾精神、奥运精神、载人航天精神、抗疫精神等，都早已熔铸为共产党人红色文化的根与魂，成为激励一代代共产党人砥砺奋进的信仰之基、精神之钙、思想之舵。

红色文化蕴含丰富的精神内涵

知史爱党，知史爱国，因为党史中饱含着共产党人坚贞不屈、荡气长存的红色文化，无时无刻不在激励着共产党人不懈奋斗。红色文化彰显着中国共产党把马克思主义基本原理与中国实践相结合、把共产主义远大理想与中国基本国情相融合而生成与发展的历史逻辑、理论逻辑与精神丰碑。它诠释了中国共产党人崇高的理想追求、鲜明的人民立场、先进的政治品格，蕴含着丰富的精神理念和厚重的历史文化内核。

理想信念的坚定笃行是红色文化蕴含的立党之本、兴党之基、强党之要。"志不立，天下无可成之事。""中国共产党之所以叫共产党，就是因为从成立之日起我们党就把共产主义确立为远大理想。我们党之所以能够经受一次次挫折而又一次次奋起，归根到底是因为我们党有远大理想和崇高追求。"革命理想高于天。从闪烁着星星之火的红船精神到艰苦卓绝的井冈山精神，从历尽千难万险的长征精神到艰苦奋斗的延安精神，从独立自主的"两弹一星"精神到万众一心的抗震救灾精神，一以贯之的都是中国共产党对马克思主义的信仰，对共产主义理想的不懈追求。

没有理想信念的坚定笃行，就没有夏明翰"越杀胆越大，杀绝也不怕"和"砍头不要紧，只要主义真"的豪迈诗句。没有信念灯塔的照耀，就没有方志敏"敌人只能砍下我们的头颅，决不能动摇我们的信仰！因为我们信仰的主义乃是宇宙的真理"的英雄气概。理想信念是共产党人精神上的"钙"。艰险可以摧残人的肉体，死亡可以夺走人的生命，但共产党人为共产主义而英勇献身的崇高信仰是无坚不摧的。因此，无论是抗日战争、解放战争、抗美援朝战争，还是抗疫斗争的胜利，从根本上来说都是中国共产党人压倒一切的精神辩证法的胜利。

忠诚为民的质朴情怀是红色文化的政治立场。人民是我们的力量之源、执政之基。共产党人始终与人民血脉相连、生死与共。在淮海战役战场上，500多万人民群众用小推车充当解放军的坚强后盾，从根本上扭转了敌我力量悬殊的局面。在沂蒙解放区，32位沂蒙妇女用自己单薄的身躯架起了"女子火线桥"，筑牢了解放军前进的桥梁。在长征途中，"半条被子的温暖"让我们难以忘记共产党人和老百姓同甘共苦、血脉相通、生死与共的鱼水深情。习近平总书记深刻指出，

"同人民风雨同舟、血脉相通、生死与共，是中国共产党和红军取得长征胜利的根本保证，也是我们战胜一切困难和风险的根本保证"。这些感人至深的情怀绵延至今，充分说明立党为公、执政为民的执政理念早已深深植入红色文化当中。

不忘初心，方得始终。中国共产党从诞生之日起，就把为中国人民谋幸福、为中华民族谋复兴牢牢地镌刻为自己的初心和使命。在今天中国进入社会主义新时代，我们始终坚持一切为了人民、一切依靠人民、让全体人民共享改革发展成果的发展理念，全心全意带领人民脱贫致富、不惜一切代价维护人民的生命安全和身体健康，紧紧抓住人民最关心最直接最现实的利益问题，千方百计地让人民过上好日子。人民至上，以人民为中心永远是我们的使命担当与政治品格。

爱国主义的崇高品德是红色文化的灵魂与旗帜。"天下兴亡、匹夫有责"。爱国主义是我们民族赖以存在、发展的精神支柱。在革命战争年代，为了心中那面鲜艳的五星红旗，无数革命先烈舍生忘死、前仆后继，用井冈山精神、长征精神书写了气壮山河的篇章，因为它承载着每个中国人民族解放的梦想。在建设年代，爱国主义蕴含着民族强盛的期待，大庆精神、红旗渠精神、雷锋精神鼓舞着中华儿女不畏艰难、勇于奉献、敢于攀登。在新时代，爱国主义是中华民族实现伟大复兴的精神动力，它犹如一条精神纽带，让 14 亿中国人民像石榴籽一样紧紧地团结在一起，爆发出令世界瞩目的中国速度与中国效率，推动着中国这艘巨轮向世界舞台中央日益接近。不管时间、空间如何转换，中华民族爱国主义的情感永不褪色。它永远是中华儿女心中最深层的精神底蕴，最根本、最永恒的情感积淀。

艰苦奋斗的精神品格是红色文化的鲜明底色。"天行健，君子以自强不息"。作为中华民族精神的精粹，自强不息凝练了中华民族几千年的历史基因，阐释了中华民族生生不息的精神活力，鼓舞着一代代中国人发愤图强、刚毅坚卓。在建党百年的艰辛历程中，我们党从一个只有几十人的小党发展壮大为拥有 9100 多万党员的世界大党。"为什么我们党在那么弱小的情况下能够逐步发展壮大起来，在腥风血雨中能够一次次绝境重生，在攻坚克难中能够不断从胜利走向胜利"，根本原因就是因为我们拥有不怕困难、艰苦奋斗的精神法宝。

在大革命失败以后，国民党反动派对红军发起了猖獗的军事"围剿"和文化"围剿"，但是以毛泽东为代表的中国共产党人历经磨难，成功开辟了井冈山革命根据地。依靠艰苦奋斗的井冈山精神，红军战士"红米饭，南瓜汤，挖野菜也当粮，餐餐吃得精打光"。在根据地内物资匮乏、生活极其困难的条件下，粉碎了反动派的无数次进攻。在延安时期，共产党人形成了密切联系群众、艰苦奋斗、谦虚谨慎的"延安作风"，打败了国民党假公济私、贪污舞弊、奢侈腐败的"西安作风"。20世纪60年代初期，在国内人民生活困苦、国际帝国主义的断交封锁等异常艰难的条件下，我国自主研发的第一颗原子弹、氢弹爆炸成功。在新时代，我们仍然坚持艰难困苦、玉汝于成的精神，奋力走好新时代的长征路。

从井冈山精神、延安精神、"两弹一星"精神、北大荒精神、载人航天精神等精神谱系中，我们看到了艰苦奋斗精神更加广泛的时代内涵。它们不仅折射出共产党人革命时期不畏艰难、敢于斗争的精神品格，也意味着建设与改革时期艰苦朴素、力戒奢靡的生活作风。邓小平说过："我们的国家越发展，越要抓艰苦创业。"因为艰苦奋斗不仅饱含着共产党人沧桑的历史基因，而且意味着在新时代的长征路上作为共产党员对抵御安逸环境的一种高度的清醒和自觉。

不忘初心，传承红色文化，筑牢前进之魂

一部中国共产党的百年奋斗史就是一部红色文化的生成、发展、凝练的历史。井冈山精神、长征精神、苏区精神、"两弹一星"精神等红色文化是中国共产党人在百年光辉历程中用生命、鲜血、汗水磨砺而成的理想信念、民族精神、家国情怀。这些伟大的红色精神跨越时空、永不过时。它是中国共产党带领中国人民从站起来、富起来到强起来的根和魂，也是当代中华民族筑牢民族自信、文化自信的坚实基础。因为，我们的自信不仅具有传统的和历史的根基，更是指向民族复兴崭新未来的精神引擎。

站在"两个一百年"的历史交汇点，我们要高举红色文化的火炬，传承红色基因的内核，让红色精神往深里走、往心里走、往实里走。增强"四个意识"、坚定"四个自信"、做到"两个维护"，自觉做共产主义远大理想和中国特色社会主义共同理想的坚定信仰者和忠实实践者。青年是国家的未来，我们要引导广大青少年"弄清楚中国共产党为什么'能'、马克思主义为什么'行'、中国特色社会主义为什么'好'等基本道理，让红色基因代代相传。广大青年要坚定不移听党话、跟党走，在全面建设社会主义现代化国家伟大实践中建功立业"。

（资料来源：《中国青年报》2021年3月22日06版）

❓ 问题探讨

问：红色文化体现了哪些中国精神？对当代青年有什么意义？

答： 从老一辈革命家的红色身影中，我们体会到了艰苦奋斗的井冈山精神，不畏艰难、不怕困苦、不怕流血牺牲的长征精神，密切联系群众、艰苦奋斗、谦虚谨慎的延安精神，艰难困苦、玉汝于成的"两弹一星"精神，艰苦奋斗、勇于开拓、顾全大局、无私奉献的北大荒精神等。从以上精神品质中，我们可以看到一个共有的特质，就是艰苦奋斗，这是老一辈革命家从胜利走向胜利的重要法宝，也是当代青年应该坚持的精神品质。宝剑锋从磨砺出，梅花香自苦寒来。无论现在生活有多好，都不能忘了今天的幸福从何而来，要时刻记得幸福是靠奋斗得来的，我们青年大学生一定要将这种精神传承并发扬下去。

香港市民：我支持"爱国者治港"

这个春天，香港格外晴朗。香港国安法实施后，社会由乱转治，反中乱港势力正受到法律的惩处，最近戴耀廷等 17 人被控以"串谋颠覆国家政权罪"而被拘，爱国市民拍手称快。十三届全国人大四次会议通过关于完善香港特区选举制度的决定，落实"爱国者治港"踏出坚实的一步。

香港爱国市民备感振奋，比以前更勇于表达，爱国力量在凝聚，香港的政治生态正在发生深刻而有益的变化。

街站：更多市民说出爱国心声

尽管历经风雨，爱国始终是香港的底色。

香港各大政团、社团、工商界、教育界等多个团体和有关人士，于 2021 年 3 月 11 日宣布成立"撑全国人大决定完善选举制度"连线，举办的系列活动包括摆街站签名、网上签名等。市民踊跃参与，参与网上联署者几个小时内就有近 10 万人，全港各区摆设街站共达 1000 多个。

3 月 14 日，香港的士从业员总会开展巡游活动，100 辆车浩荡前行，宣介全国人大的决定。

港区省级政协委员联谊会连日来在各区共开设街站 300 个，向街坊讲解、派发宣传单，每天收到上万个签名。

"我 88 岁了，今天专门过来签名，支持中央决定。我支持'爱国者治港'！"在北角电气道，居民廖先生表示。在土瓜湾街市，一位怀有身孕的妈妈牵着孩子到街站签名，妈妈签完，又握着孩子的小手一笔一画写下名字。

香港友好协进会在湾仔摆街站，约 50 名政界人士分批到场支持。一位 6 岁小女孩签名后，有人问她为什么签名，她回答："要爱国，支持国家！爸爸说的。"童声稚语中，人们感受到家长言传身教的作用。

在一个个街站，市民比往日更勇于说出心声。"支持国家，不想香港乱下去！""一定要站出来，用行动支持！"对比"修例风波"时，有市民因说"我是中国人"，竟被围殴至皮开肉绽，本报记者在街访时也曾感受到那种怯生生与闪躲，今时今日，状况已大不同。

一直致力于两地青少年交流的洪为民，是前海管理局香港事务首席联络官。他曾感叹，过去做青年工作，遇到一些港青不敢理直气壮说爱国。近日他在"粤港澳大湾区发展沙龙"上表示，"全国人大的决定扫清了障碍，让港人明确了爱国是一件光荣的事，让更多市民自豪地说出爱国"。

香港网络红人工作者协会这几天也在摆街站，协会主席高松杰对媒体表示，相信过去香港亦有不少青年爱国爱港，可是在"黑暴"政治及当时社会气氛下，朋辈之间亦互相带来压力，令他们的爱国情感被压抑了。他看到这次签名的反应比以往热烈，不少青年人主动走向街站。

团体：深入社区做到家喻户晓

全国人大有关决定通过后，特区政府官员以声明、谈话、撰文等方式，第一时间表达支持。这几天他们纷纷现身街站签名，并呼吁市民积极支持。

3月13日，特区政府总部金钟附近街区，有公务员团体摆出了支持"爱国者治港"的街站。此情此景，让记者想起一年多前这一带令人心碎的画面，那时立法机构门口火光冲天，乱港势力围攻港府时，上班的公务员遮掩标识，惶然而行……

管治者勇于担当，祛邪扶正，才能引领香港迈向新局面。

支持完善香港选举制度，特区政府保安局局长李家超的文章铿锵有力："保安局会全力配合，继续无畏无惧，履行维护国家根本利益和香港繁荣稳定的使命。"

香港五大纪律部队（警务处、惩教署、海关、入境处、消防处）的多个协会和工会，分别发声明表示坚决支持完善选举制度。政府人员协会、香港公务员总工会等四大公务员团体发表联合声明表示，作为特区管治力量的主体，公务员坚决支持完善选举制度，必全面配合相关本地立法工作。

青年群体积极行动。香港青年联会发出"香港新篇章，青年有未来"倡议，短时间有香港菁英会、华菁会等212个青年团体响应，在主流媒体发表联署，团体之多打破近年纪录。

在法律界发起的一场联署中，90名律师及大律师迅速参与，全力支持完善香港选举制度。

众多的民间社团也行动起来。香港福建社团联会主席吴换炎说："我们要把决定传达到252个香港闽籍社团，再传达到120万在港闽籍乡亲，做到家喻户晓。"

这些天还陆续有市民团体前往特区政府总部前表达心声。他们指出，只有坚持"爱国者治港"才能杜绝"黑暴"，停止内耗，改善民生，发展经济，才能真正保障香港民主制度更健康朝前发展。这是香港正道。

思考：立好规矩促进良政善治

春风滋润的土壤，催发着破土而出的种子。

连日来香港各界人士除了表达支持，还就落实"爱国者治港"、促进特区良政善治等深入思考，建言献策。

香港"一国两制"研究中心总裁张志刚说，"一国两制"下的特别行政区制度，将在实践中不断发展、完善、定型，一些管根本、管长远的规矩立起来，各种深层次问题就能得到有效解决，从而实现香港长治久安。

香港立法会议员陈克勤分析道，这次完善选制，基本法的精神没有变。当"揽炒派"把"一国两制"扭曲后，我们要把走歪了的路纠正，就难免动一点"手术"，但可以让"一国两制"回到正路，重新出发。

许多专家指出，对于治港者，爱国只是基本要求，接下来的香港选举，还必须选贤选能，促进提高特区的治理效能。

香港警察刘泽基建议，爱国主义教育应从幼儿园开始，要重编学校课程，增加中国历史内容。五千年的历史、诞生的民族英雄等，都要教给孩子们。

香港岛各界联合会会长蔡毅认为，港人应逐步走出港英管治造成的单向社会认识。我们的相关宣介要大大方方走进工商及专业团体，走进社区、学校，用国家发展的实例，增进港人认知内地和国家所走的道路，让彼此走得更近。

在团结香港基金举办的交流会上，全国政协副主席董建华说："香港已经历非常沉痛的教训，全社会都需深刻反思并全力补救。"他用国歌中最前和最后两个词鼓励市民："起来、前进！"并呼吁全港市民团结一致，开拓由乱到治、由治到兴的黄金时代。

（资料来源：《人民日报海外版》2021年3月17日第4版）

❓ 问题探讨

问：结合案例谈谈当代青年应该如何做一个爱国者。

答：落实"爱国者治港"的原则，出发点是为了香港好，目的是保障香港的长治久安，这是底线要求，也是放之四海而皆准的政治伦理。对现代政治稍有了解就会知道，爱国主义是一种崇高的公共精神和道德准则，爱国和民主是统一的。没有爱国作为基础，民主就是一盘散沙。放眼全世界，几乎所有国家和地区竞选公职的人都要努力通过各种方式展示自己的爱国之心，都是比谁更爱国，没有哪个地方允许不爱国甚至一心危害国家的人掌握公权力。当代青年要充分了解国家的根本利益所在，在国家需要的时候，要坚决捍卫国家利益，不被外界不法分子所蒙蔽，坚定立场，做一名合格的爱国青年。

科技自立自强 青年一起发力

自从全国人大代表孙东明第一次踏入两会会场，他的建言几乎就没离开过科技创新。

从建设大功率散裂中子源大科学装置，到建立微电子区域性创新基地，这些出自孙东明的建议，无一例外都指向一个关键词："卡脖子"技术。

这位43岁活跃在科研一线的中国科学院金属研究所青年科学家，对"关键核心技术要掌握在自己手中"有过切肤之痛，更有着清醒的认识。

党的十九届五中全会通过的《中共中央关于制定国民经济和社会发展第十四个五年规划和二〇三五年远景目标的建议》（以下简称"《建议》"）提出，坚持创新在我国现代化建设全局中的核心地位，把科技自立自强作为国家发展的战略支撑；2020年年底，中央经济工作会议再次提出，强化国家战略科技力量。

"科技只有自立，才有可能自强！"孙东明说，"十四五"规划《建议》开出了一系列科技创新任务清单，比如人工智能、量子信息、集成电路、生命健康、脑科学、生物育种、空天科技、深地深海……对年轻人来说，这些前瞻性、战略性的科技项目是挑战，更是机遇。

到2035年，孙东明57岁。在科技工作者的队伍里，这个岁数依然是正当年。从这个角度来说，未来15年，中国科技自立自强的奋斗征程，恰与他的科研黄金年龄相吻合。

国家战略科技力量壮大 青年一起"上天入地"

在2月底的国新办新闻发布会上，科技部部长王志刚"晒"出一组科技创新的成绩单："十三五"以来，我国在量子信息、铁基超导、干细胞等方面取得原创成果，高速铁路、关键元器件和基础软件研发取得积极进展，涌现了"嫦娥五号""奋斗者号"等一批国之重器。"整体上，创新型国家建设取得了决定性成就。"王志刚说。

在全国人大代表冯艳丽看来，过去这5年，正是国家战略科技力量壮大的5年，她所在的领域也在推进基础研究和关键核心技术攻关，科技创新能力实现"新跃升"。

在冯艳丽过去30多年的科研生涯中，有将近三分之二的时间都在做同一件事：国产高端新材料——F-12高性能芳纶纤维的研制。

20世纪90年代，为了满足航天领域对高性能芳纶的迫切需求，她所在的中国航天科工集团六院46所开始自主研制高性能芳纶，产品代号为"F-12纤维"。冯艳丽受命加入了这支研发团队。

经过20多年的自主研制，她见证了这一国产高端新材料从无到有、从少到多、从实验室研制到产业化生产的发展历程。

冯艳丽告诉记者，这是她参与国家战略科技力量壮大的方式——用自己亲手做出的科研成果跟着国家一起"上天入地"。

作为一名古生物学家，全国政协委员、中国科学院院士周忠和今年带来的提案是"大力发展国家重点实验室，完善国家创新体系建设"。在他看来，国家重点实验室与国家自然科学基金项目等已成为我国科研人员最为熟悉的国家品牌。

《建议》称，"推进国家实验室建设，重组国家重点实验室体系"。

在周忠和看来，重组扩大后的国家重点实验室体系，与正在大力推进的国家实验室体系互为补充，不仅对我国广大科研人员潜心从事基础科学研究产生极大的鼓舞和激励作用，还将成为未来中国特色创新战略体系的重要组成部分。

他告诉记者，未来5年，对学科类国家重点实验室，应当毫不动摇地给予大力支持，争取新增200～300个学科类国家重点实验室——而这一旦成为现实，将是青年科技人员大有可为的广阔新天地。

强化基础研究和原始创新 青年一起"焐热冷板凳"

过去几年，5G、芯片等科技热点频出，加之新能源汽车、人工智能、新药创制、核电等领域取得重大成果，人们再次意识到企业不仅是市场的主体，也是科技创新的主体。

作为科技企业的一名科研人员，冯艳丽深知这个道理，但她今年提出的建议和基础研究有关。

在她看来，当前多个领域面临的"卡脖子"技术问题，根子还是基础理论研究跟不上，源头和底层的东西没有搞清楚。

她以高性能芳纶行业为例，近年来，国内市场高性能芳纶的需求在不断增加，由于国外对高性能芳纶的垄断和禁运，我国高性能芳纶的产业化技术刚刚突破，国内高性能芳纶生产成本一直居高不下，国内市场供应不足，众多行业的发展受到限制。

"要打破这种困局，就需要大力支持我国自己的高性能芳纶产业化发展力度。还是要支持开展基础研究。"冯艳丽说。

事实上，以人工智能、大数据和量子计算等为技术引领的产业革命，都在呼唤基础科学的重大突破。

科技部基础研究司司长叶玉江在2月底国新办举办的发布会上透露，科技部将制定《基础研究十年行动方案（2021—2030）》，对未来10年我国基础研究的发展作出系统部署和安排，其中专门提到，进一步加大基础研究投入，支持新兴学科、冷门学科和薄弱学科的发展。

全国政协委员、中国农业科学院原党组书记陈萌山对此充满期待。提起我国农业科技急需解决的突出问题，他第一个想到的就是——农业基础研究与国际领先水平的差距有进一步拉大的风险。

2020年中央经济工作会议提出，要开展种源"卡脖子"技术攻关，立志打一场种业翻身仗。

陈萌山说，这就需要强化种业基础性公益性研究，聚焦一系列事关种业长远发展的重大基础研究方向，组建种业国家实验室，不断在种业基础研究取得突破，为新品种的创制提供源头创新。

"搞基础研究难就难在不能被利益左右，要坐得住冷板凳，耐得住寂寞。"周忠和说。科技界有关"可以十年不鸣，争取一鸣惊人"的说法，曾引发强烈共鸣，但真正能做到的却不多。

科技领域的代表委员，曾不厌其烦地说起基础研究的重要性：基础研究是整个科学技术的源头，是所有技术问题的总机关，其水平决定了一个国家科技创新的底蕴和后劲，是我国实现科技自立自强的前提和根基。

未来5年到15年，强化基础研究和原始创新的号角已经吹响，整个国家都在呼吁青年科研人员勇闯创新"无人区"。

释放巨大科技潜力　青年一起"揭榜挂帅"

科技项目建设"重复、分散、封闭、低效"，科研评价有"小圈子"，科研评审"打招呼""走关系"，这些曾让我国科技计划和科研评价体系备受诟病。

"十三五"期间，一系列体制机制改革上马，新的国家科技计划体系、新的科技评价机制正在陆续形成。

全国人大代表、中国航天科工航天三江总体设计所总设计师胡胜云并不满足于现状，他希望改革的步伐迈得再大一些、再快一些。

"部分单位、部门和领导对科技工作的认识差距还很大，有的政策规定十分不利于科技创新和科技快速发展，急需尽快改正、改进、改革，尽快释放我国巨大的科技潜力，更快提升我国的科技实力。"胡胜云说。

他就此建议，要切实重视科技人才，提升科技人员待遇。改革完善科技评价机制，让科技荣誉能够真正体现科技人员的能力水平和贡献。

唯有突破现行科技评价体系一些不必要的束缚，才不会错失世界科技革命的最佳机遇。周忠和说，科研评价就像指挥棒，有什么样的评价体系，就会催生什么样的科学研究。

《建议》明确指出，改进科技项目组织管理方式，实行"揭榜挂帅"等制度。完善科技评价机制，优化科技奖励项目。加快科研院所改革，扩大科研自主权。

科技部资源配置与管理司司长解鑫说，未来5年，要进一步激发科研人员活力，提高科技计划的整体绩效，"十四五"时期一个重要抓手就是"揭榜挂帅"。

事实上，在2020年疫苗研发的项目中，科技部已实行"揭榜挂帅"模式，"榜"就是临床任务批件，科技人员拿到批件，便会分阶段得到支持。

胡胜云对此充满期待。他还希望能够以分红的形式将科技成果产生的效益按比例奖励给科技团队，让确实作出巨大贡献、产生巨大经济效益的科技人员能够富起来，从而激发广大科技人员的创新活力。

陈萌山说，攻克农业领域的"卡脖子"技术，也要"增投入""强平台""活体制"。其中的"活体制"，就是要破除制约农业科技核心竞争力提升的体制机制障碍。

"建议赋予中央级农业科研机构在机构设置、人员编制、晋升考评、收入分配、经费使用等方面更大自主权，以便及时调整科研布局，充分发挥国家战略科技力量作用。"陈萌山说。

释放活力的第一受益人，就是冲在科研一线的青年科技工作者。根据解鑫的说法，青年已是现有科技计划实施的主力军。

他还透露，"十四五"期间，国家科技计划要全面推行青年科学家项目，还要给青年科技工作者搭更高、更大的平台，让优秀青年科研人员挑大梁。

孙东明期待科技创新活力进一步释放，尤其是人才发展体制机制深化改革的落地。那时，将会有更多青年科学家"揭榜挂帅"。

（资料来源：《中国青年报》2021年3月5日03版）

? 问题探讨

问：当代青年应该如何在改革创新大潮中"揭榜挂帅"？

答：中国的发展需要改革创新，当代青年要想在社会主义事业中有所作为，也需要改革创新精神，这就需要青年大学生努力学习，将书本知识转化为科学技能，并积极投身实践，在社会主义改革创新大潮中闯出一番天地，作出一番成就。

习题演练

一、单项选择题

1.（   ）是一个民族赖以长久生存的灵魂。

A.道德 　　　　　　　　　　B.法律

C.精神 　　　　　　　　　　D.物质

2.（   ）是民族精神和时代精神的统一。

A.中华精神 　　　　　　　　B.延安精神

C.中国精神 　　　　　　　　D.长征精神

3.中华民族崇尚精神的优秀传统，首先表现为（   ）。

A.对民族气节的无限推崇

B.对理想的不懈追求

C.对物质生活与精神生活相互关系的独到理解

D.对品格养成的重视

4.（   ）是调节个人与祖国之间关系的道德要求、政治原则和法律规范。

A.爱国思想

B.爱国行为

C.爱国主义

D.爱国情感

5. 下列选项不属于中国精神内涵的是（　　　）。

A. 伟大创造精神

B. 伟大共享精神

C. 伟大奋斗精神

D. 伟大梦想精神

6. 爱国主义体现了人们对自己祖国的深厚感情，揭示了个人对祖国的依存关系，是人们对自己家园以及民族和文化的（　　　）、认同感、尊严感与荣誉感的统一。

A. 归属感

B. 自豪感

C. 责任感

D. 荣辱感

7. "一方水土养一方人""禾苗离土即死，国家无土难存"。每一个爱国者都会把保我国土、爱我家乡、维护祖国领土的完整和统一作为自己的神圣使命和义不容辞的责任。这体现出爱国主义的基本要求为（　　　）。

A. 爱祖国的大好河山

B. 爱自己的骨肉同胞

C. 爱祖国的灿烂文化

D. 爱自己的国家

8. （　　　）是时代精神的核心。

A. 实事求是

B. 解放思想

C. 艰苦奋斗

D. 改革创新

9. 中国共产党的精神之源是（　　　）。

A. 井冈山精神

B. 抗美援朝精神

C. 伟大建党精神

D. 脱贫攻坚精神

10. 体现一个中国原则的（　　　）明确界定了两岸关系的根本性质，是确保两岸关系和平发展的关键。

A.《告台湾同胞书》

B. "一国两制"

C. 中美三个联合公报

D. "九二共识"

11. 下列选项不属于弘扬以改革创新为核心的时代精神的表现的是（　　　）。

A. 树立突破陈规、大胆探索、敢于创造的思想观念

B. 培养不甘落后、奋勇争先、追求进步的责任感和使命感

C. 深化对党的民族理论和民族政策的认识

D. 保持坚忍不拔、自强不息、锐意进取的精神状态

12. 在经济全球化的背景下，（　　　）仍然是民族存在的最高组织形式，是国际社会活动中的独立主体。

A. 政党

B. 政府

C. 国家

D. 人民

13. 新时代中华民族的爱国主义，既承接了历史上爱国主义的优良传统，又吸纳了鲜活的时代精神，内涵更加丰富。新时代爱国主义的主题是（　　　）。

A. 爱党、爱人民、爱政府

B. 爱社会主义

C. 实现中华民族伟大复兴的中国梦

D. 拥护祖国统一

14. 不同历史时期的爱国主义虽然内涵和表现方式有所不同，但本质上是（　　　）的高度统一，都统一于实现中华民族伟大复兴的中国梦的鲜活实践之中。

A. 爱国爱和平爱自由

B. 爱国爱党爱社会主义

C. 爱党爱和平爱社会主义

D. 爱国爱社会主义爱自由

15. 下列关于科学与科学家关系的说法，正确的是（　　　）。

A. 科学没有国界，但科学家是有祖国的

B. 科学有国界，科学家也有国界

C. 科学没有国界，科学家也没有国界

D. 科学、科学家跟国界没有任何关系

16. （　　　）不仅是国防安全的重要保障，也是增强民族凝聚力和向心力的"黏合剂"。

A. 维护世界和平

B. 强化忧患意识

C. 发展市场经济

D. 增强国防意识

17.邓小平曾告诫我们："谈到人格，但不要忘记还有一个国格。"这里的"国格"说明，一个真正的爱国者要（　　　）。

A.承担起对国家应尽的义务

B.维护改革发展稳定的大局

C.树立民族自尊心和自豪感

D.促进祖国统一

18.爱国主义不仅代表了人们对自己祖国的深厚情感，更体现为现实的义务和责任。脚踏实地，（　　　）应当成为每一个中国人的基本追求。

A.做忠诚的爱国者

B.只购买民族品牌的商品

C.跟日本、美国等反华势力斗争到底

D.参军入伍

19.郑板桥曾为他的书斋题联自勉："删繁就简三秋树，领异标新二月花。"这句话表明，若想树立改革创新的自觉意识，我们应该（　　　）。

A.树立突破陈规陋习的自觉意识

B.树立大胆探索未知领域的信心和勇气

C.树立以创新创造为目标的走向

D.增强改革创新的能力本领

20.《感动中国》中人物的事迹超越了国界、民族和语言，走进人们的精神世界，挺起民族的精神脊梁。这说明，弘扬和培育中华民族精神要（　　　）。

A.推动中华民族走向振兴

B.提升我国的国际竞争力

C.发挥先进模范的榜样作用

D.树立新的道德评价体系

二、多项选择题

1.在新民主主义革命时期，爱国主义主要表现为在党的领导下，（　　　）。

A.推翻帝国主义、封建主义和官僚资本主义的反动统治

B.把黑暗的旧中国改造成光明的新中国

C.为实现中华民族站起来而奋斗

D.建立和巩固社会主义基本制度

2.民族精神是一个民族在长期共同生活的社会实践中形成的，为本民族大多数成员所认同的（　　　）的总和。

A.价值取向

B.思维方式

C. 道德规范

D. 精神气质

3. 维护国家主权和领土完整、实现祖国完全统一，要（　　　）。

A. 坚持一个中国原则

B. 推动两岸交流合作

C. 处理好民族问题、促进民族团结

D. 促进两岸同胞团结奋斗

4. 下列选项中，关于爱国主义的论述正确的有（　　　）。

A. 爱国主义是中华民族精神的核心

B. 爱国主义是历史的、具体的

C. 在不同历史时期和文化背景下形成的爱国主义，具有不同的内涵和特点

D. 在阶级社会，爱国主义具有阶级性

5. 树立改革创新的自觉意识，要求做到（　　　）。

A. 增强改革创新的责任感

B. 树立敢于突破陈规的意识

C. 树立大胆探索未知领域的信心

D. 培养创新思维，投身创新实践

6.（　　　）是大学生增强改革创新的能力本领的三大途径。

A. 夯实创新基础

B. 培养创新思维

C. 投身改革创新实践

D. 端正创新态度

7. 当代大学生应当在全面深化改革的伟大实践中（　　　），勇敢做改革创新的实践者和生力军。

A. 发扬改革创新精神

B. 增强改革创新意识

C. 锤炼改革创新意志

D. 提高改革创新能力

8. 时代精神体现了社会在一定历史时期的（　　　）。

A. 思想观念　　　　　　　　　B. 价值取向

C. 精神风貌　　　　　　　　　D. 社会风尚

9. 在国家安全形势越来越复杂的今天，大学生增强国家安全意识要做到（　　　）。

A. 对所有外国人保持警惕

B. 确立总体国家安全观

C. 增强国防意识

D. 履行维护国家安全的义务

10. 确立总体国家安全观，必须（　　　）。

A. 既重视外部安全，又重视内部安全

B. 既重视国土安全，又重视国民安全

C. 既重视传统安全，又重视非传统安全

D. 既重视发展问题，又重视安全问题

三、简答题

1. 中国精神的主要内容是什么？

2. 新时期的爱国主义有哪些主要内容？

3. 为什么说实现中国梦必须弘扬中国精神？

4. 简述改革创新的重要意义。

四、材料分析题

钱学森克服重重困难回国的故事，大家都耳熟能详。他寄出过一封写在烟盒上的求救信，信件转交给周恩来后，经过多方努力才让他结束了 5 年的软禁。由于钱学森的回国效力，中国导弹、原子弹的研发至少向前推进了 20 年！

2000 年，著名地球物理学家黄大年，也毅然放弃国外优越条件回到祖国，取得了一系列重大科技成果，填补了多项国内技术空白。2017 年 1 月 8 日，黄大年不幸因病去世，年仅 58 岁。

革命时期，烈士赵一曼有一封写给孩子的遗书，至今读来仍然感人至深。她写道："在你长大成人之后，希望你不要忘记你的母亲是为国而牺牲的……"

建设时期，为人民服务的楷模雷锋，以"钉子"精神挤时间刻苦学习党的理论著作和科学文化知识，不断提高为人民服务的本领；以甘当"螺丝钉"的精神，干一行、爱一行、钻一行，在平凡的岗位上作出了不平凡的事迹。

改革开放之后的 1981 年，北大学子在燕园一起喊出"团结起来，振兴中华"的响亮口号，迅速成为那个时代的最强音。

新时代的"时代楷模"黄文秀，带领 88 户 418 名贫困群众脱贫，全村贫困发生率下降 20% 以上。2019 年 6 月 17 日凌晨，她在从百色返回乐业途中遭遇山洪不幸遇难，献出了年仅 30 岁的宝贵生命。

请结合上述材料，谈谈当代大学生如何回答好爱国主义的"历史之问、时代之问、未来之问"。

实践篇

实践项目一 寻根问祖——查姓氏 寻渊源

⚙ 实践目标

针对青年学生传统文化基础薄弱且不感兴趣的现状，组织学生开展"寻根问祖"活动。通过查阅资料和社会调研，了解中华姓氏文化的博大精深，了解不同姓氏特别是自己姓氏的历史渊源和时代变迁，增加传统文化知识，激发对传统文化的兴趣，提升家庭和民族责任意识。

📅 实践方案

一、活动安排

参加班级	本学期任课班级
活动时间	提前 2 周准备，现场演示 4 节课
活动地点	教室
主持学生	以姓氏为单位，所有同学参与；现场演示；主持 2 名，摄影、摄像 1 名，打分 7 名，计分 2 名
主持教师	指导、督导、组织、管理、点拨、点评

二、活动步骤

1. 布置任务。以班级为单位，统计有多少姓氏。相同姓氏的同学组成小组，要求每个姓氏的同学查找本姓氏的起源、历史发展、现有人数、辈分排列、主要分布、历史名人、老《百家姓》中的排序、新《百家姓》中的排序等，做自己姓氏介绍的 PPT。与姓氏有关的才艺展示为加分项目。

2. 诵读抄写。统一用 300 字稿纸，用繁体字抄写新、老《百家姓》，张贴于教室宣传栏内。

3. 活动分享。提前在教室宣传栏展示抄写作业。学生主持、摄影、摄像、打分、计分，教师指导组织管理。以抽签方式，安排不同姓氏同学代表上台，用 PPT 介绍本姓氏情况。

4.学生打分。根据班级人数，现场指定学生评委，明确评分规则，现场打分、公布分数，选出最佳姓氏组合、最佳个人。

5.点评与反馈。教师点评，同学互评，现场反馈。

6.考核评价。活动成绩作为实践课成绩计入期末考核总成绩。

参考资料

一、评分标准

评分组成	评分标准	分值	得分
抄写资料	字迹工整漂亮，篇目完整	10分	
PPT 展示	美观、新颖、内容完整、设计合理	40分	
交流	表达清晰，趣味性强，有吸引力	30分	
才艺展示	与姓氏有关，艺术感染力强	20分	
总计		100分	

二、《百家姓》（旧版）

赵钱孙李，周吴郑王。冯陈褚卫，蒋沈韩杨。

朱秦尤许，何吕施张。孔曹严华，金魏陶姜。

戚谢邹喻，柏水窦章。云苏潘葛，奚范彭郎。

鲁韦昌马，苗凤花方。俞任袁柳，酆鲍史唐。

费廉岑薛，雷贺倪汤。滕殷罗毕，郝邬安常。

乐于时傅，皮卞齐康。伍余元卜，顾孟平黄。

和穆萧尹，姚邵湛汪。祁毛禹狄，米贝明臧。

计伏成戴，谈宋茅庞。熊纪舒屈，项祝董梁。

杜阮蓝闵，席季麻强。贾路娄危，江童颜郭。

梅盛林刁，钟徐邱骆。高夏蔡田，樊胡凌霍。

虞万支柯，昝管卢莫。经房裘缪，干解应宗。

丁宣贲邓，郁单杭洪。包诸左石，崔吉钮龚。

程嵇邢滑，裴陆荣翁。荀羊於惠，甄曲家封。

芮羿储靳，汲邴糜松。井段富巫，乌焦巴弓。

牧隗山谷，车侯宓蓬。全郗班仰，秋仲伊宫。

宁仇栾暴，甘钭厉戎。祖武符刘，景詹束龙。

叶幸司韶，郜黎蓟薄。印宿白怀，蒲邰从鄂。

索咸籍赖，卓蔺屠蒙。池乔阴郁，胥能苍双。

闻莘党翟，谭贡劳逄。姬申扶堵，冉宰郦雍。

却璩桑桂，濮牛寿通。边扈燕冀，郏浦尚农。

温别庄晏，柴瞿阎充。慕连茹习，宦艾鱼容。

向古易慎，戈廖庾终。暨居衡步，都耿满弘。

匡国文寇，广禄阙东。欧殳沃利，蔚越夔隆。

师巩厍聂，晁勾敖融。冷訾辛阚，那简饶空。

曾毋沙乜，养鞠须丰。巢关蒯相，查后荆红。

游竺权逯，盖益桓公。万俟司马，上官欧阳。

夏侯诸葛，闻人东方。赫连皇甫，尉迟公羊。

澹台公冶，宗政濮阳。淳于单于，太叔申屠。

公孙仲孙，轩辕令狐。钟离宇文，长孙慕容。

鲜于闾丘，司徒司空。亓官司寇，仉督子车。

颛孙端木，巫马公西。漆雕乐正，壤驷公良。

拓跋夹谷，宰父谷梁。晋楚闫法，汝鄢涂钦。

段干百里，东郭南门。呼延归海，羊舌微生。

岳帅缑亢，况郈有琴。梁丘左丘，东门西门。

商牟佘佴，伯赏南宫。墨哈谯笪，年爱阳佟。

第五言福，百家姓终。

实践项目二　　主题讨论——如何理性地爱国

实践目标

通过主题讨论，帮助大学生进一步理解爱国主义的内涵，明辨爱国和害国之间的界限，引领大学生树立理性爱国意识，做出合乎法律规范的爱国行为，能够自觉抵制狭隘爱国主义和极端民族主义的不良影响，采取实际行动奋力强国。

实践方案

1.任课教师宣布讨论主题，介绍讨论背景，明确讨论方向。

2.将全班学生分为若干小组并指定组长，组长负责本小组讨论活动的有序开展。

3.任课教师监督和指导各小组的讨论活动。

4.讨论结束后，小组代表分享本小组的讨论成果。

5.任课教师指定小组发言，并对每一位小组代表的发言进行引导性点评，对发言质量较高的小组给予表扬。

6. 任课教师组织全班学生对讨论过程中产生的焦点问题进行进一步讨论，最后对讨论活动作总结。

实践项目三　　实地探访——参观爱国主义教育基地

⚙ 实践目标

通过参观爱国主义教育基地（就近选择），引导学生感受革命烈士的革命激情和爱国情怀，学习他们的革命精神，增强民族自尊心和自豪感，努力做到立报国之志、增建国之才、践爱国之行。通过参访实践活动，培养大学生的爱国意识，激发他们的爱国热情，激励大学生珍惜今天的幸福生活，用自己的实际行动表达对祖国的热爱之情。

🧰 实践方案

1. 将各班分成几个小组，每组成员自由组合（6～8 人），任课教师通过课堂或 QQ、电话、微信等，讲解前期准备以及参观途中需要注意的事项，并提前布置好参观完成后应当完成的作业。

2. 每组指定一名班委作为小组长，负责该小组参观时间、地点和具体流程的策划以及课后作业的收集工作。任课教师在此基础上完成各班实践小组分组名单。

3. 参观前实践教师要给各小组开会，要求各小组组长负责此次参观活动的组织、纪律、安全等问题，敦促班委在实践活动过程中要切实履行班干部职责，保证实践活动的顺利开展。

4. 各小组组长提前一周设计出参观路线、参观内容等，并提交任课教师审阅。

5. 任课教师应注意考察学生设计出的参观路线是否合理，安全措施是否到位，参观内容是否科学，并提出相应的整改意见。

6. 学生根据任课教师提出的整改意见，对相关内容进行商讨并作相应整改。

7. 学生按照计划进行参观，要求在参观过程中将有意义的瞬间拍照留存。任课教师可以视具体情况决定是否进行现场指导。

8. 各组学生在完成参观后，在其所在小组的小组长的召集下，进行讨论与总结。

9. 每位学生在参观结束后完成参观报告一篇。其要求如下：第一，报告要有明确的主题；第二，能够表达对革命烈士的怀念；第三，能够充分体现出自身的真切感受；第四，字数在 800 字以上，不允许抄袭。如需要制作参观相册，要求：第一，小组的每位学生出镜；第二，根据相片内容写出当时最真挚的感受和感悟；第三，装订成册，小组成员各持一份。

10. 要求每个小组制作 PPT 汇报材料、视频等，开展分享会，每个小组选派代表依次上台展示，交流参观感受。

11. 选择较好的参观报告，在学生中交流观摩，学习先进，弥补不足。

学思践悟

生活的意义在于美好，在于向往目标的力量。应当使征途的每一瞬间都具有崇高的目的。苏联作家高尔基的生平昭示我们，我们也能使自己的生命令人崇敬；当我们告别人生的时候，也能在时间的沙滩上留下自己的脚印。

导航篇

知识网络

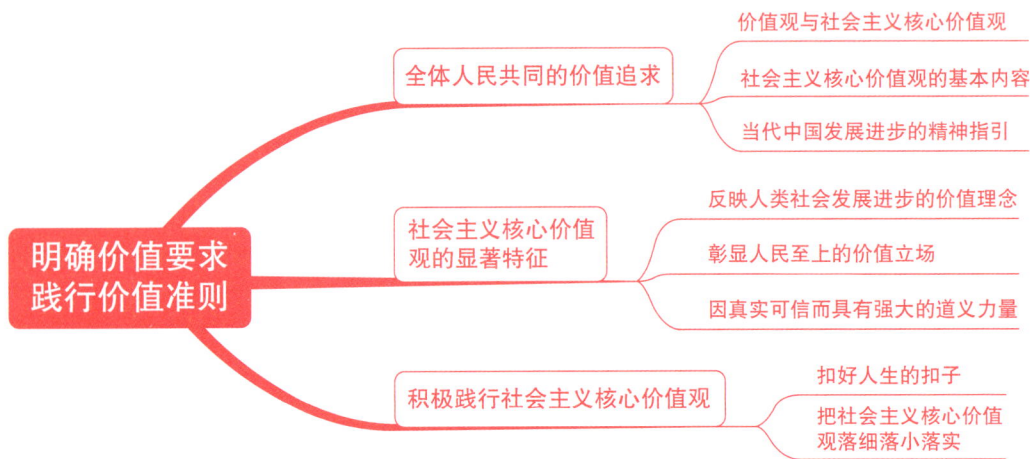

明确价值要求践行价值准则
- 全体人民共同的价值追求
  - 价值观与社会主义核心价值观
  - 社会主义核心价值观的基本内容
  - 当代中国发展进步的精神指引
- 社会主义核心价值观的显著特征
  - 反映人类社会发展进步的价值理念
  - 彰显人民至上的价值立场
  - 因真实可信而具有强大的道义力量
- 积极践行社会主义核心价值观
  - 扣好人生的扣子
  - 把社会主义核心价值观落细落小落实

学习指南

⊙ 学习目标

1. 熟悉并掌握社会主义核心价值观的基本内容、科学内涵和重要意义，深刻领会社会主义核心价值观的显著特征，引导大学生坚定价值观自信，积极践行社会主义核心价值观。

2. 通过实践，帮助大学生认识到社会主义核心价值观是当代中国精神的集中体现，在实践体验中进一步体会社会主义核心价值观承载着国家民族的精神追求、凝结着全体人民共同的价值追求，自觉以向真、向善、向美的实际行动加强自我价值观塑造，汇聚起建设社会主义现代化强国和实现中华民族伟大复兴的中国梦的磅礴力量，坚持做社会主义核心价值观的践行者、弘扬者。

⊙ 要点提示

1. 社会主义核心价值观集中体现社会主义的本质属性，代表全体人民共同的价值追求。

2. 社会主义核心价值观的基本内容、科学内涵和重要意义。

3. 社会主义核心价值观的显著特征。

4. 积极践行社会主义核心价值观。

⊙ 学习思路

本章分三个部分层层递进。第一部分主要阐述社会主义核心价值观的基本内容、科学内涵及重要意义，帮助学生从三个层面掌握社会主义核心价值观的核心内容，同时，让学生明确培育和践行社会主义核心价值观对实现中华民族伟大复兴的中国梦的重大意义；第二部分主要从价值理念、价值立场和道义力量层面阐述我们坚定核心价值观自信的重要依据；第三部分主要呼吁大学生在实践中积极培育和践行社会主义核心价值观。在学习过程中，要重点学习培育和践行社会主义核心价值观对中国梦的实现、"两个一百年"奋斗目标的完成和引导大学生"扣好人生第一粒扣子"的重要意义，加深对社会主义核心价值观的认识和理解，做到勤学、修德、明辨、笃实。

理论篇

要点解析

要点一：价值观与社会主义核心价值观

价值是指在实践基础上形成的主体和客体之间的意义关系，主要反映的是现实的人的需要与事物属性之间的关系。在对价值的认识过程中，人们逐渐形成关于价值的不同观点。

1. 价值观与核心价值观

价值观就是主体对客体有无价值、价值大小的立场和态度，是对价值及其相关内容的基本观点和看法。价值观反映着特定的时代精神，体现着鲜明的民族特色，蕴含着特定的阶级立场。

核心价值观是一定社会形态、社会性质的集中体现，在一个社会的思想观念体系中处于主导地位，体现着社会制度的阶级属性、社会运行的基本原则和社会发展的基本方向。核心价值观是一个国家的重要稳定器，能否构建具有强大感召力的核心价值观，关系社会和谐稳定，关系国家长治久安。

2. 社会主义核心价值观与社会主义核心价值体系

党的十八大提出，要倡导富强、民主、文明、和谐，倡导自由、平等、公正、法治，倡导爱国、敬业、诚信、友善，积极培育和践行社会主义核心价值观。社会主义核心价值观的提出，鲜明确立了当代中国的核心价值理念，生动展现了中国共产党和中华民族高度的价值自信与价值自觉。

社会主义核心价值观和社会主义核心价值体系，两者是紧密联系、互为依存、相辅相成的。社会主义核心价值体系主要包括马克思主义指导思想、中国特色社会主义共同理想、以爱国主义为核心的民族精神和以改革创新为核心的时代精神、社会主义荣辱观。社会主义核心价值观是社会主义核心价值体系的精神内核，它体现了社会主义核心价值体系的根本性质和基本特征，反映了社会主义核心价值体系的丰富内涵和实践要求，是社会主义核心价值体系的高度凝练和集中表达。社会主义核心价值观与社会主义核心价值体系具有内在的一致性，都体现了社会主义意识形态的本质要求，体现了社会主义制度在思想和精神层面的质的规定性，是建设中国特色社会主义现代化强国、实现中华民族伟大复兴的中国梦的价值引领。

3. 社会主义核心价值观的基本内容

（1）富强、民主、文明、和谐。富强、民主、文明、和谐的价值追求，回答了我们要建设什么样的国家的重大问题，揭示了当代中国经济社会发展的价值目标，从国家层面标注了社会主义核心价值观的时代刻度。

富强是促进社会进步、人的自由全面发展的物质基础，体现了马克思主义唯物史观生产力标准的根本要求；民主指的是社会主义民主，是人民当家作主，不是由别人作主，也不是由少数人作主；文明是社会进步的重要标志，也是社会主义现代化国家的重要特征；和谐是中华文明的核心价值理念，是人与人、人与社会、人与自然以及人的自我身心的有机统一。

（2）自由、平等、公正、法治。自由、平等、公正、法治的价值追求回答了建设什么样的社会的重大问题，与实现国家治理体系和治理能力现代化的要求相契合，揭示了社会主义社会发展的价值取向。

自由是社会活力之源，是社会主义的价值理想；平等是人类追求的美好状态；公正是人类社会进步的标尺，是社会主义制度的本质要求；法治是人类政治文明的重要成果，是现代社会的主要特征。

📖 认知

2021年2月，《今日美国报》对美国非营利组织"枪支暴力档案"汇总数据的分析显示，2020年美国发生611起造成4人及以上伤亡的严重枪击案，导致 513 人死亡、2543 人受伤。此外，2020 年美国多州枪击案数量创下历史新高。报道援引美国犯罪学家的分析认为，2020 年美国枪击案猛增，很大程度上是因为新冠肺炎疫情肆虐下，美国失业情况严重、暴力抗议活动蔓延、大量年轻人经常无所事事。此外，由于疫情导致餐馆、影院等大量公共场所关闭，2020 年涉枪暴力事件往往发生在家庭和帮派成员之间。每次大规模枪击案发生后，有关持枪权和枪支管控的讨论都会升温。美国宪法第二修正案支持民众持枪权，人民持有和携带武器的权利不容侵犯。据统计，每次枪击案发生之后，美国民众购枪的欲望不降反升，大家都认为只有拥枪自卫才是最安全的。对于美国民众而言，拥枪确实可以保护自己的安全，但是整体来看，人人拥枪对于社会的稳定和一些普通矛盾的解决会带来极大的危害。

（3）爱国、敬业、诚信、友善。爱国、敬业、诚信、友善的价值追求回答了我们要培育什么样的公民的重大问题，涵盖了社会公德、职业道德、家庭美德、个人品德等各个方面，是每个公民都应当遵守的道德规范。

爱国是最深沉、最持久的情感，是每个公民应当遵循的最基本的价值观念和道德准则，也是中华民族的优良传统；敬业是对待生产劳动和人类生存的一种根本价值态度；诚信是个人立身处世的基本价值规范，是社会存续发展的重要价值基石；友善是维系良好人际关系和社会关系的基本价值准则。

解析：社会主义核心价值观分别从国家、社会、公民三个层面高度凝练了中国特色社会主义的价值追求，是社会主义的本质体现。

相关链接：
社会主义核心价值观内容解读

要点二：当代中国发展进步的精神指引

培育和践行社会主义核心价值观，是有效整合我国社会意识、凝聚社会价值共识、防范和化解社会矛盾、聚合磅礴之力的重大举措，是保证我国经济社会沿着正确的方向发展、实现中华民族伟大复兴的价值支撑，意义重大而深远。

坚持和发展中国特色社会主义的价值遵循。在全社会大力弘扬社会主义核心价值观，明确中国特色社会主义事业到底追求什么、反对什么，要朝着什么方向走、不能朝什么方向走，坚守我们的价值观立场，坚定中国特色社会主义的道路自信、理论自信、制度自信和文化自信，为社会的有序运行、良性发展提供明确价值准则，保证中国特色社会主义事业始终沿着正确方向前进，是中国特色社会主义的铸魂工程。

提高国家文化软实力的迫切要求。核心价值观是文化软实力的灵魂、文化软实力建设的重点。这是决定文化性质和方向的最深层次要素。培育和践行社会主义核心价值观，有利于增进国际社会对中国的理解，扩大中华文化影响力，展示社会主义中国的良好形象；有利于增强社会主义意识形态的竞争力，掌握话语权，赢得主动权，逐步打破西方的话语垄断、舆论垄断，维护国家文化利益和意识形态安全，不断提高我们国家的文化软实力。

推进社会团结奋进的"最大公约数"。培育和践行社会主义核心价值观，能够在具体利益矛盾、各种思想差异之上最广泛地形成价值共识，有效引领整合纷繁复杂的社会思想意识，有效避免利益格局调整可能带来的思想对立和混乱，形成团结奋斗的强大精神力量。

解析：社会主义核心价值观是国家、社会、公民的精神指引。有了这个指引，国家就会更加明确发展方向，有利于增强中国特色社会主义的道路自信、理论自信、制度自信和文化自信，国家文化软实力、在国际社会的意识形态竞争力、文化影响力的提升都有了更好的保障。由于每个人的价值观不同，所以每个人的道德层次、水准也不同，这就需要社会主义核心价值观来规范每个人的行为，达成全民共识，以形成强大的、团结的精神力量。

要点三：反映人类社会发展进步的价值理念

1. 体现社会主义的本质属性

"社会主义"是社会主义核心价值观的"底色"。社会主义核心价值观的先进性，集中体现在它是社会主义所坚持和追求的价值理念。

社会主义核心价值观遵循着人类历史发展的轨迹。社会主义作为人类社会迄今为止最先进的社会制度，其价值观同社会主义经济基础和上层建筑相适应，充分彰显了社会主义社会的本质要求。社会主义核心价值观生成于中国特色社会主义建设实践，同当今中国最鲜明的时代主题相适应，是中国特色社会主义本质规定的价值表达。

2. 扎根中华优秀传统文化土壤

中华优秀传统文化是涵养社会主义核心价值观的重要源泉。在世界几大古代文明中，中华文明之所以能够没有中断并延续发展至今，一个重要原因就是中华民族有一脉相承的精神追求、精神特质、精神脉络。培育和弘扬社会主义核心价值观，必须从中华优秀传统文化中汲取丰富营养，深入中华民族历久弥新的精神世界，把长期以来我们民族形成的积极向上向善的思想文化充分继承和弘扬起来，推动中华优秀传统文化创造性转化和创新性发展，激活其生命力，增强其影响力和感召力，把跨越时空、超越国度、富有永恒魅力、具有当代价值的文化精神弘扬起来，把继承优秀传统文化又弘扬时代精神、立足本国又面向世界的当代中国文化创新成果传播出去。

3. 吸纳世界文明有益成果

社会主义核心价值观吸纳了世界文明的有益成果。博采众长、兼容并蓄是中华文明的气质，社会主义核心价值观以海纳百川的气度广泛吸收借鉴包括资本主义文明成果在内的人类一切文明成果，萃取精华、融会贯通，形成了具有世界视野、中国气派的价值观。社会主义核心价值观在吸收人类优秀的价值理念的基础上，以中国经验、中国实践为民主、自由、平等、公正、法治等价值理念赋予社会主义性质，代表了人类社会前进的方向和价值理念。

解析：社会主义核心价值观在中国特色社会主义建设实践中顺时而生、应势而成，符合人民大众的精神追求，更体现了社会主义的本质属性；中华优秀传统文化中蕴含着"讲仁爱、重民本、守诚信、崇正义、尚和合、求大同"等一系列大到国家、小到个人的价值理念，社会主义核心价值观正是从这些优秀传统文化中凝练总结而成，生动地体现了继承与创新的时代精神；博采众长方能更长久，社会主义核心价值观的形成和发展从来都不是因循守旧的，更不是排外的，它吸收了全世界文明的有益成果，因此也代表了人类社会的发展方向和价值理念。

要点四：彰显人民至上的价值立场

人民性是社会主义核心价值观的根本特性。

1. 尊重人民群众历史主体地位

相信群众、依靠群众，从群众中来、到群众中去，站在广大劳动人民的立场上，以广大劳动人民的解放为宗旨，竭尽全力为人民求福利、谋利益，是马克思主义最根本的政治立场。中国共产党为人民而生，因人民而兴。人民是我们党执政的最深厚基础和最大底气。人民性是社会主义核心价值观的根本特性，人民立场是社会主义核心价值观的根本立场。

2. 体现以人民为中心的价值导向

在领导中国特色社会主义建设的进程中，中国共产党始终坚持人民是历史创造者的观点，践行全心全意为人民服务的根本宗旨，坚持人民当家作主，坚持以人民为中心的发展思想，把人民对美好生活的向往作为奋斗目标。鲜明的人民性，使得社会主义核心价值观具有强大的感召力。

解析：中国特色社会主义是由中国共产党领导的，中国共产党的宗旨是全心全意为人民服务，因此，人民性是社会主义核心价值观的根本特性，人民立场是社会主义核心价值观的根本立场。

相关链接：

为人民服务

要点五：因真实可信而具有强大的道义力量

1. 社会主义核心价值观是真实可信的

社会主义核心价值观与以往价值观的一个重要区别在于其真实性。以民主选举制度为例，与西方民主制度"一人一票"注重形式不同，中国特色社会主义民主更注重内容和结果。中国特色社会主义的成功也验证了社会主义核心价值观的正确性、可信性，使得社会主义核心价值观可以而且能够成为真切、具体、广泛的现实。

2. 认清西方"普世价值"的实质

"普世价值"在理论上的虚伪性。资本主义价值观是在资本主义生产方式基础上形成的，从根本上说，是为资产阶级利益服务的。资产阶级把自己的利益说成是全体社会成员的共同利益，把自己的价值观以全人类的共同价值观装饰起来，其目的就是为了维护和攫取与之相关的最大利益。

"普世价值"在实践上的虚伪性。种族歧视、劳资对立、金钱政治、贫富分化、社会撕裂、人权无保障等问题，在一些西方国家长期存在且愈演愈烈，与他们所标榜的"普世价值"形成鲜明对照。

社会主义核心价值观的先进性、人民性和真实性使其具有更高的道义力量，充分彰显社会主义核心价值观的优越性及其在中华民族实现自己梦想的奋斗中所具有的重大意义。

解析： 要理解社会主义核心价值观的道义力量，可以与资本主义制度作对比，社会主义制度消灭剥削，代表最广大人民群众的利益，这一点资本主义制度是没有的，因此，与资本主义制度下的价值观相比，社会主义核心价值观是先进的、人民的，也是真实的（资本主义倡导的民主、自由等价值观是以资本家等上层阶级利益得到保障为前提的，是具有一定欺骗性的）。

要点六：积极践行社会主义核心价值观

在全社会培育和弘扬社会主义核心价值观，需要大学生始终走在时代前列，成为培育和践行社会主义核心价值观最积极、最活跃的青年先进代表。

1. 扣好人生的扣子

青年的价值观养成十分重要，就像穿衣服扣扣子一样，如果第一粒扣子扣错了，剩余的扣子都会扣错。

大学生的成长成才和全面发展，离不开正确价值观的引领。大学生要坚持由易到难、由近及远，从现在做起，从自己做起，努力把核心价值观的要求变成日常的行为准则，形成自觉奉行的信念理念，并身体力行大力将其推广到全社会去，为实现国家富强、民族振兴、人民幸福的中国梦凝聚强大的青春能量。

👍 榜样

　　"去年10月，在我们志愿团队努力下，温州成为全国首个'器官捐献志愿与电子医保卡智慧互联'试点，今年年底有望'着陆'浙江省平台。"2020年夏天，温州医科大学第一临床医学院（信息与工程学院）临床医学专业2017级8年制学生黄君婷刚结束大三生活，在过去3/8的大学时光里，她做的最多的一件事就是志愿服务。

　　在了解到我国有30多万苦苦等待器官移植的病患后，她决定用自己的青春力量帮助他们走出绝望。两年的时间里，她带领团队查阅文献，设计问卷，走遍湖南、浙江等11个省份，深入10家红十字会，发现家庭拒绝是阻碍我国器官捐献的"最后一公里"。于是她创新性地提出了器官捐献写进医保卡的破题思路，并推动该建议在温州率先落地，获时任省委书记车俊的批示，在全省推广。

　　黄君婷不止一次看到尿毒症患者每星期都要从偏远的农村赶到市医院做透析，他们面色是青色的，有的腿都肿了。如果遇到排号靠后，就只能坐在医院的过道上等待。黄君婷说："每个人都在为生命作努力。也许，他们就是差一个'生命之光'，我要把这束光找到！"

2. 把社会主义核心价值观落细落小落实

　　"一种价值观要真正发挥作用，必须融入社会生活，让人们在实践中感知它、领悟它。"这就要求在培育和弘扬的过程中，下好落细、落小、落实的功夫。对于大学生而言，就是要切实做到勤学、修德、明辨、笃实，使社会主义核心价值观成为一言一行的基本遵循。

　　（1）勤学。大学生正处于学习的黄金时期，要把学习作为一种精神追求、一种生活方式，以韦编三绝、悬梁刺股的毅力，以凿壁借光、囊萤映雪的劲头，努力扩大知识半径，既读有字之书，也读无字之书，砥砺道德品质，掌握真才实学，练就过硬本领。

　　（2）修德。一个人只有明大德、守公德、严私德，其才方能用得其所。修德，既要立意高远，又要立足平实。要立志报效祖国、服务人民，这是大德，养大德者方可成大业。同时，还得从做好小事、管好小节开始起步，"见善则迁，有过则改"，踏踏实实修好大德、公德、私德，学会劳动、学会勤俭、学会感恩、学会助人，学会谦让、学会宽容，学会自省、学会自律。

（3）明辨。大学生要善于明辨是非，善于判断选择，旗帜鲜明地弘扬真善美、贬斥假恶丑，澄清模糊认识，匡正失范行为，自觉做良好道德风尚的建设者、社会文明进步的推动者。

（4）笃实。道不可坐论，德不能空谈。于实处用力，做到知行合一，核心价值观才能内化为人们的精神追求，外化为人们的自觉行动。青年要把艰苦环境作为磨炼自己的机遇，把小事当作大事干，一步一个脚印往前走。滴水可以穿石。只要坚韧不拔、百折不挠，成功就一定在前方等你。

解析： 践行社会主义核心价值观，需要青年大学生把这一价值追求从国家标准变为个人的价值观目标、日常行为准则去对待。在日常学习、生活、为人、处世当中，以此为标准要求自己，端正态度、认真学习，脚踏实地、持之以恒，真正做到内化于心、外化于行，做培育和践行社会主义核心价值观最积极、最活跃的青年先进代表。

热点解读

热点一：我们的文化输出应该是什么样的

热点事件

2019 年，一个中国传统美食博主在某境外视频平台被 700 多万人关注，数千万人喜欢，美国人、俄罗斯人、澳洲人、越南人、意大利人、伊拉克人……因此爱上中国。而另一边，回到国内，许多人黑她骂她。有人开始扒她的黑历史，也有人说，她不过是为了赚钱，还整天拍农村，迎合了外国人心中中国田园落后的刻板印象，影响不好……

热点解读

看过李子柒视频的人都知道，她所有的视频都是这样，以中国传统美食文化为主线，围绕中国农家的衣食住行展开，但和其他"美食博主"不一样的是，她拍播的时间跨度会拉得非常大，更接近本质。比如一般人拍做酱油的菜，会从"我们已经有酱油了"拍起，而李子柒拍做酱油的菜，会从"我们如何种出黄豆拍起"。

截至 2019 年 12 月 5 日，李子柒在某境外视频平台上的粉丝数是 735 万，而且这个数字还在飞速增长中。735 万是什么概念呢？要知道美国影响力最大的媒体之一可能也是全球影响力最大媒体之一的 CNN，在该视频平台上也只有 792 万粉丝，和李子柒差不多。然而李子柒达到 735 万粉丝只发了 104 个视频，而 CNN 却发了 14 万条视频。两个账号的粉丝黏度也完全没法比。比如李子柒几乎每一个视频，播放量都在 50 万以上。作为对比的，我们还可以看到 ABC、FOX、NBC 都远远不如李子柒。看到这，你可能会不屑一顾，会觉得这只不过是因为中国人多，在外网关注李子柒的应该大多数都是中国人。还真不是，点开李子柒的粉丝去看看，会发现全世界各地什么地方的人都有。虽然一直到 5 个月前，才有中国网友把这段视频翻译成了外文，但在此之前，那些看不懂中文的外国粉丝，依然不吝于在评论里表达他们对李子柒的喜爱。视频底下的外国人，就是一边看不懂一边看，一边求翻译一边看……

和该视频平台网友的一致好评相对的，是微博上许多对李子柒的质疑。有很多人在微博下面回复说李子柒把中国落后的一面展示给了外国人，中国人明明不这样生活，她这样是中国人的罪人……

艺术来源于生活但高于生活，田园牧歌不一定要真的浑身污泥。虽然李子柒具体展现的不是务农生活的辛苦和琐碎，但她视频的核心，是中华民族利用现有自然资源自给自足的伟大创造和坚忍不拔的精神。让许多外国人看了以后心生向往，发出感慨："她的园子简直就是伊甸园"，"中国真美好"。

在李子柒的视频中，你能看到那种田园牧歌式的美好生活，而这种理想生活，常常被古今中外的文人雅士提起。在陶渊明笔下，这是"黄发垂髫，并怡然自乐"的桃花源。这本来就是一个能引起全世界共鸣的话题，而这种展示，恰恰可以帮助西方普通人，从他们媒体对中国的抹黑中清醒过来，认识到中国不是洪水猛兽，中国人有着高洁的文化和源远流长的历史，甚至可以吸引外国人来中国旅游，学习中国文化。

视频中的她看起来无所不能，不论制作食物还是田园采摘，李子柒都亲力亲为。一个如此娇小，看起来柔弱的弱女子，可以牵着牛耕地，也可以在田野间收获。她 4 月会酿枇杷酒，5 月又能酿出樱桃酒，7 月做出七巧饼，8 月做苏式鲜肉月饼。所以有网友甚至怀疑她活了一千年。但李子柒在接受采访的时候说，她有些视频一拍要拍 8 个月，中间许多技能是她后来学的，比如她为了拍"活字印刷"，专门花了小半年时间去学，最后才拍出木活字的视频。所以她的视频不会显得假，很多农活看着就是真的会做农活，她的手漂亮，但是放大了看很粗糙。李子柒手上的瘀血，一看就是在干活的时候被砸到了，但她从没抱怨。

在一期李子柒坐高铁去采长白山蜂蜜的视频下面，有很多外国人自发地给其他人介绍，这是中国的高速铁路，很厉害。李子柒的视频让外国人感到世界美好，让这些焦虑的外国人专门来这放松；让无数外国人对像这样的中国生活心生向往。在李子柒的"笔墨纸砚"视频下，外国人说："她正在教我们，我们不了解的中国。"在李子柒做"古法长安纸"的视频下，很多外国人因为这样的造纸方法惊掉了下巴，然后又有中国人用英语给他们科普这是很早以前就有的造纸术。美国人、德国人、日本人、韩国人、以色列人、俄罗斯人、沙特阿拉伯人等几十个不同国家的人，用几十种不同的语言，在她视频下面一起夸她好，一起夸中国文化好。

曾看到过这样一段评价（河北共青团点评）：李子柒的视频让外国网友看到的是李子柒和奶奶之间的深厚感情，是中国传统美食的丰富多彩，是中国人民的勤劳和智慧，是对几千年前陶渊明诗中"采菊东篱下，悠然见南山"的向往。我们拥有不同的肤色、语言和文化背景，但却有着最基础的需求：过上简单幸福的生活，爱人，也被人爱。

其实，李子柒的爆火不是偶然。在视频高点击量的背后，是西方世界对崛起的中国的好奇。他们以这个小姑娘的视频为窗口，探寻视频背后中国传统文化的奥秘。这个"90后"小姑娘追求的和谐，难道不是中国人自古以来的处世哲学吗？我们希望，有更多的角度、更多的人可以让外国人了解我们这个民族、这个国家。

从这个角度来看，李子柒毫无疑问属于对外文化传播，至少是丰富的中华文化对外传播和输出中的一个篇章。

我们需要更多的"李子柒"，从不同角度、不同侧面，向全世界展示一个既富有独特的传统文化内涵，又不断向现代化前行，丰富、多样、精彩的中国。

📖 **感悟**

核心价值观是文化软实力的灵魂、文化软实力建设的重点。一个国家的文化软实力，从根本上说，取决于其核心价值观的生命力、凝聚力、感召力。一个国家的崛起不仅是经济的崛起，也是社会制度的崛起，同时还应该是价值观念的崛起。

热点二：英雄不容诋毁　言论要有底线

热点事件

2021 年 2 月 19 日，一位社交账号名为"辣笔小球"的网友，因在当天发布了两条贬低、嘲讽为了守卫国土而壮烈牺牲的我军将士，并且其相关内容短时间内在社交媒体上迅速传播，造成了极为恶劣的社会影响。

时隔一天之后，"辣笔小球"被当地警方依法刑事拘留。2 月 25 日，"辣笔小球"以涉嫌寻衅滋事罪被批准逮捕。因为他的行为被认定为"利用互联网对英雄烈士进行贬低和嘲讽，侵害了烈士们的名誉和荣誉"，因此可以依照刑法规定，以涉嫌侵害英雄烈士名誉、荣誉罪进行逮捕。

热点解读

我们祖国的领土完整，是因为有代代英雄官兵用鲜血与生命在捍卫，我们所享受的和平生活，是因为有代代英雄官兵用鲜血和生命在守护，我们所拥有的国际地位，是因为有代代英雄官兵用鲜血和生命在庇护，哪里有岁月静好，只不过是因为有这些人民卫士的默默付出。我们应该以崇高的敬意和真挚的感情去爱护、去保护这些最可爱的人，坚决与诋毁英雄的人和言论作斗争，将之绳之以法，严惩不贷。维护英雄地位，没有任何商量余地。

诋毁英雄的行为不仅触碰道德底线，还为法律所不容。《最高人民法院、最高人民检察院关于办理利用信息网络实施诽谤等刑事案件适用法律若干问题的解释》第五条明确规定，编造虚假信息在信息网络上散布，起哄闹事，造成公共秩序严重混乱的，依照刑法第二百九十三条第一款第（四）项的规定，以寻衅滋事罪定罪处罚。《中华人民共和国英雄烈士保护法》第二十二条也对相关行为作出规定，禁止歪曲、丑化、亵渎、否定英雄烈士事迹和精神，公安、文化等部门应对违反规定的行为依法及时处理。"辣笔小球"如此言论损害英雄形象、伤害民族情感、毒害爱国之心，情理法皆不容，其必将受到应有的惩罚。

英雄是中华民族的杰出代表，英雄事迹和英雄精神是中华民族的共同历史记忆，是社会主义核心价值观的重要体现。加勒万河谷见证了铁一般的事实，巍巍雪山见证了官兵们的赤胆忠诚，祁发宝、陈红军、陈祥榕、肖思远、王焯冉等英雄们的铮铮铁骨永远镌刻在喀喇昆仑高原。我们要崇尚英雄、学习英雄、捍卫英雄、关爱英雄，而决不是与之相反。任何抹黑英雄的行为都将受到人们的鄙弃，都将付出应有的代价。

案例探讨

决不允许用西方"普世价值"消解社会主义核心价值观

第二次世界大战之后特别是冷战结束以来，以美国为首的西方国家在世界各地大力推销所谓"普世价值"。近几年，针对中国的推销尤其卖力，掀起了一波又一波的"普世价值"热。特别是党的十八大以来，"普世价值"论者以"社会主义核心价值观全面肯定普世价值"为幌子，再掀波澜。那么，西方"普世价值"推销这个葫芦里到底卖的是什么药？社会主义核心价值观和西方所谓"普世价值"是不是一回事？

一、西方"普世价值"推销本质上是意识形态征服战

"普世"这一概念最早是由基督教东、西两派为争夺在整个罗马帝国的影响力而提出和使用的。第二次世界大战以后，以杜勒斯为代表的一批西方政治家提出了"和平演变"社会主义国家的战略，从此"普世价值"具有明确的政治目的，成了美国历届政府实施"和平演变"的思想武器。杜勒斯说，必须用"和平的方法"，即"精神的压力""宣传的压力"把社会主义国家的人民"解放"出来，"只

要把脑子搞乱，我们就能不知不觉改变人们的价值观，迫使他们相信一种经过偷换的价值观"。尼克松认为，应该制定一个在铁幕里面同社会主义国家进行"和平竞赛的战略"，诱使社会主义国家"和平演变"；开展"意识形态竞争"，打"攻心战"，扩散"自由和民主价值观"，打开社会主义国家的"和平变革之门"。里根上台执政后，利用苏联、东欧面临经济困难之际，对外采取大步进攻态势，开展同苏联在"思想和价值观念"方面的"和平竞争"，声称自由民主事业在向前挺进的途中将"把马克思主义抛进历史的垃圾堆"，进而提出在现今世界上正在进行的这场斗争中，"最终的决定性因素不是核弹和火箭，而是意志与思想的较量"。1989年7月，布什提出，要用二三十年时间，打一场"无硝烟的新的世界大战"，届时我们将有可能融化掉社会主义，从而建立起一个以我们西方文明为指导的新的世界，最终解决战后社会主义与资本主义两种社会制度之间的"历史性较量"。从这些史料中我们不难看出，推销"普世价值"一直是以美国为首的西方国家"和平演变"社会主义国家的意识形态征服战。20世纪80年代末90年代初，苏联解体、东欧剧变，其中，西方"普世价值""功"不可没。

这些年来，西方国家通过互联网、报刊影视、学术交流、基金会资助以及扶持"西化精英"等手段，明里暗里对我国进行"普世价值"渗透，目的就是要按西方政治理念和制度模式改造中国的政治制度，企图废除马克思主义指导地位，推翻中国共产党的领导，最终实现"西化""分化"中国的图谋。塞缪尔·亨廷顿说："普世主义是西方对付非西方社会的意识形态。"一语道破了西方"普世价值"推销的本质。所以，"普世价值"推销，"销"的是资产阶级的意识形态，"推"的是社会主义国家和"不听话"国家的政权，是彻头彻尾的意识形态征服战。对此，我们必须保持高度警惕。

二、西方所谓"普世价值"极具迷惑性和危害性

西方国家把民主、自由、人权等奉为超阶级、超国家、超时空的"普世价值"，是一种绝对化的思维方式。

1.西方"普世价值"在理论上是站不住脚的。

所谓"普世价值"，就是具有永恒性、世界性、普遍性的价值，是对所有时代所有人都适用的价值。这里有两层意思：一是"普世价值"具有超时空、超阶级的适用性，适用于所有人；二是"普世价值"具有绝对的永恒性，适用于所有时间、所有地点，不以任何条件为转移。但是，在现实中，在资本主义与社会主义两种根本不同制度并存的意识形态领域，这种只有普遍性而没有特殊性、只有永恒性而没有变化性的绝对抽象价值，是不存在的。

第一，价值是具体的。马克思主义认为，价值本质上是一种关系，是以主体为尺度的主客体统一的状态，是客体对于主体需要的满足和意义。客体满足主体需要的程度越高，价值就越大。这里的客体指的就是与主体有关的一切物质的和

精神的存在。所以，价值关系是一种客观关系。价值观，是对价值关系的反映，因而是具体的。

第二，价值是变化的。人类社会是不断发展的，主体、客体以及主客体之间的关系是不断变化的，由此决定了价值观也是不断变化的，并不存在超时空、永恒不变的价值关系和价值观念。自由、民主、人权等价值都是随着社会历史发展而逐渐产生的，又在历史发展的不同阶段被赋予不同的内容。奴隶社会、封建社会不可能产生现代自由民主观念，古希腊的民主与现代西方国家的民主也是不同的。

第三，价值是相对的。由于价值是以主体为尺度的关系，而不同主体具有不同需要，同一主体在不同条件下的需要也各不相同。这样，同一事物对于不同主体便具有不同的价值，同一主体对同一事物在不同条件下的价值判断也不尽相同。这就是说，价值具有主体性，是相对的。资产阶级有资产阶级的价值观，无产阶级有无产阶级的价值观，不存在什么绝对的自由、民主、人权。

第四，价值共识不等于西方"普世价值"。有放之四海而皆准的真理，没有放之四海而皆准的价值。价值共识源于主体的共同需要，反映的是人类的共同利益、共同追求，是人的社会性和相互依存性，是不同的人、民族、国家之间的共性。价值共识是分领域、分层次、有差别的，不可能适用于一切时代、一切国家和民族，只能适用于特定时期、地域，只能存在于具体的价值关系中。西方国家推销"普世价值"时总是披上价值共识的外套，其目的就是制造话语陷阱，利用自由、民主、人权等概念，布设价值观和意识形态领域的"迷魂阵"。如果你默认或者接受西方"普世价值"，则正中其下怀；如果你反对西方"普世价值"，他就直接给你戴上不民主、反自由、反人权等帽子。

2. 从西方国家的历史和现实看，西方"普世价值"是虚伪的。

长期以来，西方国家总是打着民主、自由、人权的幌子对别国指手画脚，可他们自己做得怎么样呢？

英国是世界上第一个宪政国家，也是最早实行议会民主选举的国家，然而当时英国700万人中，有投票权的只有25万人！法国大革命被认为是人类历史上最伟大的革命，革命中提出的天赋人权、自由、平等、博爱原则响彻云霄。然而，《人权与公民权利宣言》中的"人"和"公民"在法文里，指的就是男性白种人，不包括妇女、有色人种和穷人。美国独立时喊得最响的就是"人人平等"。然而包括华盛顿在内的众多"开国之父"大多是奴隶主，蓄有黑奴。在刚开始通过的美国宪法中，确立众议院按人口比例选举议员，而南方蓄奴州的黑奴在当时被视为奴隶主的固定资产，没有投票权，因而只能按3/5的人口数计算。美国独立后，开始了工业化进程。英国和法国原始积累的一幕再现美国。这期间，对所有的工人罢工一律镇压。现在的"八小时工作制"和"五一"劳动节就是芝加哥工人用鲜血换来的。第二次世界大战后，美国已成为全球头号强国。然而，美国国内仍然实行严格的种族隔离制度。所有的公共场所，甚至教堂、墓地都要分黑人、白人。

时至今日，在西方国家内部，"选举"这一被西方政客标榜为公民最基本的权利，实质上却是"富人的游戏"和"钱袋的民主"；国际金融危机暴露了西方资本主义制度的固有缺陷；"斯诺登事件"彻底揭穿了西方自由的真实面目；"占领华尔街"运动更是对西方社会所谓"公正"的极大讥讽。尽管西方"普世价值"头顶着自由、民主、平等、人权等耀眼的光环，但西方国家用自己的行为戳穿了其"普世价值"的谎言。

3.西方向发展中国家推销"普世价值"带来了严重危害。

西方"普世价值"自诩"美好"，实际效果如何呢？从那些接受或被迫接受西方"普世价值"国家的情况看，这些国家要么发展缓慢，要么四分五裂，要么社会动荡。西方"普世价值"为什么给这些国家带来无尽的灾难呢？根本原因在于，西方所谓"普世价值"作为资产阶级意识形态，在人类历史发展到现今阶段，既不具有先进性，更不具有人民性，其内在的矛盾决定了它既不可能解决好发展问题，也不可能解决好和平问题。加之，由于资本主义的"丛林法则"，先发展起来的西方国家早已占据国际体系的中心地位、国际分工的高端位置，控制后发国家既是其本性决定的，他们也有这个条件和能力。这一点西方资产阶级是非常清楚的，所以他们才要费尽心机对其意识形态进行包装和抽象，用欺骗的手法向世界推广。对于这一点，早在20世纪40年代，美国国际政治学者汉斯·摩根索就说过："所谓普世价值根本不存在，那只是强者美化自己、削弱别国的一种策略。美国应该不断地以自己发明的普世价值去蒙蔽别国，同时极力防止对方的蒙蔽。"事实一而再、再而三地证明，不切实际地照搬西方资本主义国家的所谓"普世价值"，只能是取乱之道、取祸之道。

三、故意混淆社会主义核心价值观与西方"普世价值"用心险恶

党的十八大提出，倡导富强、民主、文明、和谐，倡导自由、平等、公正、法治，倡导爱国、敬业、诚信、友善，积极培育和践行社会主义核心价值观。这三个"倡导"，24个字，从国家、社会和公民三个层面概括了社会主义核心价值观的价值目标、价值取向和价值准则，勾绘出了我国社会主义社会的价值内核、全社会的共同理想、13亿多人民的精神家园，是我们党凝聚全党全社会价值共识作出的重要论断，在全社会激发起强烈共鸣。

然而，有人抓住社会主义核心价值观与西方所谓"普世价值"某些字面上的重合，宣称中国的社会主义核心价值观就是西方"普世价值"，企图用西方"普世价值"取代社会主义核心价值观。这种故意把社会主义核心价值观与西方"普世价值"混为一谈的谬论，居心叵测，制造了思想混乱，必须予以澄清。

毫无疑问，社会主义制度是作为资本主义制度的替代物而出现的，同资本主义有着千丝万缕的联系，这种联系也深刻地反映在价值观领域。社会主义核心价值观是在吸收包括资本主义文明成果在内的一切文明成果的基础上发展起来的，代表了人类进步的价值理想。这样，在"三个倡导"中，出现"自由、平等、公正、法治"等字眼也就不难理解了。但是，社会主义又是作为资本主义的对立物出现的，必然同资本主义有本质区别。这就决定了社会主义核心价值观与西方"普世价值"在内涵上有着原则界限。

一是社会性质和阶级属性不同。价值观是人的价值观，而人总是属于一定的社会和一定的阶级的。社会性质不同，阶级地位不同，价值认识、价值取向和价值观念也就不同。列宁曾尖锐地指出："只要阶级还没有消灭，对于自由和平等的任何议论都应当提出这样的问题：是哪一个阶级的自由？到底怎样使用这种自由？是哪个阶级同哪个阶级的平等？到底是哪一方面的平等？"这告诉我们，社会性质和阶级属性是区分社会主义核心价值观与西方"普世价值"的根本标志。

我们党倡导的社会主义核心价值观是工人阶级和全体人民的价值观，它以马克思主义为指导思想，以中国特色社会主义为共同理想，反映了工人阶级和全体人民的价值目标和愿景追求，体现了社会主义的本质要求。"富强、民主、文明、和谐"回答了我们要建设什么样国家的重大问题，展示了社会主义现代化国家的崇高价值目标；"自由、平等、公正、法治"回答了我们要建设什么样社会的重大问题，展示了社会主义制度的本质要求；"爱国、敬业、诚信、友善"回答了我们要培育什么样公民的重大问题，展示了社会主义基本道德规范的本质要求。

以"自由、民主、平等、人权"为口号的西方所谓"普世价值"，一方面，作为资本主义的核心价值观，作为资产阶级反对封建专制主义和宗教神学的思想武器，具有历史进步意义；另一方面，在遵循资本逻辑、追求利益最大化的增值运动中走向自身的反面，成了维护资产阶级根本利益和政治统治的思想工具，体现了其局限性。一句话，社会主义核心价值观是中国特色社会主义的身份标识，是姓"社"而不是姓"资"的。

二是所有制基础不同。恩格斯指出："人们自觉地或不自觉地，归根到底总是从他们阶级地位所依据的实际关系中——从他们进行生产和交换的经济关系中，获得自己的伦理观念。"这就告诉我们，价值观作为人们对好坏、善恶、美丑等价值的立场、看法和态度，总是根源于经济基础并受经济基础制约，是处于一定经济关系之中的人们利益和需要的反映。而经济关系最集中地表现为人们在所有制中的关系和地位。所有制不同，人们在经济关系中的实际地位就不同，实际地位不同决定了人们经济利益的不同，经济利益的不同决定了人们价值观念的不同。离开所有制来谈价值观，只能是空中楼阁。

社会主义经济基础是以公有制为主体的，全体人民共同占有或集体占有生产资料，成了一个密切联系、荣辱与共的利益共同体。这种公有制，消除了社会成员之间利益分裂、对立、冲突的基础，决定了集体主义是社会主义的主导价值。无论是"倡导富强、民主、文明、和谐""倡导自由、平等、公正、法治"，还是"倡导爱国、敬业、诚信、友善"，都不是也从个人出发的，而是从个人与他人、个人与社会、个人与国家的关系出发的，体现的是集体主义的价值理想、价值标准和价值准则。所以，社会主义核心价值观，从根源上讲是社会主义公有制为主体的经济关系的反映。

资本主义是生产资料私人占有制，私有财产神圣不可侵犯。这种私有制的经济关系，决定了个人至上的"个人主义"成了资本主义的主导价值。而在资本主义社会中有产者和无产者在所有制中经济地位的不同，最终也决定了自由只能是资本的自由，平等只能是资产阶级财团内部的平等，民主也只能是有钱人的民主。对此，马克思曾一语道破其中的奥秘："生产者不占有生产资料是不能获得自由的。"

三是根本目的不同。目的反映动机，目的宣示立场，目的展示形象。相信谁、依靠谁、为了谁，是否为最广大人民谋解放、谋利益、谋幸福，是区分唯物史观和唯心史观的分水岭，也是判断社会主义核心价值观和资本主义所谓"普世价值"的试金石。

社会主义核心价值观，坚持人民群众是历史创造者和真正英雄的根本立场，字里行间贯穿着全心全意为人民服务的根本追求。倡导富强、民主、文明、和谐，强调的是没有国就没有家，建设一个现代化的国家，是人民幸福之源；倡导自由、平等、公正、法治，强调的是建设一个秩序井然、富有活力的社会，是人民幸福的条件；倡导爱国、敬业、诚信、友善，强调的是每个人都是目的和手段的统一，只有人人胸怀报国理想、坚持道德操守、激扬蓬勃朝气，从自己做起，才能积小我为大我，将人生带入更高的幸福境界。不难看出，社会主义核心价值观，就是以实现好、维护好、发展好最广大人民群众的根本利益为出发点和落脚点的价值观，就是以最大限度地满足人民群众日益增长的物质文化需要为根本目的的价值观。这是中国共产党性质宗旨的体现，是中国革命、建设和改革成功的保证，也是马克思主义理论与一切非马克思主义理论相区别的一个鲜明特色。

资本主义所谓"普世价值"，尽管把"自由、民主、人权、博爱"标榜为全人类的普遍利益，但由于其以抽象人性论为基础，无法掩盖少数人占有绝大部分生产资料和社会财富去盘剥大多数社会成员的事实。美国著名学者威廉·格雷德在《资本主义全球化的疯狂逻辑》一书中讲了这样一个现象："在美国，35%的土地、房屋、股票、债券等净资产被1%的家庭所拥有；80%的社会财富被20%的人所拥有……这种现象愈演愈烈，超过了20世纪20年代灾难性的财富聚敛程度。"所以，资本主义所谓"普世价值"本质上是为"少数人"谋利益，是维护资产阶级政治统治的意识形态和重要工具。

归结起来，社会主义核心价值观和西方所谓"普世价值"作为两个思想概念，它们之间的原则界限泾渭分明，性质目的根本不同，完全是两条道上跑的车。企图混淆社会主义核心价值观与西方所谓"普世价值"，就是妄想通过"偷梁换柱"，抽空我们的精神支柱，销蚀我们的共同理想，把中国特色社会主义引向邪路，最终达到改旗易帜、"西化"中国、颠覆社会主义国家政权的目的。这样说，绝非危言耸听。当年，戈尔巴乔夫鼓吹"人道的民主的社会主义"，推崇"全人类的共同价值"即"普世价值"，无视阶级利益、民族利益、国家利益的客观存在，无视国际范围内资本主义与社会主义之间复杂而尖锐的斗争，逐步放弃了共产党的领导，放弃了社会主义制度，结果使苏联走上一条亡党亡国的不归路。教训启示我们，西方"普世价值"是我们民族的精神毒剂，必须高度警惕，决不能任由西方"普世价值"来转化我们的精神基因，消解我们的社会主义核心价值观。

（资料来源：《红旗文稿》2017 年第 11 期）

？ 问题探讨

问：我们该如何通过社会主义核心价值观来增强社会主义意识形态的竞争力？

答：一直以来，国际上一些别有用心者，过度渲染中国的不文明形态，肆意歪曲、丑化甚至妖魔化中国形象，给中国造成了一定负面影响。社会主义核心价值观用最简洁的语言介绍和说明中国，有利于增进国际社会对中国的认识和理解，扩大中华文化影响，展示社会主义中国的良好形象；有利于逐步打破西方的话语垄断、舆论垄断，增强社会主义意识形态的竞争力；有利于与他国达成价值共识，赢得主动权，掌握话语权。

在国际形势风云变幻、世界社会主义发展需要积极亮剑的时代关口，鲜明提出培育和践行社会主义核心价值观，有利于更好地回应人们的思想疑虑和困惑，向世界传达中国的价值观，为世界发展提供中国的价值方案，从而不断扩大中国的国际话语权。

中华传统文化与中国现代化进程

19 世纪 40 年代，西方列强用坚船利炮打开封建王朝闭关锁国的大门，古老中国跨入近代历史进程中，中华传统文化与现代化由此相遇。从晚清到民国、从新民主主义革命到社会主义建设、从改革开放新时期到中国特色社会主义新时代，中华民族历经跌宕起伏而又高歌猛进的发展。传统文化的发展历程与当代价值，现代化的推进与文化需要，凝结为一个需要清晰梳理并明确回答的问题：中华传统文化服务现代化何以可能？

1. 历史相遇并守望前行

当立足于西方文化基础上的现代化潮流，以强制性方式突入中华大地、裹挟着"天朝上国"踏入"现代化"发展轨道的时候，中西文化发生剧烈冲突，中华传统文化受到前所未有的严峻考验。面对汹涌而来、表现强势的西方文化，在中华传统文化能否救亡图存的质疑声中，"国粹派""西化派""折中派"的主张与应对策略形成泾渭分明的阵营。客观上，起始于鸦片战争和"师夷长技以制夷"的构想行动，使绵延久远的中华传统文化与刚刚起程的中国现代化在相互对视中，共同进入一条既要互为助力又难免间有阻滞、既要协调促进又必然存在矛盾的历史通道之中。

历经洋务运动、戊戌变法、辛亥革命，在抵御外辱、保国保种的历史任务面前，中华传统文化的功能作用渐显不支，中国现代化清理路障、辟出通道的努力亦显坎坷。直至"五四"新文化运动，因有马克思主义科学理论武装和先进政党中国共产党的组织领导，古老中国才走入一片新的天地，中国现代化方见转机、曙光初现。只有当中国共产党率领亿万人民经过新民主主义革命、使中华民族摆脱半殖民地半封建境地、建立中华人民共和国之时，中国现代化才算走上发展之路，中华传统文化亦迎来"重生"机遇。社会主义中国承续新民主主义革命胜利，再经社会主义建设探索，直至实行改革开放、踏上中国特色社会主义康庄大道之后，才真正为中华传统文化与中国现代化自相遇以来未曾达到的积极互动和相互支撑，提供了前所未有的崭新平台，注入了生生不息的发展动能，开拓出宽阔路径和美好前景。

在中国现代化进程中，传统文化助力与服务现代化的功能渐次增强，现代化也愈加需要传统文化为之筑牢民族根基。中华传统文化在历史提供的重大机遇中，正迎接挑战并乘势而上，积极参与当代中国先进文化建构中，使自身成为现代化体系的重要组成部分和建设性内容；中华传统文化愈加呈现出丰富充沛的当代价值，成为现代化深化发展不可或缺的文化资源和精神力量。而中国特色社会主义现代化既不能脱离人类文明大道，更需要打牢深厚历史基础，亟待传统文化予以助力并发挥积极引领与有效纠偏作用；现代化在为传统文化转型提供时代条件的同时，也肩负推动传统文化实现创造性转化与创新性发展的现实责任。

2. 传统文化的当代价值

中华传统文化服务现代化发展的重要功能，愈来愈清晰呈现，其当代价值也不断彰显。

其一，以丰富政治智慧服务于执政党治国理政实践。"半部《论语》治天下"一说，固然有过分褒奖之嫌，却也道出了孔子思想及中华传统文化中所具有的丰富政治智慧，其政治理论主张所具有的政治实践精神。"为政以德、以民为本、正己正人、选贤任能"等，都是古人政治智慧的体现，深刻影响中国政治文化的发展。孔子说："为政以德，譬如北辰，居其所而众星共之。"后人注释为："为政以德，则不动而化、不言而信、无为而成。所守者至简而能御烦，所处者至静而能制动，所务者至寡而能服众。"彰显出德性对政治行为的作用、德治对国家治理的价值。"政者，正也""其身正，不令而行，其身不正，虽令不从"，强调为政当权者务必要行正身端。传统文化中的"民惟邦本，本固邦宁"思想，固然有封建社会背景下的局限性，但其贯穿整个中国政治文化的影响不可小视。我们党从传统文化"民本"理念中汲取精华，从毛泽东提出"为人民服务"，到邓小平强调"我是中国人民的儿子"，经江泽民"代表中国最广大人民的根本利益"、胡锦涛"权为民所用、情为民所系、利为民所谋"，直至习近平总书记指出"人民对美好生活的向往，就是我们的奋斗目标"，无疑是将马克思主义与中国传统文化有机结合的结果与呈现。中华传统文化中的丰富政治智慧，成为我们党治国理政的重要文化根基。

其二，以充沛价值思想润泽社会主义核心价值观培育。中华传统文化中的价值思想内容丰厚，在修身重德、贵和持正、守信践诺、敬职尽责、谦恭礼让、尚义勇为、仁者爱人等方面有充分体现。传统文化讲"信"重"诚"，认为"人而无信，不知其可""民无信不立""不信之言，无诚之令，为上则败德，为下则危身"。诚信即真实无妄，既不自欺也不欺人，言行一致，"言必信，行必果"。传统文化崇仁、尚勇、举贤，"富贵不能淫，贫贱不能移，威武不能屈""天行健，君子以自强不息""见义不为，无勇也""大道之行也，天下为公，选贤与能，讲信修睦"等，具有深刻启示与现实意义。我们倡导培育的社会主义核心价值观，无论是国家层面的富强、民主、文明、和谐，社会层面的自由、平等、公正、法治，还是公民个人层面的爱国、敬业、诚信、友善等，多与传统文化精神连通，从中可见传统文化传承至今的深远影响。核心价值观承载着一个民族、一个国家的精神追求；社会主义核心价值观的弘扬与践行，须从中华优秀传统文化中汲取丰富营养，使之成为涵养润泽社会主义核心价值观的精神资源。

其三，以正心修身理念作用于人的德性养成与素质提升。钱穆概括中国文化要义为："以教人做一好人，即做天地间一完人，为其文化之基本精神。"中华传统文化蕴含丰富道德资源与正心修身理念，教人如何坚守道德底线、追求完美人格、增强责任意识。所谓正心修身，是道德上的自我修养和人格上的自我完善，是人之为人的存养过程。传统文化强调，人之为人，要"行己有耻"，因为"人不可以无耻""耻之于人大矣"，需要"导之以德，齐之以礼，有耻且格"。人既要有耻，还要学礼。"不学礼，无以立""人无礼则不生，事无礼则不成，国家无礼则不宁"。正心修身是一种功夫，靠的是自律，且要善待他人，"己所不欲，勿施于人""己欲立则立人，己欲达则达人"。人要恻隐、仁爱、忠恕、明理，"与人为善"。从"贵和持中""心平气和""家和万事兴""和睦兴邦"中可见，"和"的观念辐射到中国人的内心深处，成为凝聚中华民族的强大力量。培养能够担当民族复兴大任的时代新人，需要从传统文化正心修身理念中汲取思想精华，通过教育引导、道德养成与行为矫正，切实提升社会主义新人的思想境界和综合素养。

其四，以完备人际规范促进社会和谐。中华传统文化对人际关系、人际交往规范、社会稳定和谐予以高度关注，积淀了十分厚重的理念资源。传统文化崇正，明确恪守正义规范，促进社会正气弘扬；立信，捍卫人际交往基本底线，确立诚信价值导向；尚仁，秉承仁爱交往理念，力戒社会冷漠和人际隔膜；重礼，营造祥和融洽氛围，建立和谐人际关系；和合，追求和而不同交往守则，推崇尊重差异、和谐包容。传统文化强调，"义者，正也""义者，宜也""诚者天之道也，诚之者人之道也"，认为"里仁为美""仁，人之安宅也"，要"以信接人，天下信之"，以至"亲亲而仁民，仁民而爱物"。"和谐"理念及一系列构建要求，与中华传统文化中的完备人际规范息息相通。在化解社会矛盾、调适社会运行状态等方面，传统文化依然具有广泛影响。讲礼仪、讲诚信、讲正义、讲仁爱、讲和合，对当今调节人与人之间关系、促进社会和谐仍然十分重要。

其五，以深厚民族精神凝聚华夏儿女共襄复兴伟业。中华民族绵延五千年，形成以爱国主义为核心的伟大民族精神。"先天下之忧而忧，后天下之乐而乐""苟利国家生死以，岂因祸福避趋之""位卑未敢忘忧国""鞠躬尽瘁，死而后已"等，呈现出强烈的报国情怀与无畏的献身精神。中国人历来以爱国为崇高之志，以报国为终身之责，以国家之务为己任，强调"天下之本为国"，把国家利益、民族大义放在至高无上的地位。团结统一、爱好和平、勤劳勇敢、自强不息的理念，深深嵌入中华民族精神和群体意识中，渗透在国民性格与人生态度中。对勤劳的倡导与推崇，始终是传统文化的主调，如"民生在勤，勤则不匮""功崇惟志，业广惟勤""忧劳可以兴国，逸豫可以亡身"等。深厚持久的中华民族精神，把56个民族、14亿人紧紧凝聚在一起，夯实民族凝聚的基础，强化民族凝聚的动力。今天，我们比历史上任何时期都更接近、更有信心和能力实现中华民族伟大复兴目标。实现中华民族伟大复兴，需要全国人民齐心协力、同心同德，需要凝聚华夏儿女共同投身复兴伟业。民族精神的伟力不可替代、无可比拟。

其六，以包容和谐思维推动与世界文明交流互鉴。中华民族具有与其他民族和平共处、友好相待的优良传统，形成了和谐共生、海纳百川、兼容并蓄、和而不同等基本理念。历代中国人主张"和为贵"，认为"和实生物"，只有"和"才能"万国咸宁"。"和合"理念与和平追求植根中华民族的思维深处，为我们处理民族与民族、国家与国家之间的关系提供了行为准则，为不同民族文化交流、不同文明形态交往确立了基本遵循。在处理民族和国家关系问题上，儒家讲求"以德服人"，墨家提倡"非攻""尚同"，兵家反对诉诸武力和战争。"百战百胜，非善之善者也；不战而屈人之兵，善之善者也。"传统文化认为，"海纳百川，有容乃大；壁立千仞，无欲则刚""万物并育而不相害，道并行而不相悖"，由此形成了中华民族开明睿智、大气谦和的包容心态，铸就了华夏子孙"兼收并蓄，博采众长"的博大胸怀。在推进世界文明交流互鉴、构建人类命运共同体的当今时代，传统文化的包容和谐思维渗透到经济贸易、政治外交、民族交往、文明交流各领域，具有重要启示和借鉴意义。文明因交流而多彩，文明因互鉴而丰富，文明相处需要和而不同的精神。

3. 以积极融合促协力共进

中华传统文化可谓当代中国发展、社会主义现代化建设取之不尽的精神富矿，服务现代化发展的内容十分丰富。习近平总书记指出："中国优秀传统文化的丰富哲学思想、人文精神、教化思想、道德理念等，可以为人们认识和改造世界提供有益启迪，可以为治国理政提供有益启示，也可以为道德建设提供有益启发。对传统文化中适合于调理社会关系和鼓励人们向上向善的内容，我们要结合时代条件加以继承和发扬，赋予其新的含义。"在充分肯定其当代价值与现实意义的同时，我们必须看到，发挥中华传统文化对现代化发展的促进作用，并非拿来就用，也不是自发实现的，而需要有鉴别地加以对待、有扬弃地予以继承，需要有针对性地进行改造、有创新性地推进提升。

一方面，切实推动中华传统文化实现创造性转化、创新性发展。"创造性转化、创新性发展"是我们党对待中华传统文化的科学态度，是增强传统文化生命力和影响力的正确选择。我们要以马克思主义为指导，以创造与创新为途径，以转化与发展为动力，着力推进中华传统文化内涵意蕴与时代诉求相协调、表达方式与社会发展相适应。只有在创造性转化、创新性发展过程中，我们才能够深入传统文化内里，区别优劣得失，辨析精华糟粕，科学提炼精粹内容；才能找到适合时代要求的表达方式与表现形式，对具有现实价值的文化范畴和行为方式，予以必要改造并促其转型转化；才能把借鉴吸收与创新发展有机结合，做到弘扬传统而非食古不化，谨防唯传统至尊而作茧自缚；才能克服市场经济条件下的功利主义倾向，杜绝形式主义偏颇，使传统文化经合理再造与整体提升后，更有效地服务于经济社会发展和思想文化建设。

另一方面，促进中华传统文化与现代化积极融合、以求协力共进。社会主义现代化需要传统文化，但构成现代化文化基础和精神支撑的并非只有传统文化。在推进中华传统文化创造性转化与创新性发展过程中，我们要坚持马克思主义思想基础及其指导地位，传承弘扬革命文化，大力发展社会主义先进文化，使传统文化主动融入现代化大潮之中，自觉汇聚到现代化发展进程之中，达到与现代化的协力共进。在传统文化与现代化协力共进过程中，我们要注意处理好传统与现代、源流与本质、多元与主流、自主与互鉴等基本关系，从行稳致远并臻于至善的高标准出发，努力实现中华传统文化与现代化的深度联结。

从历史深处走来并历经沧桑巨变的中华传统文化，正在以助力与服务现代化为使命，以促进现代化发展为价值彰显，其服务内容的广泛性、服务方式的多样性、服务形态的丰富性、服务成效的实在性，已然清晰呈现并愈趋显著。立足当前、着眼未来，脚踏实地并登高望远，传统文化与现代化的内在联结与渗透融汇必将上升到一个更高层面，传统文化与现代化的协力共进与发展提升必将发展到一种崭新境界，携手为开启全面建设社会主义现代化国家新征程作出新努力和新贡献。

（资料来源：《光明日报》2021年3月24日第11版）

？问题探讨

问： 如何推动中国优秀传统文化和社会主义核心价值观的融合？

答： 中华优秀传统文化是涵养社会主义核心价值观的重要源泉，是中华民族的精神命脉。要深入挖掘和阐发中华优秀传统文化讲仁爱、重民本、守诚信、崇正义、尚和合、求大同的时代价值，使中华优秀传统文化成为涵养社会主义核心价值观的重要源泉。注重对青年大学生进行中国优秀传统文化教育，从中国优秀传统文化中弘扬正能量，激发青年大学生在新时代勤学修德明辨笃实。

做胸怀"清澈的爱"的新时代青年

2021年2月19日，《解放军报》刊发长篇通讯《英雄屹立喀喇昆仑》引发强烈反响。中央军委表彰了中印边境冲突中涌现的戍边英雄，授予祁发宝"卫国戍边英雄团长"荣誉称号，追授陈红军"卫国戍边英雄"荣誉称号，给陈祥榕、肖思远、王焯冉追记一等功。

四名牺牲的年轻战士中，陈祥榕19岁，王焯冉、肖思远24岁，陈红军营长33岁。陈祥榕曾在日记里写道："清澈的爱，只为中国。"正如70多年前《谁是最可爱的人》中所写："他们是世界上一切善良爱好和平人民的优秀之花！是我们值得骄傲的祖国之花！我们以我们的祖国有这样的英雄而骄傲，我们以生在这个英雄的国度而自豪！"历史的车轮在民族复兴的道路上滚滚前行，他们是这个时代最可爱的人，是青年的楷模和典范。

青年兴则国家兴，青年强则国家强。青年一代有理想、有本领、有担当，国家就有前途，民族就有希望。中国梦是历史的、现实的，也是未来的；是我们这一代的，更是青年一代的。中华民族伟大复兴的中国梦终将在一代代青年的接力奋斗中变为现实。一代人有一代人的担当，新时代的青年要胸怀对祖国的"清澈的爱"，并为之笃力前行，才能不辜负新时代赋予的使命。

"清澈的爱"，源自崇高的理想信念。理想信念是精神的力量，唯有理想信念，才能产生内源的、持续的动力，激励我们满怀激情、坚持不懈地去奋斗。正因为心怀民族独立和国家富强的崇高理想信念，青年们才走上街头，高举着"爱国、进步、民主、科学"的旗帜，开启了轰轰烈烈的"五四"运动；呐喊着"一寸山河一寸血，十万青年十万兵"，投身到救国图存的抗日战争中；默念着"到祖国最需要的地方去"，在一穷二白的基础上建设新中国。新时代的青年，生活在社会安定、物质充盈的环境，绝大多数人过着平凡的生活。但平凡并不意味着要浑浑噩噩、庸庸碌碌地虚度一生。正因为平凡，才更需要崇高的理想信念作支撑，为自己的人生赋予更深刻的意义。平凡的生命唯有融入时代的主旋律中，才能合奏出深沉而雄伟的历史乐章，实现非凡的价值。当今中国最崇高的理想信念，就是为实现中华民族伟大复兴的中国梦而努力奋斗。正如习近平总书记所说："中国梦是国家的梦、民族的梦，也是包括广大青年在内的每个中国人的梦。"这个伟大中国梦，无比迫切地需要新时代的青年找准自身定位，贡献个体力量，合力推动社会生产力发展与精神文明不断进步。

"清澈的爱"，蕴含着正确的价值观。如果说理想信念是青年人生道路的导航灯塔，指引着前进的方向，那么价值观就是人生道路的边界，规范着个人的行为。正确的价值观引导人向上、从善，错误的价值观使人误入歧途。改革开放后，我国经济迅速发展，社会思想文化活跃。随着互联网技术的进步，我国社会价值观呈现出多元化趋势，出现了"拜金主义""享乐主义""利己主义"等消极观念。目前我国改革进入深水区，社会矛盾、社会环境也愈加复杂，势必给青年的价值观带来影响。因此，新时代青年必须"扣好人生第一粒扣子"，以辩证、扬弃的方法论对待传统的和外来的各种思想，牢固树立新时代社会主义核心价值观，并努力践行，做到知行合一，才能不走错路、弯路、邪路。

"清澈的爱"，立足于不懈的努力奋斗。"清澈的爱，只为中国"不是口号，而在行动。新时代的青年人，不管从事的是什么工作，都要有正确的职业观。职业没有高低贵贱，勤劳是中华民族的传统美德。新时代青年要立足本职，将自我奋斗与为人民服务统一起来，要脚踏实地，有目标、有计划、有行动，既负重前行，又抬头看路。幸福都是奋斗出来的。唯有坚定目标，奋力前行，才能一步一步实现自我价值；唯有千千万万的新时代青年在各自的岗位上艰苦奋斗，实现小我，才能形成合力，实现中华民族伟大复兴的中国梦。

（资料来源：光明网－党建频道，2021 年 3 月 24 日）

❓ 问题探讨

问："清澈的爱"蕴含了哪些社会主义核心价值观？

答：赤胆忠诚，皆为祖国，以身许国，青春无悔，他们爱国；官兵一致，生死与共，宁洒热血，不失寸土，他们敬业；信守承诺，誓死卫国，恪守誓言，不辱使命，他们诚信。雪山巍巍，见证忠诚；征途漫漫，唯有奋斗。踏上全面建设社会主义现代化国家的新征程，我们要牢记初心使命，坚定必胜信念，发扬斗争精神，增强斗争本领，全面提高捍卫国家主权、安全、发展利益的战略能力，更好履行新时代人民军队使命任务，为实现中华民族伟大复兴提供坚强战略支撑。新时代青年要立足本职，将自我奋斗与为人民服务统一起来，要脚踏实地，有目标、有计划、有行动，既勇毅前行，又拍头看路。唯有坚定目标，奋力前行，才能实现自己的人生价值，实现中华民族伟大复兴的中国梦。

习题演练

一、单项选择题

1. 社会主义核心价值体系主要包括马克思主义指导思想、中国特色社会主义共同理想、以（　　　）为核心的民族精神和以（　　　）为核心的时代精神、社会主义荣辱观。

　A. 社会主义　与时俱进　　　　　B. 爱国主义　改革创新

　C. 爱国主义　团结奋斗　　　　　D. 艰苦奋斗　与时俱进

2. 价值是指在实践基础上形成的（　　　）和（　　　）之间的意义关系。

　A. 主体　客体　　　B. 人　事物　　　C. 人　人　　　D. 人　情感

3. 社会主义民主的本质是（　　　）。

　A. 人民当家作主　　　　　　　　B. 实现全体人民的共同富裕

　C. 坚持人民代表大会制度　　　　D. 坚持政治协商制度

4. 社会主义核心价值观是社会主义核心价值体系的（　　　）。

　A. 基本特征　　　B. 精神内核　　　C. 集中表达　　　D. 以上都是

5. （　　　）反映了人们对美好社会的期望和憧憬，是衡量现代社会是否充满活力又和谐有序的重要标志。

　A. 富强、民主、文明、和谐　　　B. 自由、平等、公正、法治

　C. 爱国、敬业、诚信、友善　　　D. 富强、和谐、自由、敬业

6. 习近平总书记指出："这就像穿衣服扣扣子一样，如果第一粒扣子扣错了，剩余的扣子都会扣错。人生的扣子从一开始就要扣好。"扣好第一粒扣子，强调（　　　）。

　A. 青年学习目标的确立　　　　　B. 青年价值观的养成

　C. 青年仪表的注重　　　　　　　D. 青年兴趣爱好的培养

7. 社会主义核心价值观倡导的（　　　），是人与人、人与社会、人与自然以及人的自我身心的有机统一。

　A. 和谐　　　　　B. 民主　　　　　C. 平等　　　　　D. 自由

8. 中国特色社会主义的成功也验证了社会主义核心价值观的正确性、可信性，使得社会主义核心价值观可以而且能够成为真切、具体、广泛的现实。这体现了

社会主义核心价值观的（　　　）。

  A.事实基础　　　　　　　　　　B.时代基础

  C.道义力量　　　　　　　　　　D.历史基础

9.（　　　）是维系良好人际关系和社会关系的基本价值准则。

  A.爱国　　　　B.敬业　　　　C.友善　　　　D.诚信

10."空谈误国，实干兴邦"和"天下难事，必作于易；天下大事，必作于细"都体现了（　　　）的重要性。

  A.勤学　　　　B.修德　　　　C.明辨　　　　D.笃实

11.（　　　）是一定社会形态社会性质的集中体现，在一个社会的思想观念体系中处于主导地位，体现着社会制度的阶级属性、社会运行的基本原则和社会发展的基本方向。

  A.人生观　　　　　　　　　　　B.法治素养

  C.核心价值观　　　　　　　　　D.思想道德素质

12.（　　　）是文化软实力的灵魂、文化软实力建设的重点，是决定文化性质和方向的最深层次要素。

  A.先进文化　　　B.核心价值观　　　C.民族精神　　　D.开拓创新

13.社会主义核心价值观中，体现公民层面价值要求的是（　　　）。

  A.富强、民主、文明、和谐　　　B.自由、平等、公正、法治

  C.爱国、敬业、诚信、友善　　　D.社会主义荣辱观

14.（　　　）是涵养社会主义核心价值观的重要源泉，是中华民族的精神命脉。

  A.中华优秀传统文化　　　　　　B.中国特色社会主义建设实践

  C.社会主义核心价值体系　　　　D.坚定价值观自信

15.建设社会主义核心价值体系，培育和践行社会主义核心价值观都应把（　　　）共同理想作为共同的主题。

  A.中国特色社会主义　　　　　　B.爱国主义

  C.马克思主义　　　　　　　　　D.社会主义

16.下列选项中，不属于培育和践行社会主义核心价值观意义的是（　　　）。

  A.继承中华优秀传统文化的精神命脉

  B.提高国家文化软实力的迫切要求

  C.推进社会团结奋进的"最大公约数"

  D.坚持和发展中国特色社会主义的价值遵循

17.事实上，西方国家所谓的"普世价值"并非指人类道德评价、审美评价的普遍性或共性，而是特指（　　　）。

  A.资本主义价值观　　　　　　　B.民主和自由

  C.美国优先　　　　　　　　　　D.金钱至上

18.韦编三绝、悬梁刺股、凿壁偷光、囊萤映雪等故事说明了我们要（　　　）。

A.修德　　　　　　B.笃实　　　　　　C.勤学　　　　　　D.明辨

19.于实处用力，从（　　　）上下功夫，核心价值观才能内化为人们的精神追求，外化为人们的自觉行动。

A.坐而论道　　　　B.勤于学习　　　　C.知行合一　　　　D.崇德修身

20.做人做事第一位的是（　　　）。

A.勤于学习　　　　B.崇德修身　　　　C.明辨是非　　　　D.脚踏实地

二、多项选择题

1.社会主义核心价值观体现了社会主义的本质要求，是对我们要（　　　）等重大问题的深刻解答。

A.建设什么样的国家　　　　　　　B.建设什么样的社会

C.培养什么样的公民　　　　　　　D.坚持什么样的道路

2.推进社会主义核心价值观与社会主义核心价值体系建设，就是要弘扬共同理想、凝聚精神力量、引领道德风尚，形成全民族（　　　）的精神纽带，使我们的国家、民族、人民在思想上和精神上强起来，更好地坚持中国道路、弘扬中国精神、凝聚中国力量。

A.团结向上　　　B.奋发向上　　　C.团结和睦　　　D.和睦融洽

3.下列选项中属于价值观的作用的有（　　　）。

A.价值观反映着特定的时代精神　　B.价值观体现着鲜明的民族特色

C.价值观蕴含着特定的阶级立场　　D.价值观统一着人民的言行举止

4."一种价值观要真正发挥作用，必须融入社会生活，让人们在实践中感知它、领悟它。"大学生要切实做到（　　　），使社会主义核心价值观成为一言一行的基本遵循。

A.勤学　　　　　　B.修德　　　　　　C.明辨　　　　　　D.笃实

5.社会主义核心价值观的（　　　）使其具有更高的道义力量。

A.先进性　　　　　B.人民性　　　　　C.真实性　　　　　D.阶级性

6.社会主义核心价值观倡导的民主是丰富的民主，不仅有选举民主，还有协商民主、基层民主，保证人民依法实行（　　　）。

A.民主选举　　　B.民主决策　　　C.民主管理　　　D.民主监督

7.社会主义核心价值观倡导的法治，不是片面强调司法独立、推行三权分立，更不是对资本主义法治理念的照抄照搬，而是立足中国的社会现实和文化传统，坚持（　　　）的有机统一。

A.党的领导　　　　　　　　　　　B.人民当家作主

C.依法治国　　　　　　　　　　　D.以德治国

8.坚定社会主义核心价值观自信，要求我们（　　）。

A.自觉以社会主义核心价值观为引领

B.运用马克思主义客观辩证地分析各种错误价值观的实质

C.不断增强社会凝聚力和价值共识

D.参照西方发达国家的模式，接受他人颐指气使的说教

9.社会主义核心价值观（　　）为我们坚定核心价值观自信提供了充分的理由。

A.反映人类社会发展进步的价值理念

B.强大的理论自信

C.人民至上的价值立场

D.因真实可信而具有的强大的道义力量

10.社会主义核心价值观倡导的敬业，要求人们（　　）。

A.尊重劳动　　　　B.尊重知识　　　　C.尊重人才　　　　D.尊重创造

三、简答题

1.为什么说社会主义核心价值观是当代中国发展进步的精神指引？

2.为什么说培育和践行社会主义核心价值观是提高国家文化软实力的迫切要求？

3.请简述西方"普世价值"的实质。

4.如何理解"勤学修德明辨笃实"这八个字对于培育和践行社会主义核心价值观的重要意义？

四、材料分析题

习近平总书记在北京大学师生座谈会上指出："我为什么要对青年讲讲社会主义核心价值观这个问题？是因为青年的价值取向决定了未来整个社会的价值取向，而青年又处在价值观形成和确立的时期，抓好这一时期的价值观养成十分重要。这就像穿衣服扣扣子一样，如果第一粒扣子扣错了，剩余的扣子都会扣错。人生的扣子从一开始就要扣好。"核心价值观的养成绝非一日之功，要坚持由易到难、由近及远，努力把核心价值观的要求变成日常的行为准则，进而形成自觉奉行的信念理念。广大青年树立和培育社会主义核心价值观，要在勤学、修德、明辨、笃实上下功夫，下得苦功夫、求得真学问，加强道德修养、注重道德实践，善于明辨是非、善于决断选择，扎扎实实干事、踏踏实实做人，立志报效祖国、服务人民，于实处用力，从知行合一上下功夫。

1.党的十八大提出的社会主义核心价值观的基本内容是什么？

2.结合材料的"勤学、修德、明辨、笃实"，说说大学生应该如何培育社会主义核心价值观。

实践篇

实践项目一 诵读经典——《中华传统文化经典百篇》

⚙ 实践目标

针对青年学生传统文化基础薄弱，国学知识掌握甚少，在课堂教学中增加经典传统文化教育内容，帮助学生每天学习、诵读《中华传统文化经典百篇》。通过丰富多彩的教学形式，引导学生尊国学、爱国学、学国学、用国学，体味中华文化的博大精深，补传统文化基础薄弱之短板，丰厚文化底蕴，开阔文化视野，提高人文素养，充实精神世界，增强责任意识，展示青春风采。

📖 实践方案

一、活动安排

参加班级	本学期任课班级
活动时间	提前 1 个月准备，现场演示 4 节课
活动地点	教室
主持学生	以宿舍为单位，所有同学参与，各组推选 1 位负责人；现场演示；主持 2 名，摄像 1 名，打分 7 名，计分 2 名
主持教师	指导、督导、组织、管理、点拨、点评

二、活动步骤

1. 推荐书目。《弟子规》《三字经》《百家姓》《千字文》《孝经》《诗经》《论语》《诫子书》《孟子》《大学》《中庸》《道德经》《少年中国说》等国学经典。

2. 活动布置。

（1）背诵：《弟子规》《三字经》《诫子书》。

（2）抄写：统一用 300 字稿纸，用繁体字、多种字体抄写《道德经》全文。

（3）活动：班级共同诵读《少年中国说》；以宿舍为学习小组，自行设计并展示学习成果（如集体诵读、角色扮演、情景模拟等；与其他宿舍对垒的上下连句、填空组词、看图说成语等）。

（4）践行：为家人、为社会做有意义的事。

3.班级分享。提前在教室宣传栏展示抄写的经典作品。学生主持、摄影、摄像、打分、计分，教师指导管理。

（1）班级诵读。全班同学诵读《少年中国说》。

（2）小组 PK。小组同学采用抽签方式背诵《三字经》《弟子规》《诫子书》指定片段。进行才艺展示（角色扮演、情景模拟等），以抽签方式确定 PK 对手，进行上下连句、填空组词、看图说成语等趣味比赛。

（3）个人陈述。个人介绍自己为家人、为社会做的有意义的事情。

4.学生打分。根据班级人数，现场指定学生评委，明确评分规则，现场打分、公布分数，选出最佳节目、最佳宿舍、最佳个人。

5.点评与反馈。同学互评，教师点评，现场反馈。

📋 参考资料

一、评分标准

评分组成		评分标准	分值	得分
书面作业	抄写《道德经》	繁体字，字迹工整漂亮，篇目完整	20分	
现场展示	集体背诵	整齐有序，声音洪亮	5分	
	上下连句	内容熟练，无差错	5分	
	填空组词	衔接紧密，自然流畅	5分	
	看图说成语	应答准确	5分	
	角色扮演 情景模拟 琴棋书画 歌舞、武术等	服装、神态、语气、情景设计等才艺的表现力强	20分	
实践作业	为老人尽孝	为家庭做有意义的事情	20分	
	为社会服务	慈善义工、志愿者服务	20分	
总分			100分	

二、《中华传统文化经典百篇》（目录）

《尚书》：《皋陶谟》《洪范》《无逸》

《周易》：《乾卦》《坤卦》

《诗经》：《关雎》《鹿鸣》《文王》《清庙》

《左传》：《子产不毁乡校》《子产论政宽猛》

《国语》:《召公谏厉王弭谤》

《管子》:《牧民》

《老子》九章

《论语》二十六章

《孙子》:《计篇》《势篇》

《墨子》:《兼爱》《非攻》

《孟子》:《齐桓晋文之事》《天时不如地利》《民为贵》

《庄子》:《逍遥游》《秋水》

《商君书》:《更法》

《荀子》:《劝学》《天论》

《韩非子》:《五蠹》

《孝经》四章

《公羊传》:《邲之战》

《礼记》:《礼运》《中庸》《大学》

《吕氏春秋》:《察今》

《黄帝内经》:《上古天真论》

《战国策》:《邹忌讽齐王纳谏》《触龙说赵太后》

《离骚》〔战国〕屈原

《谏逐客书》〔秦〕李斯

《过秦论》〔西汉〕贾谊

《论贵粟疏》〔西汉〕晁错

《举贤良对策》〔西汉〕董仲舒

《越王勾践世家》〔西汉〕司马迁

《廉颇蔺相如列传》〔西汉〕司马迁

《史记·货殖列传序》〔西汉〕司马迁

《报任少卿书》〔西汉〕司马迁

《汉书·艺文志序》〔东汉〕班固

《苏武传》〔东汉〕班固

《张骞传》〔东汉〕班固

《论衡·自纪篇》〔东汉〕王充

《说文解字叙》〔东汉〕许慎

《刺世疾邪赋》〔东汉〕赵壹

《典论·论文》〔三国·魏〕曹丕

《周易略例·明象》〔三国·魏〕王弼

《出师表》〔三国·蜀〕诸葛亮

《庄子注序》〔西晋〕郭象

《崇有论》〔西晋〕裴頠

《桃花源记》〔东晋〕陶渊明

《北山移文》〔南朝·齐〕孔稚珪

《齐民要术序》〔北朝·魏〕贾思勰

《涉务》〔北朝·齐〕颜之推

《鉴识》〔唐〕刘知几

《贞观政要》〔唐〕吴兢：《君道》《择官》《慎终》

《奉天请罢琼林大盈二库状》〔唐〕陆贽

《原毁》〔唐〕韩愈

《师说》〔唐〕韩愈

《捕蛇者说》〔唐〕柳宗元

《种树郭橐驼传》〔唐〕柳宗元

《阿房宫赋》〔唐〕杜牧

《僧玄奘传》〔五代·后晋〕刘昫等

《待漏院记》〔北宋〕王禹偁

《岳阳楼记》〔北宋〕范仲淹

《六国论》〔北宋〕苏洵

《朋党论》〔北宋〕欧阳修

《五代史·伶官传序》〔北宋〕欧阳修

《爱莲说》〔北宋〕周敦颐

《谏院题名记》〔北宋〕司马光

《西铭》〔北宋〕张载

《答司马谏议书》〔北宋〕王安石

《游褒禅山记》〔北宋〕王安石

《赤壁赋》〔北宋〕苏轼

《潮州韩文公庙碑》〔北宋〕苏轼

《中庸章句序》〔南宋〕朱熹

《指南录后序》〔南宋〕文天祥

《正气歌序》〔南宋〕文天祥

《学政说》〔金〕元好问

《吏道》〔元〕邓牧

《送东阳马生序》〔明〕宋濂

《答顾东桥书》〔明〕王守仁

《报刘一丈书》〔明〕宗臣

《五人墓碑记》〔明〕张溥

《狱中上母书》〔明〕夏完淳

《几何原本序》〔明〕徐光启

《海瑞传》〔清〕张廷玉等

《郑和传》〔清〕张廷玉等

《原君》〔清〕黄宗羲

《日知录》〔清〕顾炎武:《正始》《廉耻》

《读通鉴论·叙论》〔清〕王夫之

《狱中杂记》〔清〕方苞

《哀盐船文》〔清〕汪中

《原学》〔清〕章学诚

《畴人传序》〔清〕阮元

《病梅馆记》〔清〕龚自珍

《海国图志原叙》〔清〕魏源

《养晦堂记》〔清〕曾国藩

《译〈天演论〉自序》〔近代〕严复

《原强》〔近代〕严复

《少年中国说》〔近代〕梁启超

实践项目二　　视频制作——《我们的价值观》

实践目标

加强历史和新时代对接的教育。在党的十九大报告中,习近平总书记指出,我们正处于新时代的大环境下。在这个大背景下,不仅要回顾历史、展望未来,还要对时代的发展和对接有客观的认识。新时代的大学生要体会到时代的"新",还要感受到新时代最需要的是什么。核心价值观建设必须与时代接轨,在新时代中依旧起到重要作用。大学生在现代新媒体态势下,要学会运用新媒体传播手段,利用新媒体传播核心价值观,培育价值观自信。高校思想政治理论课是核心价值观传播的主要阵地,将微视频大赛搬进课堂,不仅可以创新思政课教学方式,还可以更新大学生对于思政课的认识,同时可以唤醒大学生对于核心价值观的感悟,提升自己的学习技能。

实践方案

由任课教师组织开展社会主义核心价值观理想信念微视频大赛活动。具体安排如下：

1. 参赛对象。全班学生，5～6人为一组，按组提交作品。

2. 参赛作品要求。

（1）作品名称自定，参赛题材需特别注明类别：国家价值观层面类、社会价值观层面类、个人价值观层面类、理想类、信念类，共五大系列题材。

（2）作品体裁和风格不限，要突出大学生的独特视角，要贴近生活实际。

（3）作品要求思想健康、积极向上，内容完整，有开始、高潮和结尾，有一定的深度内涵。

（4）影片时长5～10分钟。参赛作品片头字幕必须注明参赛作品名称，片尾字幕注明参赛组人员的院系、专业、班级、姓名及任职。

（5）声音须配完整的中文字幕。

（6）拍摄工具不限，画面要清晰。

3. 参赛方式及比赛时间安排策划。

（1）作品提交时间：剧本提交截止日期、作品提交截止日期由任课教师灵活安排。

（2）参赛方式：以小纸条为单位报名。

4. 评分标准（满分10分）。

（1）主题明确、内容健康、思想进步（0～3分）。

（2）情节完整、衔接得当（0～2分）。

（3）作品需具有创意，道具有个性（0～2分）。

（4）画面清晰、制作精良（0～2分）。

（5）时间长短合理，5～10分钟（0～1分）。

5. 奖项设置。比赛设立一等奖1名，二等奖2名，三等奖3名，优秀奖4名。分别颁发奖状。

✂ 实践项目三　　志愿服务——义务支教

⚙ 实践目标

通过参与支教，了解社情民情，加深对建设教育强国、加强基础教育的重大意义的认识，更加明确地体会到是社会主义祖国为大学生提供了良好的受教育机会，作为有知识、有能力的大学生应该感恩祖国和人民，明确责任，自觉担当；加强大学生服务社会、服务群众的自觉意识，在实践中提高为人民服务的本领，在支教过程中更深刻地理解、践行和弘扬社会主义核心价值观。

📦 **实践方案**

一、内容及方式

单位	时间	地点	内容	成果
支教团队	暑期	高校结对帮扶乡村小学等	1.开展爱国故事会、敬老我先行、班级一家亲等少先队主题活动 2.组织课业辅导、知识探索、科学实验、艺术实践、体育活动等 3.进行家访活动 4.捐赠书籍、文具、体育器材等 5.结对帮扶	调研报告、图文汇编、视频记录、发展建议等
支教小组	平时课余时间	高校周边乡村小学	1.开展爱国故事会、敬老我先行、班级一家亲等少先队主题活动 2.组织课业辅导、知识探索、科学实验、艺术实践、体育活动等	活动总结、图文汇编、视频记录等

二、活动要求

1.组建实践小组。一般 5~8 人组成一组，选出组长，定好组名，收集小组成员电话、特长、健康等信息。

2.制订活动方案。根据实地了解，经过团队商议，确定活动时间、地点、内容、分工等，做好准备工作和安全预案。

3.开展支教活动。坚持践行和弘扬社会主义核心价值观，充分调动小学生参与活动的积极性，鼓励向真向善向美，确保实践活动安全，严守学校纪律，确保个人安全。

4.组织实践分享。围绕践行和弘扬社会主义核心价值观，小组汇报活动实施情况、实际效果、小组总结、个人心得等。

学思践悟

遵守道德规范

锤炼道德品格

第五章

　　美德好比宝石，它在朴素背景的衬托下反而更华丽。同样，一个打扮并不华贵，却端庄、严肃而有美德的人是令人肃然起敬的。

道德

导航篇

知识网络

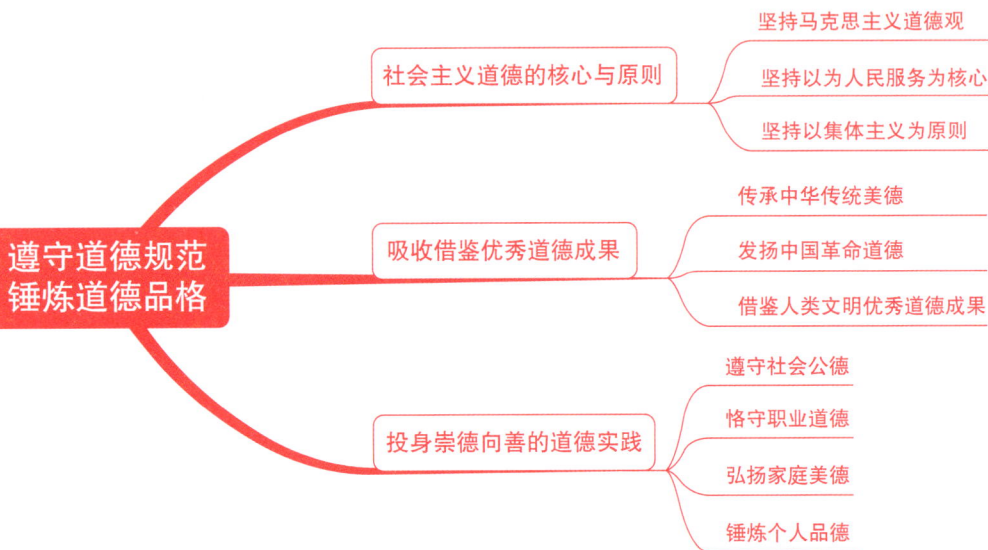

遵守道德规范
锤炼道德品格

- 社会主义道德的核心与原则
  - 坚持马克思主义道德观
  - 坚持以为人民服务为核心
  - 坚持以集体主义为原则
- 吸收借鉴优秀道德成果
  - 传承中华传统美德
  - 发扬中国革命道德
  - 借鉴人类文明优秀道德成果
- 投身崇德向善的道德实践
  - 遵守社会公德
  - 恪守职业道德
  - 弘扬家庭美德
  - 锤炼个人品德

学习指南

⊙ 学习目标

1. 深刻领悟马克思主义道德观，熟悉并掌握社会主义道德的核心与原则；认识当代社会主义道德是传承了中华传统美德，并进行了创造性转化和创新性发展，发扬了中国革命道德，借鉴和吸收了人类文明的优秀道德成果，有丰富的内涵；深刻理解社会主义道德的核心、原则，正确认识社会主义道德在社会公德、职业道德、家庭美德和个人品德等现实层面的基本要求，在崇德向善的实践中不断锤炼道德品格、提升道德境界。

2. 在学习道德的产生与本质、道德内容体系、原则和核心等理论的基础上，通过主题实践活动帮助大学生深刻认识道德在社会生活中的重要作用，进一步了解中国传统道德，自觉继承中华民族优良道德传统和人类道德文明的优秀成果，弘扬社会主义道德，恪守公民基本道德规范，努力提高道德修养的自觉性。同时通过学习社会生活领域的道德规范和法律规范，在实践中进一步体会道德对于个人生活及社会秩序的重要性，通过多种实践活动，培养加强道德修养和法律修养的自觉性，锤炼高尚品格，为解决走向社会、立业成家等人生重大课题打下良好基础。

⊙ 要点提示

1.道德的功能与作用。

2.弘扬社会主义道德，要坚持以为人民服务为核心，以集体主义为原则。

3.中华传统美德是社会主义道德的源头活水，要推进中华传统美德的创造性转化和创新性发展。

4.传承和发扬中国革命道德，是弘扬中华传统美德的应有之义。

5.践行社会公德、职业道德、家庭美德、个人品德，在崇德向善的道德实践中锤炼道德品质，引领道德风尚。

⊙ 学习思路

本章主要讲授一般意义上的道德以及社会主义道德教育的关键要素。推进大学生在道德修养、道德品质上的提升。重点分析公共生活、职业生活、婚姻家庭生活等重要道德领域的理论与规范性要求。包括中华传统美德、中国革命道德、社会主义道德等都是我们大力提倡的道德规范。当代大学生必须坚持以为人民服务为核心、以集体主义为原则，推进社会公德、职业道德、家庭美德、个人品德建设的全方位素养培育。道德建设的重点既在知识的学习，更在实践的落实，是一个长期的社会与个人互动的历史进程。

理论篇

要点解析

要点一：坚持马克思主义道德观

道德是一种特殊的社会意识形态，它是以善恶为评价方式，主要依靠社会舆论、传统习俗和内心信念来发挥作用的行为规范的总和。

1.道德的起源

在马克思主义产生之前，关于道德起源的观点，要么是主观唯心主义或客观唯心主义的注解，要么是旧唯物主义形而上学的分析，均无法正确揭示道德的起源。

马克思主义道德观认为，人类社会的实际情况是，"物质生活的生产方式制约着整个社会生活、政治生活和精神生活的过程"。因此，道德的起源问题，必须从这一实际出发来认识和把握。

（1）劳动是道德起源的首要前提。劳动创造了人和人类社会，是道德起源的第一个历史前提。

（2）社会关系是道德赖以产生的客观条件。随着社会分工的不断发展，个人利益、他人利益和社会利益的界限逐步明晰，要求规范、协调或制约利益冲突的意识更为强烈，由此促进了人类道德的不断进步和发展。可以说，道德正是适应社会关系尤其是利益关系调节的需要而产生的。

（3）人的自我意识是道德产生的主观条件。意识是道德产生的思想认识前提。人只有在社会实践中，意识到自我作为社会成员与其他动物的根本区别，意识到自我在社会中的角色与地位，意识到自我与他人或集体不同的利益关系，并由此产生调节利益矛盾的迫切要求时，道德才得以产生。

认知

道德，是由思想行为所表现的、有一定标准的社会、风俗、习惯。美德，美就是美的事物；德，古称之为得；合起来解释就是，美的事物可以吸引和得到社会中的一切。丑德不称其为德，所以，道德仅仅是一种表现形式，属于中性词。

道德是道和德的合成词，道是方向、方法、技术的总称；德是素养、品性、品质。道德双修是人生的哲学。道德是一种社会意识形态，是人们共同生活及其行为的准则与规范。道德往往代表着社会的正面价值取向，起判断行为正当与否的作用。

道德是指以善恶为标准，通过社会舆论、内心信念和传统习惯来评价人的行为，调整人与人之间以及个人与社会之间相互关系的行动规范的总和。道德作用的发挥有待于道德功能的全面实施。道德具有调节、认识、教育、导向等功能。与政治、法律、艺术等意识形式有密切的关系。中华传统文化中，形成了以仁义为基础的道德。

2. 道德的本质

（1）道德是反映社会经济关系的特殊意识形态。道德的产生、发展和变化，归根结底源于社会经济关系。其一，道德的性质和基本原则、规范反映了与之相应的社会经济关系的性质和内容；其二，道德随着社会经济关系的变化而变化；其三，道德作为一种社会意识，在阶级社会里总是反映着一定阶级的利益，因而不可避免地具有阶级性，同时，不同阶级之间的道德或多或少有一些共同之处，反映着道德的普遍性；其四，作为社会意识的道德一经产生，便有相对独立性。这种相对独立性既表现为道德的历史继承性，也表现为道德对社会发展具有能动的反作用。

（2）道德是社会利益关系的特殊调节方式。道德是一种调整人与人、人与社会、人与自然以及人与自身之间关系的特殊的行为规范。

（3）道德是一种实践精神。作为实践精神，道德是一种旨在通过把握世界的善恶现象而规范人们的行为并通过人们的实践活动体现出来的社会意识。

解析：人类社会初期的道德其实正是起源于实践中无意识的经验，而后逐步沉淀并成为处置人与人关系的习惯。当人的思维方式和实践形式，包括人群从离散到集合等形态有差异或者发生改变的时候，自然会形成不同的道德规范。

要点二：道德的功能与作用

1. 道德的功能

道德的功能，一般是指道德作为社会意识的特殊形式对于社会发展所具有的功效与作用。

（1）道德的认识功能是指道德反映社会关系特别是反映社会经济关系的功效与能力。

（2）道德的规范功能是指在正确善恶观的指引下，规范社会成员在社会公共领域、职业领域、家庭领域的行为，并规范个人品德的养成，引导并促进人们崇德向善。

（3）道德的调节功能是指道德通过评价等方式指导和纠正人们的行为和实践活动、协调社会关系和人际关系的功效与能力。

2. 道德的作用

道德的作用是指道德的认识、规范、调节、激励、导向、教育等功能的发挥和实现所产生的社会影响及实际效果。道德作为维系社会稳定、促进国家发展的重要因素，对巩固特定社会的经济基础和上层建筑具有不可替代的重要作用。同时，道德作为激励人们改造客观世界和主观世界的一种精神力量，也是提高人的精神境界、促进人的自我完善、推动人的全面发展的内在动力。

解析：总的来说，道德的功能和作用体现在两个方面：为人生确立标杆，除了提供善恶的评价，让人可以正确地认识、评价和完善自身之外，还承担着助人的功能和作用；为国家和民族汇集软实力和凝聚力，是国家尊严和民族价值的核心呈现。

要点三：社会主义道德的核心和原则

1. 社会主义道德的特征

社会主义和共产主义道德，是人类道德合乎规律发展的必然产物，是人类道德发展史上的一种崭新类型的道德，是对人类道德传统的批判与继承，并必然随着社会的进步和实践的发展而与时俱进。

与以往社会的道德形态相比，社会主义道德具有显著的先进性特征。首先，社会主义道德是社会主义经济基础的反映；其次，社会主义道德是对人类优秀道德资源的批判继承和创新发展；最后，社会主义道德克服了以往阶级社会道德的片面性和局限性，坚持以为人民服务为核心，坚持以集体主义为原则，展现出真实而强大的道义力量。

2. 坚持以为人民服务为核心

为什么人服务是道德的核心问题，决定并体现着道德建设的根本性质和发展方向，规定并制约着道德领域中的所有道德现象。为人民服务，不仅是坚持历史唯物主义的必然要求，是中国共产党践行的根本宗旨，也是社会主义道德观的集中体现，是全体中国人民共同遵循的道德要求。

（1）社会主义道德的本质要求。①为人民服务是社会主义经济基础和人际关系的客观要求；②为人民服务是社会主义市场经济健康发展的要求。

（2）先进性与广泛性的统一。为人民服务是先进性要求和广泛性要求的统一。

为人民服务作为社会主义道德的核心，是社会主义道德区别和优越于其他社会形态道德的显著标志。大学生践行为人民服务，就是要弘扬为人民服务的精神，尊重人、理解人、关心人，为人民、为社会多做好事、多作贡献。

3. 坚持以集体主义为原则

在我国，国家利益、社会整体利益和个人利益根本上的一致性，使得集体主义应当而且能够在全社会范围内贯彻实施。

（1）调节社会利益关系的基本原则。长期以来，集体主义已经成为调节国家利益、社会整体利益和个人利益关系的基本原则。①集体主义强调国家利益、社会整体利益和个人利益的辩证统一。在现实生活中，国家利益、社会整体利益和个人利益是相辅相成的，要力求做到共同发展、相互增益、相得益彰。②集体主义强调国家利益、社会整体利益高于个人利益。集体主义强调，在个人利益与国家利益、社会整体利益发生矛盾冲突，尤其是发生激烈冲突的时候，必须坚持国家利益、社会整体利益高于个人利益的原则，即个人应当以大局为重，使个人利益服从国家利益、社会整体利益，在必要时作出牺牲。③集体主义强调重视和保障个人的正当利益。集体主义促进和保障个人正当利益的实现，使个人的才能、价值得到充分的发挥。这不但与集体主义不矛盾，而且正是集体主义思想的应有之义。

（2）集体主义的层次性。根据我国现阶段经济社会生活和人们思想道德的实际，可将集体主义分为三个层次的道德要求。一是无私奉献、一心为公。这是集体主义的最高层次，是共产党员、先进分子应努力达到的道德目标；二是先公后私、先人后己，这是已经具有较高社会主义道德觉悟的人能够达到的要求；三是顾全大局、遵纪守法、热爱祖国、诚实劳动，这是对公民最基本的道德要求。

解析：我国是社会主义国家，人民群众是社会物质财富和精神财富的创造者，是社会变革的决定力量，以人民为中心，为人民服务，体现了马克思主义政党的政治立场和社会主义制度的核心价值。个人的力量是渺小的，集体主义的力量在我们遇到挑战时方能显示出来。例如，当全国遇到新冠肺炎疫情时，仅靠个人是无法战胜的，这时就需要全国上下齐心协力，共同战胜疫情，所以，当集体利益和个人利益发生矛盾时，要有先集体后个人的自觉意识和道德观念。

要点四：传承中华传统美德

1. 中华传统美德的基本精神

（1）重视整体利益，强调责任奉献。在中华传统道德的发展演化中，我们始终强调整体利益、国家利益和民族利益的重要性。

（2）推崇仁爱原则，注重以和为贵。在人际相处上，主张与人为善、推己及人，建立和谐友爱的人际关系；在民族关系上，主张各民族互相交融、和衷共济，建设团结和睦的大家庭；在对外关系上，倡导亲仁善邻、协和万邦，与世界其他民族在平等相待、互相尊重的基础上发展友好合作关系。

（3）注重人伦关系，重视道德义务。中华传统美德一个重要的特点，就是它非常重视每个人在人伦关系中的地位及其价值，强调每个人都必须根据规范的要求来尽自己应尽的义务。

（4）追求精神境界，向往理想人格。中华传统美德主张在物质生活基本满足的情况下应追求崇高的精神境界，把道德理想的实现看作人生诸种需要中最高层次的需要。

（5）强调道德修养，注重道德践履。在修身养性的过程中，最重要的就是要使社会的道德原则和规范转换为自身的思想品德和行为实践，通过切磋践履不断养成良好的道德习惯，形成完善的道德人格。

2. 中华传统美德的创造性转化和创新性发展

中华传统美德作为中国传统道德的精华部分，为今天的道德建设提供了丰富的资源，要在去粗取精、去伪存真的基础上坚持古为今用、推陈出新，不忘本来，辩证取舍，传承和弘扬中华传统美德。

（1）加强对中华传统美德的挖掘和阐发。弘扬中华传统美德，必须通过科学的分析和鉴别，把其中带有阶级和时代局限性的成分剔除出去，把其中具有当代价值的道德精神挖掘出来，思结传统美德中丰富的思想道德资源，对中华传统美德的德目、观点进行新的诠释和激活，结合现代生活赋予其新的时代内涵，努力推动中华传统美德的创造性转化和创新性发展。

（2）用中华传统美德滋养社会主义道德建设。要结合时代要求，按照是否有利于推动中国特色社会主义事业，是否有利于建设社会主义道德体系，是否有利于培育和践行社会主义核心价值观的标准，充分彰显其时代价值和永恒魅力，使之与现代文化、现实生活相融相通，成为全体人民精神生活、道德实践的鲜明标识。

解析：实现中华传统美德的创造性转化和创新性发展，要体现时代性（要与时俱进）、把握规律性（要尊重道德的发展规律）、富于创造性（要在传统的基础上加以创新创造）、重在实效性（要取其精华、去其糟粕）。

相关链接：

《岁月载德》

要点五：发扬中国革命道德

1. 中国革命道德的形成与发展

中国革命道德，是指中国共产党人、人民军队、一切先进分子和人民群众在中国革命、建设、改革中所形成的优秀道德，是马克思主义与中国革命、建设、改革的伟大实践相结合的产物，是中华民族极其宝贵的道德财富。中国革命道德萌芽于五四运动前后，发端于中国共产党成立以后蓬勃发展的伟大工人运动和农民运动，经过土地革命战争、抗日战争、解放战争和社会主义革命、建设、改革的长期发展，逐渐形成并不断发扬光大。

历史经验表明，革命传统特别是革命道德传统，是克服前进道路上一切困难的重要精神支柱，是战胜千难万险的重要力量源泉。

2. 中国革命道德的主要内容

（1）为实现社会主义和共产主义的理想信念而奋斗。坚持社会主义和共产主义理想信念的不屈不挠的精神，是革命道德的灵魂。无数革命先烈之所以能排除万难、坚持斗争、无私无畏、不怕牺牲，就是因为他们有坚定的社会主义和共产主义的理想信念。

（2）全心全意为人民服务。可以说，全心全意为人民服务作为贯穿中国革命道德始终的一根红线，是中国共产党在中国革命实践中的一个伟大创造，对中国的革命、建设、改革事业，产生了极其重大的推动作用。

（3）始终把革命利益放在首位。始终把革命利益放在首位，极大地激发了革命者为集体而献身的斗志，使革命队伍形成了前所未有的向心力和凝聚力，也使革命事业不断蓬勃向前发展。

（4）树立社会新风，建立新型人际关系。人们对中国革命道德的传扬，破除了等级观念和特权思想，破除了鄙视劳动和劳动人民的旧观念，树立了平等意识，保护了妇女、儿童和老人的合法权益，引导建立新型家庭关系和培育良好家风，对于提升人民群众的文明水准和道德风貌，树立社会新风尚，发挥了重要的作用。

（5）修身自律，保持节操。具体来说，就是要以中国革命事业为重，严于律己，谦虚谨慎；淡泊名利，清正廉洁；襟怀坦白，光明磊落；始终保持高风亮节，展现出高尚的人格力量。

3. 中国革命道德的当代价值

（1）有利于加强和巩固社会主义和共产主义的理想信念。弘扬中国革命道德，有利于树立和培养人民群众的社会主义和共产主义的理想信念，有利于坚持和发展中国特色社会主义道路。

（2）有利于培育和践行社会主义核心价值观。在新的历史条件下，继承和弘扬中国革命道德，对于帮助人们深刻理解社会主义核心价值观的科学内涵和历史底蕴，增强价值观认同，为中国特色社会主义事业提供攻坚克难的强大精神支撑，具有重要意义。

（3）有利于引导人们树立正确的道德观。在今天，发扬光大革命道德，能够引导人们正确对待个人利益和社会整体利益、国家利益的关系，能够帮助人们在深刻把握历史、认识社会、审视人生的基础上，以昂扬姿态开启全面建设社会主义现代化国家的新征程。

（4）有利于培育良好的社会道德风尚。解决道德领域出现的突出问题，要充分发挥革命道德的精神力量，培育良好的社会道德风尚，净化社会人际关系，抵制各种腐朽思想，树立浩然正气，凝聚崇德向善的正能量。

解析：中国革命道德继承了中国传统道德的精华，摒弃了传统道德的糟粕，是中国优良传统道德的延续和发展，是超越了中华传统美德时代局限而形成的一种崭新的道德。革命战争时期，革命先辈们用鲜血和生命换来革命的胜利，体现了崇高的革命道德；祖国建设和发展取得举世瞩目的成就，正是因为继承和发扬了革命先辈们的革命道德传统。历史经验表明，革命传统特别是革命道德传统，是克服前进道路上一切困难的重要精神支柱，是战胜千难万险的重要力量源泉。

要点六：遵守社会公德

社会公德作为社会公共生活中应当遵守的行为准则，在维护公共秩序方面具有重要的作用。大学生应当自觉培养公德意识，养成遵守社会公德的良好行为习惯。

1.公共生活与公共秩序

（1）公共生活。公共生活具有以下四个方面的特征：①活动范围的广泛性，公共生活的场所和领域不断扩展、空间不断扩大，特别是互联网技术使公共生活进一步扩展到网络空间；②活动内容的开放性，公共生活是由社会成员共同参与、共同创造的公共空间，它涉及的活动内容是开放的；③交往对象的复杂性，随着科学技术的迅猛发展，人们在公共生活中的交往对象不再局限于熟识的人，而是进入公共场所的任何人，这就增加了人际交往信息的不对称性和行为后果的不可预期性；④活动方式的多样性，当代社会的发展使人们的生活方式发生了新的变化，人们可以根据自身的需要及年龄、兴趣、职业、经济条件等因素，选择和变换参与公共生活的具体方式。

（2）公共秩序。公共秩序是由一定规范维系的人们公共生活的一种有序化状态，如工作秩序、教学秩序、交通秩序、娱乐秩序、网络秩序等。公共生活领域越扩大，对公共秩序的要求就越高。有序的公共生活是社会生产活动的重要基础，是提高社会成员生活质量的基本保障，更是社会文明的重要标志。

2.公共生活中的道德规范

公共生活中的道德规范，即社会公德，是指人们在社会交往和公共生活中应该遵守的行为准则，是维护公共利益、公共秩序、社会和谐稳定的起码的道德要求，涵盖了人与人、人与社会、人与自然之间的关系。

（1）文明礼貌。文明礼貌是调整和规范人际关系的行为准则，与日常生活密切相关，自觉讲文明、懂礼貌、守礼仪，可以塑造真诚待人的良好形象。

（2）助人为乐。助人为乐是把帮助他人视为自己应做之事，以力所能及的方式关心和关爱他人，并从中收获实现人生价值的快乐。

（3）爱护公物。对社会共同劳动成果的珍惜和爱护，是每个公民应该承担的责任和义务，既显示出个人的道德修养水平，也是社会文明水平的重要标志。

（4）保护环境。保护环境要求尊重自然、顺应自然、保护自热，像对待生命一样对待生态环境，为建设美丽中国作出自己应有的贡献。

（5）遵纪守法。遵纪守法是全体公民都必须遵循的基本行为准则，是维护公共生活秩序的重要条件，每个社会成员既要遵守国家颁布的有关法律、法规，也要遵守特定公共场所和单位的有关纪律规定。

3. 网络生活中的道德要求

网络生活中的道德要求，是人们在网络生活中为了维护正常的网络公共秩序需要共同遵守的基本道德准则，是社会公德在网络空间的运用和扩展。

（1）正确使用网络工具。大学生要提高信息获取能力，加强信息辨识能力，增进信息应用能力，使网络成为开阔视野、提高能力的重要工具。

（2）加强网络文明自律。网络行为主体的文明自律是网络空间道德建设的基础。首先，进行健康网络交往，大学生应通过网络开展健康有益的交往活动，重视个人信息安全，树立自我保护意识，避免给自己的人身和财产安全带来危害；其次，自觉避免沉迷网络；最后，加强网络道德自律，大学生应当在网络生活中培养自律精神，在缺少外在监督的网络空间里，做到自律而"不逾矩"，促进网络生活的健康与和谐。

（3）营造健康网络道德环境。大学生一方面要加强网络道德自律，自觉抵制网络欺诈、造谣、诽谤、谩骂、歧视、色情、低俗等内容，反对网络暴力行为，维护网络道德秩序；另一方面应当带头引导网络舆论，对模糊认识要及时廓清，对怨气怨言要及时化解，对错误看法要及时引导和纠正，促进网络空间日益清朗。

解析： 我们无论在现实生活还是网络中，都要有公德心，不受外界不良行为的影响，明辨是非，在保护好自己的同时，不伤害他人，并尽可能地帮助别人；爱护公物，保护自然；遵守秩序，遵纪守法，做一个有社会公德的时代新人。

要点七：恪守职业道德

1. 职业生活与劳动观念

职业是指人们由于社会分工所从事的具有专门业务和特定职责，并以此作为主要生活来源的社会活动。职业生活则是人们参与社会分工，用专业的技能和知识创造物质财富或精神财富，获取合理报酬，丰富社会物质生活或精神生活的生活方式。

人类是劳动创造的，社会是劳动创造的。劳动没有高低贵贱之分，任何一份职业都很光荣。正确的劳动观念是维系人们职业活动和职业生活的思想观念保障。

幸福源自奋斗，成功在于奉献，平凡孕育伟大。

2. 职业生活中的道德规范

（1）爱岗敬业。爱岗敬业体现的是从业者热爱工作岗位、对工作极端负责、敬重自己所从事职业的道德操守，是从业者对工作勤奋努力、恪尽职守的行为表现。

（2）诚实守信。诚实守信要求从业者在职业活动中诚实劳动、合法经营、信守承诺、讲求信誉，体现着从业者的道德操守和人格力量，也是在行业中扎根立足的基础。

（3）办事公道。办事公道要求从业人员做到公平、公正，不损公肥私，不以权谋私，不假公济私，无论对人对己都要出于公心，遵循道德和法律规范来处事待人。

（4）热情服务。热情服务要求每个人无论从事什么工作、能力如何，都应该在本职岗位上通过不同形式为群众服务，形成人人都是服务者、人人又都是服务对象的良好秩序与和谐状态。

（5）奉献社会。奉献社会要求从业人员在自己的工作岗位上兢兢业业地为社会和他人作贡献，是社会主义职业道德中最高层次的要求，体现了社会主义职业道德的最高目标指向。

榜样

　　一身浅灰色工装，一副黑色边框眼镜，一张文质彬彬的面孔，眉宇间满是专注……在位于河北省唐山市丰润区的中车唐山机车车辆有限公司铝合金厂的车间工作室内，全国道德模范、中国中车首席技能操作专家张雪松正忙着为其他工友进行培训指导。"干技术，就得不断尝试，就得不断研发新技术、新产品，不能让新产品淘汰我们，技术创新是没有止境的。"47岁的张雪松说。

　　工作28年来，技校毕业、钳工出身的张雪松完成技术革新109项，制作工装卡具66套，撰写工艺文件和操作指导书72项，改进进口工装设备技术缺陷20多项。在中国高速动车组研制生产中，张雪松和团队一起攻克了铝合金车体生产中的一系列技术难题，助力中国高铁占领世界技术"制高点"。

3. 树立正确的择业观和创业观

（1）树立崇高的职业理想。职业活动不仅是人们谋生的手段，也是人们奉献社会、完善自身的必要条件。大学生择业和创业时应追求崇高的职业理想。

（2）服从社会发展的需要。择业和创业固然要考虑个人的兴趣和意愿，同时也要充分考虑现实的可能性和社会的需要，把自己对职业的期望与社会的需要、现实的可能结合起来。

（3）做好充分的择业准备。大学生应认识到，有了真才实学，才能在未来适应多种岗位，任何一名劳动者，无论从事的劳动技术含量如何，只要兢兢业业、精益求精，就一定能够造就闪光的人生。

（4）培养创业的勇气和能力。大学生不仅要树立正确的择业观，还应当树立正确的创业观，要有积极创业的思想准备，积极关注经济社会发展的趋势，了解国家鼓励大学生自主创业的有关政策，为今后自主创业打下良好的基础。

解析：大学的下一站将直接面临职场生活，所以，提前做好思想和工作准备，对于以后在职场立足和发展有非常重要的意义。在职场中，职业技能是一方面，另一个重要的方面就是职业道德，再有能力的员工，如果没有良好的职业道德，也是无法立足的。因此，大学生在学习过程中，一定要做好充足准备，培养自己良好的职业道德，到职场上做一名爱岗敬业、能力突出、乐于奉献的优秀员工。

要点八：弘扬家庭美德

1. 注重家庭、家教、家风

（1）注重家庭。家庭和睦则社会安定，家庭幸福则社会祥和，家庭文明则社会文明。

（2）注重家教。注重家教应该把美好的道德观念从小就传递给孩子，引导他们有做人的气节和骨气，帮助他们形成美好心灵，促使他们健康成长。

（3）注重家风。家风是指一个家庭或家族世代相传的风尚、作风，即一个家庭当中的风气。大学生要继承和弘扬优良家风，促进家庭和谐。

2. 恋爱、婚姻家庭中的道德规范

（1）恋爱中的道德规范。①尊重人格平等，恋爱双方在相互关系上是平等的，都有给予爱、接受爱和拒绝爱的自由；②自觉承担责任，自愿地为对方承担责任，是爱情本质的体现；③文明相亲相爱，恋人出入公共场所，要遵守社会公德，不要对他人生活和公共生活造成不良影响。

（2）婚姻家庭中的道德规范。①尊老爱幼，子女要孝敬、赡养父母及长辈，父母要抚育、爱护子女，这不仅是每个公民必须遵守的道德准则，也是应尽的社会责任和法律义务；②男女平等，家庭生活中的男女平等既表现为夫妻权利和义务上的平等、人格地位上的平等，又表现为平等地对待自己的子女；③夫妻和睦，夫妻和睦是在男女平等基础上的互敬互爱、互助互让；④勤俭持家，勤俭是家庭兴旺的保证，也是社会富足的保证，勤俭持家既要勤劳致富，也要量入为出；⑤邻里互助，邻里互助重要的是相互尊重，尊重对方的人格、民族习惯、生活方式、兴趣爱好等，做到互谅互让、互帮互助，宽以待人，团结友爱。

3. 树立正确的恋爱观与婚姻观

（1）不能误把友谊当爱情。异性之间要理智地把握好友谊与爱情的界限。

（2）不能错置爱情的地位。大学生要将主要精力用在学习上。

（3）不能片面或功利化地对待恋爱。

（4）不能只重过程不顾后果。责任是爱情得以长久的重要保障，是坚贞爱情的试金石。

（5）不能因失恋而迷失人生方向。大学生应该正确对待失恋，做到失恋不失志，失恋不失德，不影响学业和生活，不丧失对爱的信念和追求。

树立正确的恋爱观，大学生还要处理好这样几种关系：一是恋爱与学习的关系；二是恋爱与关心集体的关系；三是恋爱与关爱他人和社会的关系。

婚姻不仅代表两情相悦，更代表责任和义务，因而一旦结婚成家，就要及时调整和转换角色，承担起相应的责任和义务。由于大学生在校生活期间基本上还是一个消费者，大量的家庭开支难免要从大家庭获得，结婚成家的大学生还要合理筹划，量力而行，勤俭节约，尽量不给父母增加过多的负担，也不能因此影响自己的学业。

解析： 大学是学习知识的关键时期，在恋爱的同时应注意不要影响学习，否则后悔终生。在爱情中遇到挫折，要理性对待，不要过分悲伤，更不要萎靡不振，要认识到此时更重要的是什么。同时，恋爱双方要有责任担当，要建立正确的恋爱观。更应该明白婚姻的意义及责任，不要头脑发热仓促结婚，以致酿成严重后果。可以学习马克思、周恩来等人的恋爱观，以树立正确的恋爱观、婚姻观，养成积极良好的家庭美德。

要点九：锤炼个人品德

1. 涵养高尚道德品格

个人品德是通过社会道德教育和个人自觉的道德修养所形成的稳定的心理状态和行为习惯。它是个体对某种道德要求认同和践履的结果，集中体现了道德认知、道德情感、道德意志、道德信念和道德行为的内在统一。

（1）形成正确的道德认知和道德判断。形成正确的道德认知和道德判断，最根本的就是要坚持以唯物史观的基本原理来看待道德。

（2）激发正向的道德认同和道德情感。具体而言就是要自觉涵育对家庭成员的亲亲之情，对他人、集体的关心关爱，增强社会责任感、国家认同感、民族归属感、时代使命感，在与祖国同呼吸、与民族同步伐、与人民心连心的高尚情怀中，陶冶道德情操。

（3）强化坚定的道德意志和道德信念。大学生需要明白"从善如登、从恶如崩"的深刻道理，磨炼道德意志，坚定道德信念，在砥砺中前行，在拼搏中进取，并做到持之以恒、久久为功，从而成就高尚的道德品格。

2. 道德修养重在践行

（1）掌握道德修养的正确方法。加强道德修养，提升个人品德，应借鉴历史上思想家们所提出的学思并重、省察克治、慎独自律、知行合一、积善成德等各种积极有效的方法，并结合当今社会发展的需要身体力行，不断提高自己的道德素质和精神境界。

（2）向道德模范学习。大学生应积极向道德模范学习，见贤思齐、崇德向善，争做崇高道德的践行者、文明风尚的维护者、美好生活的创造者。

（3）参与志愿服务活动。新时代的大学生应结合自身的能力、专业、特长，在最需要的地方提供优质高效的服务，为最需要关爱的群体送温暖、献爱心，并在志愿服务中长知识、强本领、增才干。

3. 积极引领社会风尚

大学生投身崇德向善的道德实践，要弘扬真善美、贬斥假恶丑，做社会主义道德的示范者和引领者，促成知荣辱、讲正气、作奉献、促和谐的社会风尚。

（1）知荣辱。大学生应知荣辱、辨善恶、明是非、鉴美丑，产生正确的价值激励，助推全社会形成知荣明辱的良好道德风尚。

（2）讲正气。大学生在日常生活中要洁身自好、严于律己，自觉远离低级趣味；积极维护社会公共秩序，抵制歪风邪气，敢于伸张正义、见义勇为，坚决同践踏社会道德风尚的一切行为作斗争。

（3）作奉献。大学生要在奉献社会中积极发光发热，使我们的社会更加美好和谐。

（4）促和谐。大学生要用和谐的态度对待人生实践，使崇尚和谐、维护和谐内化为自己的思想意识和行为习惯，推动人与人之间、人与社会之间融洽相处，实现人与自然之间友好共生。

解析： 大学时期是个人品德形成的关键期，大学生要明确个人品德对自身以及社会的重要性，要自觉加强个人品德修养，正确认识和评价自我，积极主动进行自我教育、自我约束、自我激励；还可以借鉴历史上思想家们所提出的各种积极有效的道德修养方法，结合当今社会发展的需要和当代人道德修养的实践经验，采取一些行之有效的方法来进行道德修养。

热点解读

热点一：绝不放任历史虚无主义对英烈的诋毁

热点事件

2019年10月，革命英烈方志敏长孙方华清反映称，通过某手机客户端查阅新闻时意外发现，在手机客户端首页搜索栏输入相应关键词，可以检索到大量污名化革命烈士方志敏的文章。

方华清说："我以为2018年5月1日国家出台《英雄烈士保护法》以后，各个公共信息平台都会自觉地监督和维护好英雄烈士的名誉、形象，但是通过这次我发现，该手机客户端还能允许在他们自己的平台上检索到污名化革命烈士的文章，这是什么居心？这让我认识到是我把事情想简单了。这是一场旷日持久的战斗，这是正义和邪恶的斗争。无论是作为党员还是北测烈人，从都随战下到底，针对这种污名化革命英烈的行为，我将运用法律手段，誓死捍卫英烈名誉。"

热点解读

一段时间以来，鼓吹历史虚无主义、诋毁英烈形象的错误思潮和丑恶行径时有出现，在社会上产生了恶劣影响，引起各界普遍反对和谴责。从目前来看，鼓吹历史虚无主义、诋毁英烈形象的手法主要有：以"探寻、还原真相"为名，质疑英烈牺牲、奉献行为的真实性。这种手法或是无视英烈勇为的特定情境，利用所谓"科学"推论英烈行为的"虚假"，或是以"发现"新的史料为由颠覆已有结论。直接诋毁英烈的人格、品德，贬损英烈形象。以调侃、戏谑的方式评说英烈所历经的痛苦与艰辛、所表现的真诚与执着。在文学影视作品中，通过故事情节的安排、对英烈命运的讲述，要么以"张扬人性"的名义塞给英烈"风花雪月"，要么隐喻英烈或者学习英烈的人"受到愚弄"。

这些手法显示出以下特点：其一，进入大众日常生活空间，特别是网络空间。诋毁英烈的观点大多是在网络中发酵。其二，贴合大众日常消遣娱乐、获取信息、表达思想的习惯，把微博、微信、视频音频、表情包、段子等作为表达、传播的工具。其三，不断设置话题，保持诋毁英烈的热度，吸引大众关注、参与。这种向日常生活的转向，使历史虚无主义在诋毁英烈的过程中具有更多的迷惑性，试图在进一步打造"远离崇高""质疑主流""消费历史"的社会心理，造成"历史可以任性评说""好人不好、坏人不坏"的历史认知中制造出所谓的"民情民意"。

历史虚无主义对英烈形象的诋毁，主要包含以下现实意图。

否定党史国史军史。英烈大多来自普通百姓，他们的人生与我们党带领人民追求民族独立、人民解放，国家富强、人民幸福的伟大历程联系在一起，他们的思想情感反映了一定历史条件下人民群众的意志和期盼，他们的事迹承载着深刻的民族历史记忆，是党史国史军史的重要组成部分。因此，否定英烈的事迹，诋毁英烈的形象，也就是在通过摧毁个体的真实性而达到对党史国史军史整体虚无的目的。

消解崇高精神和优秀品德。英雄无论是在革命战争时期冲锋陷阵、蹈死不顾，还是在和平建设时期勤奋工作、无私奉献，都是因为有对美好社会的坚定信念、有对民族复兴的责任担当、有对国家和人民的大爱。他们用忠诚、气节、坚韧、无私、勇敢等诠释着对国与家、义与利、人与己的理解，展现了高尚的价值追求，构筑起时代的精神高地，能够带给人们以力量和希望。诋毁英烈者以阴暗、恶毒、自私的心胸度量英烈的境界，以狭隘、谬妄、无稽的观点解释英烈的壮举，抽空英烈内涵的精神价值，矮化、丑化、污名化英烈形象，就使英烈所彰显的理想信念、家国情怀和优秀品德丧失了本体依托。

表达特定政治诉求。长期以来，中国共产党一贯坚持崇尚英烈、捍卫英烈、学习英烈、关爱英烈家属，把英烈当作中华民族最闪亮的坐标，用英烈的事迹和精神教育、激励人民群众尤其是青少年。从人民英雄纪念碑的建造到烈士纪念日的确定，从"生的伟大、死的光荣""人民英雄永垂不朽""向雷锋同志学习"等题词到英雄烈士保护法、革命文物保护利用工程，都传递着中国共产党对英烈的崇高敬意和对英烈精神的弘扬倡导。在这样的条件下，诋毁英烈，其矛头所指不单是英烈，实际上是在攻击尊重英烈的人和组织。

英烈，是国家和民族的脊梁，承载着跨越时空的精神力量。习近平总书记指出，中华民族是崇尚英雄、成就英雄、英雄辈出的民族，和平年代同样需要英雄情怀。近代以来，为了争取民族独立、人民解放，实现国家富强、人民富裕，无数英烈百折不挠、前赴后继，在中华大地书写了气壮山河的壮丽诗篇，在人民心中铸就了永不褪色的精神丰碑。英烈的业绩可歌可泣，英烈的精神历久弥新。英烈的爱国精神、奋斗精神、奉献精神、开创精神将凝聚共识、激发动力、支撑意志；英烈的信仰、情怀和品德将滋养心灵、引导构建生活意义和价值方向。因此，绝不能放任历史虚无主义对英烈的诋毁。

坚持唯物史观在认识历史方面的指导地位，抵制鼓吹历史虚无主义、诋毁英烈形象的做法。正如有学者指出，在多种批判性资源中，唯物史观对解构英雄的克服最为有力。唯物史观揭示了社会发展的基本规律，为我们认识世界、把握规律、追求真理、改造世界提供了强大的思想武器。要以多种方式在全社会普遍宣传唯物史观的基本原理，帮助大众树立对待英烈应有的态度和方法。

加强社会主义核心价值观的培育和践行。核心价值观是一个国家的重要稳定器。一个民族、一个国家如果没有共同的核心价值观，就会魂无定所、行无依归。社会主义核心价值观是当代中国精神的集中体现，凝结着全体人民共同的价值追求。要发挥好社会主义核心价值观对国民教育的引领作用，引导广大人民群众牢固树立共产主义远大理想和中国特色社会主义共同理想，大力传承红色基因、弘扬革命文化，进一步坚定中国特色社会主义道路自信、理论自信、制度自信、文化自信。

针对历史虚无主义诋毁英烈的特点和手法，采取多种有效方式反对历史虚无主义，捍卫英烈形象。不仅要依照英雄烈士保护法，维护英烈的尊严和合法权益，在烈士纪念日等举行仪式昭示对英烈的敬仰，推动文学艺术创作坚持以人民为中心的导向讴歌英烈，还需要探索更丰满、更真实地展现英烈形象的方式；需要在网络空间主动设置议题、批驳历史虚无主义的错误观点；需要提升主流意识形态的表达方式和传播方式，增加主流意识形态的凝聚力和吸引力，以贴近大众的姿态，进入大众日常生活，进而实现对大众心理和观念的有效引领。

📖 **感悟**

"天地英雄气，千秋尚凛然"。一个有希望的民族不能没有英雄，一个有前途的国家不能没有先锋。包括抗战英雄在内的一切民族英雄，都是中华民族的脊梁，他们的事迹和精神都是激励我们前行的强大力量。

——习近平

热点二：别以"敬老"为名要挟让座

热点事件

2017年，南京地铁上大妈让小伙让出座位，然而小伙却不愿意，于是大妈一屁股坐在他腿上；2018年3月22日，K19路公交车上，一老太强行要求小学生让座，扔掉小学生的书包，甚至打骂小学生；2019年4月14日，兰州一老人上公交车后，执意要坐驾驶员后方的座位，但该座位上已有人。老人执意要坐，大声要求女子让座，之后两人发生争执，老人竟然直接坐到女子身上，还殴打对方；2020年5月，郑州女孩在公交车上被老人揪头发暴打，只因没让座。

热点解读

公交车上为让座引起的"老少斗"，是各大论坛的热门话题。青少年不给年老体弱者让座，固然涉嫌文明素养不够。可是，因为青少年不肯让座位，老年人便严词相向乃至破口大骂，也不是什么体面的表现。让座是社会文明范畴的事，文明礼貌的事还是要心平气和地谈，谁动粗了谁失礼。

公交车上设有"老弱病残孕"专座，是为了照顾这些体弱的特殊群体，这项充满人情味的规定并不是强制规定，而是对社会文明的一种提倡。在这个现实的前提下，青少年拥有两种自由选择的权利：其一，讲文明、讲风格，主动把专座让给更需要的人；其二，不讲风格、不讲法律，管他专座不专座，爱让不让。谈文明礼貌，首先要讲公平合理。谈公车让座，首先要尊重年轻人拥有让与不让的自由权和主动权，这才有文明对话的前提。

要尊敬老人 老人要值得尊敬

老吾老以及人之老，是中华民族的传统美德，也是人类共同的普世美德。尊老是应该的，公交车上给老人让座是应该的。然而，站在老人自身角度看，乘公交时不必每次都要别人让座。别人不让座，自己坚持站一站也没有什么坏处，相反，对身体还有好处。从养身健身方面想，能坐着就不要躺着，能站着就不要坐着。何况，你在车上站累了，回到家就可以坐下来休息，也伤不着身体。其实，公交车上让座顺序，不该是"老弱病残孕"，而是"病孕残弱老"。

从整个群体看，老年人是相对年轻人的弱势群体，自然会得到社会的照顾。在一般情况下，老人和年轻人争执起来，人们倾向于帮助老年人。可是老人羞辱年轻人、诅咒年轻人，表现出为老不尊，似乎天下人都必须"为我"的姿态时，他就不值得尊敬了。别人不让座或许因为上班很辛苦，或许身体也不舒服。如果老人真的站不住，即使这位年轻人不让座，或许也会有其他人让座的。

谩骂诅咒换不来"尊老爱幼"

对不让座者进行道德谴责的前提之一是，你必须确认被谴责的对象自己不属于"老弱病残孕"之列。实际上，很多时候，这恰恰是又一个难题。比如，有些"病弱"的人坐着时很难分辨，怀孕初期的人并不显怀，甚至有些残疾人坐着时也分辨不出来。更何况，很多年轻人由于工作压力大，在公交车上打盹或发呆，也有可能对站在身边的"老弱病残孕"乘客"视而不见"。

在"尊老爱幼"之类的观念逐渐成为社会共识之后，个别身处被"尊"被"爱"之列的"老弱病残孕"人士，却凭空多了些优越感，将自己弱者的身份当作对别人进行道德谴责的资本，以至于在公交车上强行要求别人让座，甚至对他人肆意谩骂的现象时有发生。

实际上，"尊老爱幼"不仅是对非老非幼者而言的，也有着对老者幼者的要求，即其他人对老者幼者应"尊""爱"，而老者幼者也应做值得"尊"和"爱"的老者和幼者。对不让座者肆意谩骂的老者，实际上就是一种"为老不尊"，是"挟老以令年轻人"。

从让座看公共资源的刚需与弱势之争

我们首先应当明确的是，之所以会出现上班族与老年人对于座位权益的争论，公共资源和公共产品的短缺是根本原因。正是基于我国人口众多的现实，以及社会尚不发达、人均道路少、公共交通工具配给明显不够，才造成座位这一权益是要靠"抢"的。对于这种具有独享性和排他性的利益，我们在生活中虽然逐渐积累下"先到先得"这样的通行道德规范，但这却与尊老爱幼的道德相违背，因此也就埋下了争论的"地雷"。

在此基础上，我们如果再深入地分析争座两大群体就会发现，上班族与老年人典型地代表了刚需群体和弱势群体。对上班族而言，他对座位的刚需性体现在：其一他必须上下班；其二他必须在某个时间上下班；其三座位的舒适对其上班大有裨益。而老年人群体则在刚需性上相反，他们并不需要每天在一个固定的时间段内去乘坐公交车。但他们却有上班族无法比拟的弱势性：辈分高、身体差、社会的尊重、长时间的站立可能引发不可预测的突发身体问题等。

让座要成为相互关爱的平台

让座是一种文明，更是应该大力倡导的社会风尚。因为让不让座引发的矛盾，同样需要用文明的方式来包容，年轻人没有给老人让座显然不文明，但老人因此对其进行辱骂，显然也不是文明的方式。

曾出现过"老人给年轻人让座"——2009 年 2 月 10 日上午，西安一名 62 岁的老人，拎着两大包菜坐公交，本来坐得好好的，却执意给身旁素不相识的不断打着哈欠的年轻小伙子让座。老人说，现在年轻人压力大，他自己的孩子也是这样，做老人的也该体贴一下年轻人。老人给年轻人让座，诠释了"尊老爱幼"新内涵。

"有奖让座""罚款让座""让座日""不让座媒体曝光"……一直以来，社会倡导的是给老人让座。这是完全正确的，关爱老人，就是关爱自己。但也有人质疑，"让座日"不能以媒体曝光要挟；"罚款让座"是倡导文明的尴尬。应该说，让座必须成为一种文明导向，我们必须以文明的形式驶向文明的下一站，而惩戒性、强迫性，甚至不惜用不文明的手段达到让座目的并不可取。

让座，文明是表，关爱是里；让座，要成为相互理解的载体、相互关爱的平台。"尊老爱幼"的传统美德，要增添"相互理解、相互体贴、相互体谅"的新元素。人与人之间多一分理解，社会就多一分相融；人与人之间多一分体贴，社会就多一分和谐。

案例探讨

新时代中华传统美德的传承与发展

中华传统美德是中华文化的精髓，也是新时代道德建设的不竭源泉。要以礼敬自豪的态度对待中华优秀传统文化，充分发掘中国历史中的丰厚道德资源，同时结合新的时代条件和实践要求继承创新，充分彰显其时代价值和永恒魅力，使之与现代文化、现实生活相融相通，成为我们精神生活、道德实践的鲜明标识。

礼敬自豪中华传统美德

中华传统美德是指在中华民族历史上存在过的、在今天仍有强大生命力的优秀道德规范、行为等的总和。我们要从文化自信的高度认识中华传统美德的时代价值，从内心深处真正认可，从情感深处真正接受，从行动上真正践行，用蕴含其中的精髓精华滋养当代中国人的道德世界，守护当代中国人的精神家园。

中华传统美德积淀在中华民族的民族精神中。中华民族在长期的社会生活实践中培育和形成了独特的思想理念和道德规范，有崇仁爱、重民本、守诚信、讲辩证、尚和合、求大同的思想，有自强不息、敬业乐群、扶正扬善、扶危济困、见义勇为、孝老爱亲的传统美德。这些观念和规范是传统社会精神生活的标识，体现着传统中国人评判是非曲直的价值标准，也潜移默化地影响着世代中国人的行为方式。中华传统美德形成了以爱国主义为核心的团结统一、爱好和平、勤劳勇敢、自强不息的民族精神。

中华传统美德流淌在革命精神中。中国共产党人对国家独立富强的期盼、对人民群众幸福生活的追求、对中华民族命运的责任担当、对共产主义理想的不懈奋斗，体现着中华传统美德在新的道德实践中的继承和发展。同时，革命道德以无产阶级解放全人类的崇高使命为宗旨，以为人民服务为核心，以集体主义为道德原则，在长期的革命和建设实践中形成了无私奉献、顽强拼搏、艰苦奋斗、勤俭节约的道德规范，形成了极具时代特色的革命精神传承。革命道德是中华民族精神的宝贵财富，也是时代精神的重要来源。

中华传统美德凝聚在改革创新的时代精神中。中华传统美德不仅为爱国主义为核心的民族精神提供价值支撑，也为改革创新为核心的时代精神提供有益滋养，可为新时代人们认识道德现象提供智慧启迪，为社会道德建设提供历史借鉴，为人们道德教育和道德修养提供有益参照。

转化与发展传统美德

传统美德必须与现代社会相协调，与今天现实生活的需要相结合，要突出中华传统美德的时代价值，做到"创造性转化"与"创新性发展"。

我们要以自觉、积极、主动的文化实践，对重要的传统道德文化典籍加以研究。深入挖掘古代浩瀚书卷中有价值的文本，尤其是蕴含其中的思想观念、经典话语、道德理论、榜样模范，揭示其本来意义、引申意义及历史传承，同时探讨一些较为熟悉历史资料的新时代意义；要对古人不直接明朗的语句意义，作出科学规范的解释和阐明，赋予、彰显其时代价值；要去除那些望文生义的曲解和误读，并使之向当代社会开放。

传统道德的许多原则、规范和精神是值得继承的，但其思想观念和方法方式必须与当代社会相谐一致。传统"天人论"认为人是自然的一员，人与天地合其德，人道与天道互为一致。这种以"道"为根，以生活实践为源头的道德资源具有强大的适应性和生命力。天人合一的道德观不仅适应传统农耕社会人们的需要，也能顺应现代社会生活的要求并继续发挥作用，为今天我们构建美好生活、实现人与自然的永续共生和谐提供中国智慧。

传统儒家"人性论"以性善论为主流，认为"人皆可以为尧舜"。它表现出一种对人的乐观、信任的态度，肯定人人可以达到的至善境地；人之所以有不善，只是因为自己的迷误、自觉努力不够或环境的影响。今天我们对人性的理解当然出于唯物史观的视角，基于从社会生产关系的角度出发考察人的现实性，但传统人性论对人性有一种善良的期待，重视道德教育和修养，倡导人的道德自觉和自律于今天仍具现实意义。

传统"义利论"认为明辨义利为人的第一要务，提倡义以为上、以义制利、义为利本、义以生利，兴天下利、利济苍生。今天我们在发展社会主义市场经济中，正确处理义利关系，既要保障社会发展和个人各种正当利益，又需要用社会主义的道义原则，去引导、调节人们对利益的追求，同时与现代法治精神相一致。

传统的"理欲论"认为，欲过为私、纵欲成害；欲不可去、节之为善；理欲相对、以理胜欲；理在欲中、以理导欲。理欲之辨实际上是义利之辨的深化和发展。今天我们当然要破除传统"理"的腐朽性和糟粕，为正当之"欲"正名，但当代社会，敬畏自然、节制欲望、理性消费、可持续发展等都是对传统理欲观的传承与发展。

传统"公私论"坚持一种整体主义的公私观念，认为公重私轻、公而后私。今天则是坚持社会主义集体主义原则，即在制度正义的前提下，在民主法治的保障下，坚持社会生活中的先公后私、公私并举，并针对不同情况不同群体提出层次性的道德要求。

传统"人生论"认为生死自然、唯义所在；义命有别、行义安命。儒家坚持人道的乐观主义，提倡人生的意义与责任，高扬圣贤君子的道德理想人格。这种对生命意义的理解，成为我们民族精神中自强不息、厚德载物的思想基础，培育了无数志士仁人，激励他们创造出无数可歌可泣的事迹。今天我们仍然要大力倡导积极乐观向上向善的人生，在实现社会价值的同时实现人生价值。

传统"知行论"认为知行相须、知行互发、知行互促。虽然某个时期的某些学者也有偏重知或者偏重行的倾向，但总体来说，中国的道德传统强调理论与实践、道问学与尊德性的统一，这也促使人们勇于为自己的道德理想和道德追求努力奋斗、躬身力行、内外一致。今天我们仍然要倡导知行合一，做真诚的道德践行者。

讲好中华传统美德故事

中华美德、中国精神、中国故事需要好的讲述方式，以人们喜闻乐见的方式作为载体，在学理上、逻辑上、实践上不断创新、丰富中华传统美德的新表述。很多中国传统道德之所以流传至今，很重要的一个原因就是采用通俗易懂的故事形式。

讲好中华传统美德故事，不仅要创新形式，同时也要赋予其新的符合现代审美的标准。获得高票房的《哪吒之魔童降世》很好诠释了这一点。在这个动画电影中，李靖不再是为了道德教条迂腐到不爱自己儿子的人，而是严父面孔下为了哪吒可以甘愿牺牲自己生命的人，母亲具有传统女性慈爱呵护子女的一面，同时又具有现代女性独立坚强的一面。这种时空的转变与逻辑架构，无疑更符合现代生活的境况，因而获得了人们的极大认同。《中华好家风》是一档以弘扬优秀家风为核心的道德建设类文化秀节目，通过传承中华优秀传统文化、展现中国家庭家风的文化情感，勾画出一个个鲜活的家庭、一段段精彩的家风故事、一代代传承不息的精神坚守。《中华好故事》通过"爱国励志""道德礼仪""民俗亲情"等主题，利用知识竞赛、名人出题、故事演绎、知名校友助阵等现代形式传承中华传统美德，深受受众欢迎。《经典咏流传》栏目把经典的诗歌与现代音乐相结合，重回诗歌起源，也让诗歌回归生活，利用诗歌来进行传统经典教育与道德教育。

积极践行中华传统美德

知道为道，体道为德。道不可坐论，德不能空谈，于实处用力，从知行合一上下功夫。中国古人向来注重道德实践，重视在道德实践中提高道德修养，培养理想人格。积极践行中华传统美德，注重从小事、从身边事出发，多存凡心、多做善举，一个小小的凡心善举就可以让人们从陌生走向熟人，就可以拉近人们情感上的距离，就可以温暖陌生人的身心。

家庭在践行传统美德方面作用不可替代。父母的言传身教、耳提面命，是孩子最好的榜样，是最真实最具感染力的道德活动。采用各种形式的家庭教育活动，如举行一定的训诫仪式，诵读家训祖训；定期开展家庭会议，家庭成员各自畅谈自己的情况和见闻，大家"互相规诲"；还可开展家庭道德故事塑造或模拟活动，以及参加社会公益或社区活动，在活动中传承传统美德。

我们欣慰地看到，在此次抗击新冠肺炎病毒战争中，我们国家和人民，用实际行动诠释了中华民族传统美德和时代精神，在中国大地上绘就了无数令人动容的生动画卷。众多的医护人员主动请缨奔赴战场，成为最美逆行者，将传统美德中的爱国爱民、天下为公、英雄气概作了新时代诠释；发生疫情后，海内外的无数中华儿女采购灾区急需的医疗器械物资，为抗击疫情捐款捐物，丰富发展了一方有难、八方支援，兄弟齐心、其利断金的中华民族传统美德；全体中国人万众一心、共克时艰，毫无怨言自觉"宅"在家，将传统美德中"己所不欲，勿施于人"自律自守做到了极致。美德之事，无非就是"勿以恶小而为之、勿以善小而不为"，既要目标高远，又要脚踏实地，从小事做起，从点滴做起，如此践行才是知行合一，才是正确之道。

（资料来源：《红旗文稿》2020 年第 10 期）

? 问题探讨
问：如何通过中华传统美德提升新时代公民道德素质？

答：中华传统美德是中华文化精髓，是道德建设的不竭源泉。要以礼敬自豪的态度对待中华优秀传统文化，充分发掘文化经典、历史遗存、文物古迹承载的丰厚道德资源，弘扬古圣先贤、民族英雄、志士仁人的嘉言懿行，让中华文化基因更好植根于人们的思想意识和道德观念。深入阐发中华优秀传统文化蕴含的讲仁爱、重民本、守诚信、崇正义、尚和合、求大同等思想理念，深入挖掘自强不息、敬业乐群、扶正扬善、扶危济困、见义勇为、孝老爱亲等传统美德，并结合新的时代条件和实践要求继承创新，充分彰显其时代价值和永恒魅力，使之与现代文化、现实生活相融相通，成为全体人民精神生活、道德实践的鲜明标识。

当代大学生如何走出群体性孤独

1. 个人主义和竞争心态正在削弱集体记忆

20 岁左右是人生最美好的年华，如果在这个时期进入大学，那绝对是件再美好不过的事了。正值精力旺盛、思想活跃、热衷交际的年纪，大学生理应在校园中度过充满共同经验的美好生活，而这些也将成为他们毕业后难以忘却又弥足珍贵的集体记忆。然而，一个令人担心的现象是，新时代的大学生正以多元、个性、自由等消解着群体经验，进而使大学生的集体记忆呈现代际衰减。

群体经验产生于集体活动。虽然现在大学低年级学生的集体活动参与度和自主性比较高，大多数同学愿意服从组织安排，有些学生在集体活动中也投入了很大的热情，但是，随着年级的升高，集体活动就很难开展了。以学院、专业、班级等为单位的正式学生组织仍会按例开展集体活动，但其中有不少活动是以集体评优评先为目的，拍照留痕、写新闻稿是重要目标，学生往往持有"被迫参加"的心态，活动本身趋于松散化以致流于形式。二三人的小圈子成为不少大学生基本的人际网络，无论是完成课程作业、听取学术讲座，还是参加学生活动、吃饭逛街，学生身边往往是固定的交往对象。很多同学也参加协会、学会等非正式学生组织，但真正融入者不多，归属感、获得感不强，功利化地获取"第二课堂"或综合评定分数成为重要动力。

大学生集体记忆的衰减，有深刻的时代根源。

多元化是当今社会的基本特征，人们对待多样的价值观、认知观念、生活方式、行为习惯等持有越来越包容的态度，独身主义、"死宅""佛系""啃老"等都得到不少人的认同。在强调人文关怀和个人价值的思想下，人们对于异于他人的自己也越来越悦纳，"我就是我""为自己而活"成为一种正当合理的立场。这种多元化的深入发展必然导致社会有机体的分化，呈现出个体化、原子化的迹象，单人火锅、单人电影、单人旅行等成为时尚。有人或许会说，这只是一些发达国家的社会形态，中国社会不至于如此。毕竟，多元化、个体化与以辈分差序格局为特征的宗族模式相悖，也与注重集体主义的组织原则不符。值得注意的是，中国社会也出现了个体化倾向。在《中国社会的个体化》中，阎云翔教授分析了当代中国社会制度和文化的深刻变革，发现一些人正成为具有强烈个人意识甚至个体主义的群体，开始变得以自我为中心，讨厌集体纪律。而网络技术的发展，更加剧了这种人与人的疏离。雪莉·特克尔在《群体性孤独》中指出，我们越来越多地花费时间与技术在一起，却吝啬把时间分给现实生活中的人。作为使用网络技术主流群体的大学生，在网络世界待得更久，而这必然减少其参与校园集体生活、创造共同经验的机会。

大学生集体记忆的衰减，也有重要的教育原因。

今日的中国大学与20年前已有很大的差别，与四五十年前更是迥异。今日的大学，校园更大了，学生更多了，学生的构成也更为复杂了，凝聚力自然与精英教育时代的学生群体不同。另外，原来大学是学年制，而现在则是学分制，选修、转专业都成为常态。更为不同的是，如今的人们对教育的追求也发生了变化。这种变化，美国学者安东尼·克龙曼在《教育的终结：大学何以放弃了对人生意义的追求》中指出，教授学生获取人生的意义曾是美国大学的重要目标，如今关于"人为什么而活"的问题却从大学的教育主题中消失了。教育不再给学生树立统一的人生目标，各种思想诉求价值被同等对待，"共同利益"和社会美德让位于个体甚至被忽视。取而代之的，是对于"拔尖"的追求，而"拔尖"是空洞的，仅指在一定的序列中处于顶端。因此，也有美国学者批评大学存在追求"失去灵魂的卓越"的风险。

虽然中国大学正在践行立德树人的根本目标，但大学及校园内的师生也在逐渐陷入内卷化的困境：一些大学追求排行榜的高位次，部分教师努力跻身"高被引作者圈"，不少学生以"绩点为王"。在这种锦标赛式消耗的背后，多是"唯论文""唯分数""唯帽子"的冲动，真正的教育与发展被弱化了。缺乏内在的统一性，使个人主义和竞争心态滋长，削弱集体记忆的基础。

2. 创设教育情境，累积共同经验

越是多元化的时代，越是需要共处、共情、共生。正如习近平总书记在谈及人类命运共同体时所言，"和羹之美，在于合异""单则易折，众则难摧"。在实现多元化时代的和合共生方面，教育大有可为。联合国教科文组织近日发布了《学会融入世界：为了未来生存的教育》，提出七个教育宣言以勾勒2050年及以后的教育，其中之一便是要培养乐于助人、善解人意的人际关系，让个人主义的自我文化成为过去。作为未来社会领导者的大学生，更需在校园里就通过集体活动获取共同经验和领导力。

在多元化时代，可以从四个方面构建大学生的共同经验和集体记忆。

一是讲好大学历史故事。著名的大学往往深谙此道：北京大学有李大钊的故事，清华大学有陈寅恪的传奇，普林斯顿大学有约翰·纳什的幽灵，哈佛大学则竖起了"三谎雕像"……历史之于大学有非常重要的价值，一所大学理念与品位的形成、声望与水平的提升，无不与其历史密切关联。正因如此，每所大学都非常重视搜集与整理校史档案。校史建设很重要，但不能仅停留在枯燥刻板的档案层面，大学要进一步挖掘校史资源，丰富表现形式。大学的历史不应只是展览室

里的老旧相片、冰冷文字，还应有鲜活故事和美丽传说。讲好故事，能更好地提升大学的知名度，一些大学故事或传说在口耳相传中为人们所熟知，人们在这些大学与其故事传奇间建立起"条件反射"般的联系；讲好故事，更能增强师生的集体认同感与向心力，并在一代又一代学生中传承集体记忆，留下共同印记。大学的故事和传说，可以让一所大学在绵延的历史中"活"起来，让大学精神文化得到创造性转化，并真切地浸润学生灵魂。

二是塑造大学"当红明星"。大学故事赋予了大学历史感，为构建大学生共同记忆提供了历史之维，但大学更在于现实之中，需要"即时感"。大学故事往往产生于特定的时代，难免有些缥缈，身边的杰出人物可以以自身真实的经历来更有力地唤醒学生的共同意识。以大学校长、名师、学生明星等为依托，可形成大学生关于校园人物的共同记忆——追随大学时代的"校园偶像"。无论哪个时代，大学生都是一群热爱追星的群体，由于自我意识、个体主义的增强，加之传媒力量的扩大，当代大学生在"追星"方面更显疯狂，一些大学生甚至被"饭圈文化"所俘获，成为消费主义的俘虏和明星流量的"殉道者"。其实，追星是年轻人一种向上向善的原始冲动，若加以引导，使其对象、形式、程度保持在合理的限度内，对大学生的成长是很有利的。作为身边的榜样，大学校园中的明星、英雄与广大学生间有着天然的"近亲"关系，其一言一行对学生共同记忆的铸就有着不可估量的作用，我们应更有意识地塑造和大力度地宣传他们。

三是创造新型学生共同体。由于选修制、弹性学制以及非传统学生数量的增加等，在当今的大学中，以专业为单位的班级这一科层建制的作用大幅削弱，成了趋于消解的松散组织，但多数情况下，班级又要承担"义务性""强制性"的工作，这正是大学生集体活动形式化的根源所在。当前境遇下，班级的式微似乎已不可避免，强行以各种活动加强班级的存在感可能适得其反，这是不可取的。在班级作用弱化之余，必须通过创设新的组织给予学生归属感、群体经验和集体记忆，否则多数学生会转而在网络世界消磨大量时光，相继陷入无边的孤独感——有众多的研究发现，孤独感和网络使用频率及投入度呈正相关。当前可以发挥教师的引导作用，提供更多机会和平台，使学生真正参与其中。例如，以社会实践、创新创业、科教协同育人平台和项目，吸纳大量（而非个别）学生参与，形成充满活力、积极向上的共同体。

四是创设良好的教育氛围。涂又光先生曾提出著名的"泡菜理论"，讲的是泡菜的味道取决于泡汤，校园环境好比泡菜汤，它深刻影响着浸泡于其中的学生。刘献君教授更是直接指出"办大学就是办一个氛围"。至少可以从三个方面创设大学氛围。第一，举办大学层面持久的文化活动。由于班级弱化，大学需要强化组织的力量，开展健康向上、格调高雅的高质量校园活动，让学生自觉自愿参与其中，从而达到润物无声的作用，而且一些活动要持续举办，形成传统和集体记忆。

第二，增强校园生活的仪式感。在大学生活的重要节点，要注重仪式。集体仪式作为一种外在力量，通过各种象征标记而得以显现。象征标记往往有着深刻的历史记忆，通过集体仪式，可以绵延和迭代群体记忆和组织认同。第三，打造一些网红打卡地，形塑学生的群体记忆和共同情感，如红枫大道、涂鸦墙，强化学生对校园美的共同体验。

（资料来源：《光明日报》2021 年 2 月 9 日第 15 版）

❓ 问题探讨

问：如何让当代大学生更有集体主义观念，脱离"群体性孤独"？

答：集体主义精神是民族精神的精髓，是和谐精神的重要表现形式。集体主义价值观是正确处理个人利益和集体利益关系的道德准则，培养大学生树立正确的集体主义价值观是培养大学生思想意识中非常重要的方面。时代在发展，社会在进步，集体观念也应该不断创新。在对待个人与集体的关系上，我们不能只是用固有的思维来对待，而是要用辩证的、发展的眼光来对待。要强化大学生班级集体建设，形成良好的班级凝聚力，组建得力的班委会；加强心理教育，建立学校、家长、老师"三位一体"培养机制。加强大学生集体主义观念的培养是一项长期任务，任重而道远。我们应当把强化集体观念建设作为加强和改进大学生思想政治教育的重要切入点，引导大学生在学习生活实践中确立集体主义价值观。

青年在选择职业时的考虑

自然本身给动物规定了它应该遵守的活动范围，动物也就安分地在这个范围内活动，而不试图越出这个范围，甚至不考虑有其他范围存在。神也给人指定了共同的目标——使人类和他自己趋于高尚，但是，神要人自己去寻找可以达到这个目标的手段；神让人在社会上选择一个最适合于他、最能使他和社会变得高尚的地位。

这种选择是人比其他创造物远为优越的地方，但同时也可能毁灭人的一生、破坏他的一切计划并使他陷于不幸的行为。因此，认真地权衡这种选择，无疑是开始走上生活道路而又不愿在最重要的事情上听天由命的青年的首要责任。

每个人眼前都有一个目标，这个目标至少在他本人看来是伟大的，而且如果最深刻的信念，即内心深处的声音，认为这个目标是伟大的，那它实际上也是伟大的，因为神决不会使世人完全没有引导者；神轻声地但坚定地作启示。

但是，这声音很容易被淹没；我们认为是热情的东西可能倏忽而生，同样可能倏忽而逝。也许，我们的幻想蓦然迸发，我们的感情激动起来，我们的眼前浮想联翩，我们狂热地追求我们以为是神本身给我们指出的目标；但是，我们梦寐以求的东西很快就使我们厌恶，于是，我们便感到自己的整个存在遭到了毁灭。

因此，我们应当认真考虑：我们对所选择的职业是不是真的怀有热情？发自我们内心的声音是不是同意选择这种职业？我们的热情是不是一种迷误？我们认为是神的召唤的东西是不是一种自我欺骗？不过，如果不对热情的来源本身加以探究，我们又怎么能认清这一切呢？

伟大的东西是闪光的，闪光会激发虚荣心，虚荣心容易使人产生热情或者一种我们觉得是热情的东西；但是，被名利迷住了心窍的人，理性是无法加以约束的，于是他一头栽进那不可抗拒的欲念召唤他去的地方；他的职业已经不再是由他自己选择，而是由偶然机会和假象去决定了。

我们的使命决不是求得一个最足以炫耀的职业，因为它不是那种可能由我们长期从事，但始终不会使我们感到厌倦、始终不会使我们劲头低落、始终不会使我们的热情冷却的职业，相反，我们很快就会觉得，我们的愿望没有得到满足，我们的理想没有实现，我们就将怨天尤人。

但是，不仅虚荣心能够引起对某种职业的突然的热情，而且我们也许会用自己的幻想把这种职业美化，把它美化成生活所能提供的至高无上的东西。我们没有仔细分析它，没有衡量它的全部分量，即它加在我们肩上的重大责任；我们只是从远处观察它，而从远处观察是靠不住的。

在这里，我们自己的理性不能给我们充当顾问，因为当它被感情欺骗，受幻想蒙蔽时，它既不依靠经验，也不依靠更深入的观察。然而，我们的目光应该投向谁呢？当我们丧失理性的时候，谁来支持我们呢？

是我们的父母，他们走过了漫长的生活道路，饱尝了人世辛酸——我们的心这样提醒我们。

如果我们经过冷静的考察，认清了所选择的职业的全部分量，了解它的困难以后，仍然对它充满热情，仍然爱它，觉得自己适合于它，那时我们就可以选择它，那时我们既不会受热情的欺骗，也不会仓促从事。

但是，我们并不总是能够选择我们自认为适合的职业；我们在社会上的关系，还在我们有能力决定它们以前就已经在某种程度上开始确立了。

我们的体质常常威胁我们，可是任何人也不敢藐视它的权利。

诚然，我们能够超越体质的限制，但这么一来，我们也就垮得更快；在这种情况下，我们就是冒险把大厦建筑在残破的废墟上，我们的一生也就变成一场精神原则和肉体原则之间的不幸的斗争。但是，一个不能克服自身相互斗争的因素的人，又怎能抗御生活的猛烈冲击，怎能安静地从事活动呢？然而只有从安静中才能产生出伟大壮丽的事业，安静是唯一能生长出成熟果实的土壤。

尽管我们由于体质不适合我们的职业，不能持久地工作，而且很少能够愉快地工作，但是，为了恪尽职守而牺牲自己幸福的思想激励着我们不顾体弱去努力工作。如果我们选择了力不胜任的职业，那么我们决不能把它做好，我们很快就会自愧无能，就会感到自己是无用的人，是不能完成自己使命的社会成员。由此产生的最自然的结果就是自卑。还有比这更痛苦的感情吗？还有比这更难于靠外界的各种赐予来补偿的感情吗？自卑是一条毒蛇，它无尽无休地搅扰、啃啮我们的胸膛，吮吸我们心中滋润生命的血液，注入厌世和绝望的毒液。

如果我们错误地估计了自己的能力，以为能够胜任经过较为仔细的考虑而选定的职业，那么这种错误将使我们受到惩罚。即使不受到外界的指责，我们也会感到比外界指责更为可怕的痛苦。

如果我们把这一切都考虑过了，如果我们的生活条件容许我们选择任何一种职业，那么我们就可以选择一种使我们获得最高尊严的职业，一种建立在我们深信其正确的思想上的职业，一种能给我们提供最广阔的场所来为人类工作，并使我们自己不断接近共同目标即臻于完美境界的职业，而对于这个共同目标来说，任何职业都只不过是一种手段。

尊严是最能使人高尚、使他的活动和他的一切努力具有更加崇高品质的东西，是使他无可非议、受到众人钦佩并高出于众人之上的东西。

但是，能给人以尊严的只有这样的职业，在从事这种职业时我们不是作为奴隶般的工具，而是在自己的领域内独立地进行创造；这种职业不需要有不体面的行动（哪怕只是表面上不体面的行动），甚至最优秀的人物也会怀着崇高的自豪感去从事它。最合乎这些要求的职业，并不总是最高的职业，但往往是最可取的职业。

但是，正如有失尊严的职业会贬低我们一样，那种建立在我们后来认为是错误的思想上的职业也一定会成为我们的沉重负担。

这里，我们除了自我欺骗，别无解救办法，而让人自我欺骗的解救办法是多么令人失望啊！

那些主要不是干预生活本身，而是从事抽象真理的研究的职业，对于还没有确立坚定的原则和牢固的、不可动摇的信念的青年是最危险的，当然，如果这些职业在我们心里深深地扎下了根，如果我们能够为它们的主导思想而牺牲生命、竭尽全力，这些职业看来还是最高尚的。

这些职业能够使具有合适才干的人幸福，但是也会使那些不经考虑、凭一时冲动而贸然从事的人毁灭。

相反，重视作为我们职业的基础的思想，会使我们在社会上占有较高的地位，提高我们自己的尊严，使我们的行为不可动摇。

一个选择了自己所珍视的职业的人，一想到他可能不称职时就会战战兢兢——这种人单是因为他在社会上所处的地位是高尚的，他就会使自己的行为保持高尚。

在选择职业时，我们应该遵守的主要指针是人类的幸福和我们自身的完美。

不应认为，这两种利益会彼此敌对、互相冲突，一种利益必定消灭另一种利益；相反，人的本性是这样的：人只有为同时代人的完美、为他们的幸福而工作，自己才能达到完美。

如果一个人只为自己劳动，他也许能够成为著名的学者、伟大的哲人、卓越的诗人，然而他永远不能成为完美的、真正伟大的人物。

历史把那些为共同目标工作因而自己变得高尚的人称为最伟大的人物；经验赞美那些为大多数人带来幸福的人是最幸福的人；宗教本身也教诲我们，人人敬仰的典范，就曾为人类而牺牲自己——有谁敢否定这类教诲呢？

如果我们选择了最能为人类而工作的职业，那么，重担就不能把我们压倒，因为这是为大家作出的牺牲；那时我们所享受的就不是可怜的、有限的、自私的乐趣，我们的幸福将属于千百万人，我们的事业将悄然无声地存在下去，但是它会永远发挥作用，而面对我们的骨灰，高尚的人们将洒下热泪。

（资料来源：《马克思恩格斯论教育》，人民教育出版社1986年版）

? 问题探讨

问：大学生应如何树立正确的择业观？

答：随着经济社会的快速发展，对于大学生的需求也在不断变化。基层各行各业、各条战线对就业人才的要求已越来越高，这就需要大学生对自己的定位和期待应结合实际，明智判断、理性选择。大学生应抱有正常的择业心态，有面对现实的信心和勇气，树立多元化的择业观，切实转变就业观念，为自己找到合适的定位，并以此为起点，认真负责、努力工作，从基层岗位和实践锻炼中找到自信，并扎根于基层行业，凭一技之长，靠自己勤劳的双手，在平凡的岗位上创造不平凡的业绩。在充分考虑自身实际的同时，还应该明白，"在选择职业时，我们应该遵守的主要指针是人类的幸福和我们自身的完美"。

习题演练

一、单项选择题

1.（　　）是人类道德起源的第一个历史前提。

A. 劳动　　　　　　　　　B. 实践

C. 自我意识　　　　　　　D. 社会关系

2. 社会主义道德建设要以集体主义为原则，下面对社会主义集体主义理解错误的是（　　）。

A. 集体利益和个人利益辩证统一

B. 集体利益高于个人利益

C. 要无条件牺牲个人利益保全集体利益

D. 要重视和保障个人的正当利益

3. 社会主义道德的核心是（　　）。

A. 集体主义　　　　　　　　　B. 共产主义

C. 社会公德　　　　　　　　　D. 为人民服务

4. 恩格斯指出，道德"或者为统治阶级的统治和利益辩护，或者当被压迫阶级变得足够强大时，代表被压迫者对这个统治的反抗和他们的未来利益"，这主要说明（　　）。

A. 道德可以提高人的精神境界、促进人的自我完善

B. 道德是影响社会生产力发展的一种重要的精神力量

C. 在阶级社会中，道德是阶级斗争的重要工具

D. 道德对其他意识形态的存在和发展具有重大影响

5. 道德发挥作用的性质是由（　　）。

A. 社会发展的历史阶段决定的

B. 道德所反映的经济基础、代表的阶级利益决定的

C. 道德的性质决定的

D. 上层建筑的性质决定的

6. （　　）是全体公民都必须遵循的基本行为准则，是维护公共生活秩序的重要条件。

A. 爱护公物　　　　　　　　　B. 遵纪守法

C. 助人为乐　　　　　　　　　D. 文明礼貌

7. 个人的言行合乎社会的要求和礼节的规定，尊老爱幼，孝亲敬长，说话和气，以礼待人，服饰朴素大方，举止端庄优雅。这是良好道德品质中（　　）的体现。

A. 正直无私　　　　　　　　　B. 谦虚谨慎

C. 文明礼貌　　　　　　　　　D. 敬业好学

8. 社会主义职业道德的最基本要求是（　　）。

A. 爱岗敬业　　　　　　　　　B. 办事公道

C. 诚实守信　　　　　　　　　D. 奉献社会

9. 对待中国传统道德的正确态度是（　　）。

A. 全盘肯定　　　　　　　　　B. 全盘否定

C. 辩证扬弃　　　　　　　　　D. 任其自由

10. 下列选项中，属于家庭美德基本要求的是（　　）。

A. 遵纪守法　　　　　　　　　B. 诚实守信

C. 邻里团结　　　　　　　　　D. 文明礼貌

11. 道德属于上层建筑的范畴，是一种（   ）。

A. 特殊的社会意识形态   B. 心理现象

C. 经济现象   D. 政治现象

12. 与以往社会的道德形态相比，社会主义道德具有显著的（   ）特征。

A. 广泛性   B. 先进性

C. 阶级性   D. 相对独立性

13. 亚里士多德说："我们由于从事建筑而变成建筑师；由于演奏竖琴而变成竖琴演奏者；同样，由于实行公正而变成公正的人；由于实行节制和勇敢而变成勇敢和节制的人。"这段话说明，一个人要想养成高尚的品德，成为合乎道德的人，在自我修养中必须（   ）。

A. 认真读书，虚心求教

B. 躬行实践，知行合一

C. 常思己过，日省己身

D. 坐而论道，闭门造车

14. 下列选项中，属于职业生活中的道德规范的是（   ）。

A. 尊老爱幼   B. 热情服务

C. 文明礼貌   D. 遵纪守法

15. 刘少奇指出："我们是革命的唯物主义者，我们的修养不能脱离人民群众的革命实践。"这句话强调了（   ）。

A. 自我修养必须落实到行动中，身体力行

B. 进行自我修养必须用科学的理论武装自己

C. 自我修养完美境界的实现是相对的和无止境的

D. 自我修养是个人和许多人一起共同进行的谦虚谨慎的要求

16. 孟子说："人之有道也，饱食暖衣，逸居而无教，则近于禽兽。"又说："仁义礼智，非由外铄我也，我固有之也。"对孟子这两段话理解错误的是（   ）。

A. 人和动物非常接近，几乎没有什么本质区别

B. 人有别于动物的一个重要方面在于人有道德

C. 这是孟子阐发"性善论"的重要表述

D. 其表述体现了"主观唯心主义"的道德起源论

17. 在道德的功能系统中，最突出、最为重要的社会功能是（   ）。

A. 认识功能   B. 导向功能

C. 激励功能   D. 调节功能

18. "先天下之忧而忧，后天下之乐而乐"反映了中华民族传统道德中的（   ）。

A. 崇尚志向、重视节操的精神境界

B. 勤劳勇敢、酷爱自由的民族精神

C. 乐群贵和、孝慈友恭的传统美德

D. "天下兴亡，匹夫有责"的整体主义思想

19. 下列选项中说法错误的是（　　　）。

A. 家庭是人生的第一个课堂，父母是孩子的第一任老师

B. 恋爱双方在相互关系上是平等的，都有接受爱和拒绝爱的自由

C. 在校学习期间，学习是主要的，恋爱是次要的

D. 在我国，在校大学生是不可以结婚的

20. 道德修养是一个循序渐进、积善成德的过程，荀子曰："故不积跬步，无以至千里；不积小流，无以成江海。"下列格言中与之含义相近的是（　　　）。

A. 仁远乎哉？我欲仁，斯仁至矣

B. 勿以善小而不为，勿以恶小而为之

C. 君子求诸己，小人求诸人

D. 己所不欲，勿施于人

二、多项选择题

1. 关于道德，下列说法中正确的有（　　　）。

A. 道德是人类特有的一种社会现象，是社会意识形态之一

B. 道德规定人们行为"必须怎样做""不准怎样做"

C. 道德通过社会舆论、传统习俗和人们内心信念来维持

D. 道德是一种调整人与人、人与社会、人与自然以及人与自身之间关系的特殊的行为规范

2. 道德往往运用（　　　）等范畴，反映人类的道德实践活动和道德关系。

A. 善恶　　　　　　　　　　　　B. 荣辱

C. 义务　　　　　　　　　　　　D. 良心

3. 当代公共生活的特征主要有（　　　）。

A. 活动范围的广泛性

B. 活动内容的开放性

C. 交往对象的复杂性

D. 活动方式的多样性

4. 社会公德是人类社会生活中最起码、最简单的行为准则。以下行为中，遵守了社会公德的有（　　　）。

A. 语言文明，不恶语伤人

B. 在公共场所随地吐痰，乱扔果皮杂物

C. 自觉增强法律意识，用法纪来指导和约束自己的行为

D. 爱护道路旁的交通设备、电话亭、邮筒等，不损坏、不滥用

5.以下表现属于爱岗敬业的有（　　　）。

A.在本职工作中勤奋努力，不偷懒、不怠工

B.把自己从事的工作视为生命存在的表现方式，尽心尽力地干工作

C.虽不愿从事现有工作，但在调离之前仍坚守岗位，履行职业责任

D.为了求得未来自己理想的职业，利用现有职业劳动时间全力为新职业作准备

6.大学生应当树立的正确择业观和创业观包括（　　　）。

A.培养创业的勇气和能力

B.树立崇高的职业理想

C.服从社会发展的需要

D.做好充分的择业准备

7.下列选项中，属于加强个人道德修养的正确方法的有（　　　）。

A.学思并重

B.省察克治

C.慎独自律

D.坐而论道

E.知行合一

F.积善成德

8.为人民服务是（　　　）。

A.先进性要求和广泛性要求的统一

B.社会主义经济基础和人际关系的客观要求

C.社会主义市场经济健康发展的要求

D.社会主义文化健康发展的要求

9.关于网络生活中的道德要求，下列说法中正确的有（　　　）。

A.网络空间同现实社会一样，既要提倡自由，也要保持秩序

B.通过网络可以接触到前所未有的广阔空间，能够更加有效和广泛地获取信息、学习知识、交流情感和了解社会，从网上得到的信息越多越好

C.网络交往在一定程度上会弱化现实的人际交往能力，不能以网络代替现实交往

D.网络生活中的道德要求是社会公德在网络空间的运用和扩展

10.下列选项中，不符合恋爱中的道德规范的有（　　　）。

A.拒绝平淡，要么不爱，要么就爱得轰轰烈烈、不顾一切

B.爱他（她）就要自愿地为他（她）承担责任

C.在公共场所向恋人求婚，对方不答应就跪地不起

D.只谈恋爱不结婚，因为婚姻是爱情的坟墓

三、简答题

1. 中华传统美德的基本精神体现在哪些方面？
2. 简要阐述中国革命道德的当代价值。
3. 恋爱、婚姻家庭中的道德规范具体有哪些要求？
4. 大学生应树立怎样的恋爱观和婚姻观？

四、材料分析题

2021年2月3日，中国互联网络信息中心（CNNIC）在京发布的第47次《中国互联网络发展状况统计报告》显示，我国网民规模已高达9.89亿，占全球网民的五分之一，互联网普及率达历史新高70.4%。我国已经成为名副其实的网络大国。随着人民群众对互联网生活越来越高的参与度，我国网络空间也汇聚起了庞大的人民力量，形成了极其可观的网络规模。网络规模的不断扩大，一方面对网信事业的发展提出了更高要求，另一方面也蕴含着磅礴的发展潜力，是实现网络强国的重要人力资源保证，更是助力我国发展"弯道超车"的宝贵财富。

1. 如何实现网络强国建设目标？
2. 大学生应该如何做网络文明的参与者和维护者？

实践篇

实践项目一　　大学校园行——青春筑梦·益暖校园

⚙ 实践目标

本次活动以本校为依托，旨在为本校附近的留守儿童搭建拓宽视野、认识世界的桥梁。希望通过志愿者一对一的辅导，产生积极的影响，让留守儿童体验到大学生活的丰富多彩，感受到世界的温暖和友爱。在儿童内心撒播下健康阳光的种子，帮助其从小树立远大理想，营造出良好的学习、生活及健康发展氛围。

🧰 实践方案

1. 任课教师先与目标小学校长取得联系并说明活动目的，争取统一后再进一步开展活动。
2. 将全班学生分为若干小组，小组人数视对象人数而定。

3.任课教师组织学生筹备、编排、练习节目，布置彩排及活动场所。

4.做好与留守儿童一对一辅导活动的联系工作。

5.对参加本次活动的学生进行培训。

6.安排专职摄影人员，做好影像资料的保存。

7.活动当天，各小组派代表跟随校车前去小学接小学生代表和任课教师返回学校，然后进行一系列的表演及欢迎活动。

8.中午11：30在学校食堂就餐，由每位志愿者一对一负责到位。

9.下午，志愿者带领小学生对校园进行参观，并进行讲解和沟通。

10.带小学生回到自己班级所在教室，由任课教师进行讲话，鼓励他们好好学习，努力成才，为社会作贡献。

11.对小学生进行捐赠。

12.活动结束，校车送小学生回家，小组代表随行。

13.学生提交活动总结，任课教师进行点评。

📖 参考资料

×× 学校学生活动申请表

活动名称	青春筑梦·益暖校园	主办班级	
活动时间		活动地点	
活动目的			
辅导员意见		签字： 年　月　日	
团总支意见		签字： 年　月　日	
保卫处意见		签字： 年　月　日	
教务处意见		签字： 年　月　日	
团委意见		签字： 年　月　日	
社团联合会意见		签字： 年　月　日	

实践项目二 情景剧表演——道德剧场

实践目标

帮助学生在活动过程中了解社会公德、职业道德、家庭美德、个人品德等基本道德要求，在活动中实现对社会道德规范的自我体验和自我教育，提高学生团队合作意识和解决问题能力。

实践方案

1. 任课教师将全班学生分为若干小组，以小组为单位参与活动。

2. 任课教师制定与小组数量相同的主题数目，各小组组长通过抓阄的方式决定本小组表演主题。

3. 主题确定后，各小组课下着手准备表演需要的剧本、道具等东西。

4. 各小组组长组织本小组成员利用课余时间进行排练，任课教师到各小组给予指导。

5. 活动开始前，任课教师可邀请其他教师来当评委，也可邀请其他学生前来观看表演，选择 2 名学生负责摄影。

6. 活动开始，各小组依次进行表演，评委老师依次打分。

7. 表演结束，任课教师公布成绩，并对活动进行总结。

8. 活动结束后，以小组为单位提交情景剧剧本及活动总结。

9. 任课教师综合活动表现、剧本和总结情况进行考核，并计入考核成绩。

实践项目三 专题调研——我们身边的道德和不道德现象

实践目标

通过在校园和社会的调查研究，引导学生了解我国道德建设的成就和存在的问题，帮助学生深刻认识道德要求的层次性。发掘道德中的"人性的光辉"，抨击道德失范和道德堕落，鼓励学生追求真善美，做道德楷模和道德维护者。

实践方案

1. 任课教师将学生分组，每组选出 1 名组长，负责安排活动。

2. 组长组织各小组制订调研计划和调研问卷，调研计划应包括调研的时间、范围、参与人员、组织形式、活动流程等内容。

3. 准备工作完成，各小组开始进行调研，组长负责本小组的调研和安全工作。

4.调研结束后，以小组为单位撰写调研报告。

5.任课教师认真评阅学生的调研报告，评选优秀的调研报告并进行展示。

学思践悟

第六章

学习法治思想 提升法治素养

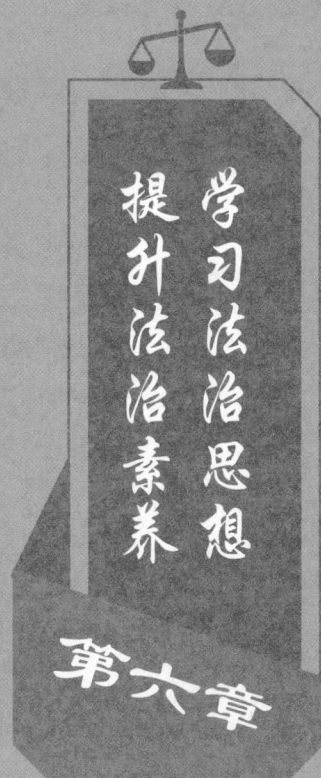

一个细小的、瞬息即逝的期望可以经常地从纯自然的环境中产生出来，而一个强烈而持久的期望，则只能来自法律。

尊法

在尊法上，应当更加坚定自觉，真正内化于心、外化于行

学法

在学法上，应当更加全面深入，做到先学一步、高出一筹。

守法

在守法上，应当更加严格自律，时时处处以宪法法律为准绳

用法

在用法上，应当更加积极主动，养成遇事找法、办事依法、解决问题靠法的行为习惯。

弘扬法治精神

导航篇

知识网络

学习法治思想
提升法治素养

- 社会主义法律的特征和运行
  - 法律及其历史发展
  - 我国社会主义法律的本质特征
  - 我国社会主义法律的运行
- 坚持全面依法治国
  - 全面依法治国的根本遵循
  - 坚持走中国特色社会主义法治道路
  - 建设法治中国
- 维护宪法权威
  - 我国宪法的形成和发展
  - 我国宪法的地位和基本原则
  - 加强宪法实施与监督
- 自觉尊法学法守法用法
  - 培养社会主义法治思维
  - 依法行使权利与履行义务
  - 不断提升法治素养

学习指南

⊙ 学习目标

1. 正确理解我国社会主义法律的本质和作用，充分认识宪法是国家的根本法，整体把握中国特色社会主义法治体系和法治道路，坚持全面依法治国，培养法治思维，依法行使权利和履行义务，尊重和维护法律权威，努力做尊法学法守法用法的模范，不断提升法治素养。

2. 在理论学习的基础上，通过参与实践活动，进一步了解我国社会主义法律的内涵、体系及运行机制，领会社会主义法律的精神；在实践中帮助大学生树立依法治国的法律理念，增强维护社会主义法律权威的自觉性，掌握提高社会主义法律修养的途径和方法。通过主题实践活动，了解我国现行法律体系的运行过程，能够结合实践感知，增强依法治国理念，不断培养社会主义法治思维，学会正确处理生活中常见的法律问题，懂得运用法律维护自己的合法权益，尊重社会主义法律权威，克服感情用事、意气用事的鲁莽行为，达到学法守法的目的。同时，通过实践进一步理解法律权利和法律义务的特征及关系，懂得权利与义务是统一辩证的关系，掌握我国法律规定的权利与义务的内涵，正确依法行使权利、履行义务，克服只享受权利而不履行义务的错误倾向。

⊙ 要点提示

1.我国社会主义法律体现了党的主张和人民意志的统一，具有科学性和先进性，是中国特色社会主义建设的重要保障。

2.我国宪法是国家的根本法，是党和人民意志的集中体现。

3.全面推进依法治国的总目标，就是建设中国特色社会主义法治体系，建设社会主义法治国家。

4.全面依法治国，走中国特色社会主义法治道路，必须坚持中国共产党的领导，坚持人民主体地位，坚持法律面前人人平等，坚持依法治国和以德治国相结合，坚持从中国实际出发。

5.法治思维的基本内容包括法律至上、权力制约、公平正义、权利保障、程序正当。

6.依法行使权利与履行义务，自觉尊法学法守法用法。

⊙ 学习思路

本章从讲马克思主义法学基本原理开始，帮助学生正确认识社会主义法律的本质特征和运行规则，整体把握中国特色社会主义法律体系、法治体系和法治道路，自觉培养法治思维，最后落实到行动上，形成"法学原理—法律体系—法治体系—法治道路—法治思维—权利义务"法治观教育内容体系。

理论篇

要点解析

要点一：法律及其历史发展

1. 法律的含义

法律是由国家创制和实施的行为规范。国家创制法律规范的方式主要有两种：

一是国家机关在法定的职权范围内依照法定程序，制定、修改、废止规范性法律文件；二是国家机关赋予某些既存社会规范法律效力，或者赋予先前的判例法律效力。

（1）法律由一定的社会物质生活条件所决定。物质资料生产方式既是决定社会面貌、性质和发展的根本因素，也是决定法律本质、内容和发展方向的根本因素。

（2）法律是统治阶级意志的体现。法律所体现的统治阶级意志，并不是统治阶级意志的全部，仅仅是上升为国家意志的那部分意志。

综上所述，可以将法律定义为：法律是由国家制定或认可并由国家强制力保证实施的，反映由特定社会物质生活条件所决定的统治阶级意志的规范体系。

2. 法律的历史发展

法律随着私有制、阶级和国家的产生而产生，也将随着私有制、阶级和国家的消亡而消亡，其基本内容和性质总是与所在社会的生产关系相适应的。

（1）奴隶制法律。奴隶制法律是奴隶主阶级专政的国家意志的表现，是奴隶主阶级对广大奴隶实行统治的工具。其基本特征有：一是具有明显的原始习惯残留痕迹；二是否认奴隶的法律人格；三是存在严格的等级划分；四是刑罚方式极其残酷。

（2）封建制法律。封建制法律是封建地主阶级意志的体现，是封建地主阶级统治农民阶级的工具，维护封建地主阶级的共同利益。其基本特征有：一是确立农民对封建地主的人身依附关系；二是实行封建等级制度；三是维护专制皇权；四是刑罚严酷。

（3）资本主义法律。资本主义法律是资产阶级共同意志的体现，是资产阶级统治工人阶级和其他劳动人民的工具，其根本任务是维护资产阶级的政治、经济和社会秩序。其基本特征有：一是与资本主义私有制相适应的私有财产神圣不可侵犯原则；二是与资本主义市场经济相适应的契约自由原则；三是与资本主义民主政治相适应的法律面前人人平等原则；四是与资产阶级人道主义相适应的人权保障原则。

（4）社会主义法律。社会主义法律以公有制为经济基础，保障全体劳动者共同占有生产资料，通过解放生产力和发展生产力来推动社会物质财富和精神财富的日益丰富，从而实现人的全面发展和全体社会成员的共同富裕。社会主义法律是最广大人民群众意志的集中体现，是实现人民当家作主、实行人民民主专政的重要保证。

解析：法律都反映统治阶级的意志，都是为了更好地治理国家、稳定社会秩序。奴隶制法律、封建制法律、资本主义法律都是建立在私有制经济基础上的剥削阶级类型法律，社会主义法律是人类历史上唯一以公有制为基础的新型法律制度。

要点二：我国社会主义法律的本质特征

我国社会主义法律是在中国共产党领导新民主主义革命时期孕育、在中华人民共和国成立后不断形成和发展起来的。改革开放以来，我国法治建设进入了快速发展时期，形成了以宪法为统帅的中国特色社会主义法律体系，为中国共产党领导人民当家作主、推进改革开放和建设社会主义现代化国家提供了坚实法治保障。

我国社会主义法律体现了党的主张和人民意志的统一。我国是中国共产党领导下的社会主义国家，人民是国家的主人，制定法律的权力属于人民。中国共产党是中国工人阶级的先锋队，同时是中国人民和中华民族的先锋队，是中国特色社会主义事业的领导核心。社会主义法律维护人民的根本利益，巩固中国共产党的领导地位，体现了党的主张和人民意志的统一。

我国社会主义法律具有科学性和先进性。我国法律坚持马克思主义世界观和方法论，并指导人们在法律实践中尊重和反映客观规律。我国法律适应时代发展要求，改革创新立法体制、立法程序、立法技术，使立法的质量和水平不断提高。

我国社会主义法律是中国特色社会主义建设的重要保障。我国法律的社会作用体现了社会主义的本质要求，经济发展、政治清明、文化昌盛、社会公正、生态良好，都离不开社会主义法律的引领、规范和保障。

解析：注意社会主义法律和一般法律的区别。社会主义法律体现了阶级性和人民性的统一，维护人民的根本利益；它坚持马克思主义的世界观和方法论，是与时俱进的，所以也体现了科学性和先进性的统一。

要点三：我国社会主义法律的运行

法律制定。法律制定是指有立法权的国家机关，依照法定职权和程序制定规范性法律文件的活动，是法律运行的起始性和关键性环节。

法律执行。在广义上，法律执行是指国家机关及其公职人员在国家和公共事务管理中依照法定职权和程序，贯彻和实施法律的活动。在狭义上，法律执行是指国家行政机关执行法律的活动，也称为行政执法。

法律适用。法律适用是指国家司法机关及其公职人员依照法定职权和程序适用法律处理案件的专门活动。

法律遵守。法律遵守是指国家机关、社会组织和公民个人依照法律规定行使权力和权利以及履行职责和义务的活动。一切组织和个人都必须遵守宪法和法律，任何公民享有宪法和法律规定的权利，同时必须履行宪法和法律规定的义务。

解析：从法律制定到法律遵守，体现了我国社会主义法律从创制、实施到实现的过程，也就是运行的过程。"科学立法、严格执法、公正司法、全民守法"是依法治国的方针，也是法治中国建设的衡量标准，体现了鲜明的中国特色。

要点四：全面依法治国的根本遵循——习近平法治思想

2020 年 11 月，中央全面依法治国工作会议正式提出习近平法治思想，并将其确立为全面依法治国的指导思想和根本遵循。

1. 习近平法治思想的形成和意义

党的十八大以来，习近平高度重视全面依法治国，创造性提出了一系列全面依法治国新理念新思想新战略，形成习近平法治思想。习近平法治思想立足新时代中国特色社会主义伟大实践，全面系统地创新发展了中国特色社会主义法治理论，实现了马克思主义法治理论的新飞跃。

习近平法治思想是经过长期发展而形成的内涵丰富、论述深刻、逻辑严密、系统完备的法治理论体系，为建设法治中国指明了前进方向，在中国特色社会主义法治建设进程中具有重大政治意义、理论意义、实践意义。习近平法治思想深刻揭示了社会主义法治的生命力和优越性，推动了中国特色社会主义法治理论创新发展。

2. 习近平法治思想的主要内容

2020 年 11 月，习近平在中央全面依法治国工作会议上的重要讲话中，用"十一个坚持"对全面依法治国进行了系统阐释、部署。这"十一个坚持"涉及的都是全面依法治国方向性、根本性、全局性的重大问题，从全面依法治国的政治方向、战略地位、工作布局、主要任务、重大关系、重要保障等方面提出了一系列新理念新观点新论断，构成了习近平法治思想的主要内容。

解析：在长期的领导实践中，习近平总书记积累了依法治县、依法治市、依法治省、依法治国的丰富经验。特别是党的十八大以来，习近平总书记以厉行法治的坚定意志、奉法强国的雄才大略、依规治党的远见卓识，创造性提出了一系列新思想新理念新战略，形成了习近平法治思想。习近平总书记是这一思想的主要创立者，对这一思想的形成和发展发挥了决定性作用、作出了决定性贡献。

要点五：坚持走中国特色社会主义法治道路

中国特色社会主义法治道路的核心要义，就是要坚持党的领导，坚持中国特色社会主义制度，贯彻中国特色社会主义法治理论，这充分体现了我国社会主义性质，具有鲜明的中国特色、实践特色、时代特色。

1. 为什么要走中国特色社会主义法治道路

（1）走中国特色社会主义法治道路，是历史的必然结论。

（2）走中国特色社会主义法治道路，是由我国社会主义国家性质所决定的。

（3）走中国特色社会主义法治道路，是立足我国基本国情的必然选择。

2. 坚持中国特色社会主义法治道路必须遵循的原则

（1）坚持中国共产党的领导。党的领导是中国特色社会主义最本质的特征，是社会主义法治最根本的保证。

（2）坚持人民主体地位。全面依法治国最广泛、最深厚的基础是人民，必须坚持为了人民、依靠人民。推进全面依法治国，根本目的是依法保障人民权益。

（3）坚持法律面前人人平等。坚持法律面前人人平等，第一，可以充分显示中国特色社会主义制度的优越性，使人民在依法治国中的主体地位得到尊重和保障，从而有利于增强人民群众的主人翁意识和责任感；第二，它鲜明地反对法外特权、法外开恩，对掌握公权力的人形成制约，从而有利于预防特权思想和各种潜规则的侵蚀；第三，它鲜明地反对法律适用上的各种歧视，有利于贯彻执行"以事实为依据、以法律为准绳"的司法原则；第四，它要求人人都严格依法办事，既充分享有法律规定的各项权利，又切实履行法律规定的各项义务，有利于维护法律权威、健全社会主义法治，确保实现全面依法治国的总目标。

（4）坚持依法治国和以德治国相结合。法治和德治，是治国理政不可或缺的两种方式，如车之两轮或鸟之两翼，忽视其中任何一个，都将难以实现国家的长治久安。只有让法治和德治共同发挥作用，才能使法律与道德相辅相成，法治与德治相得益彰，做到法安天下，德润人心。

（5）坚持从中国实际出发。建设法治中国，必须从我国实际出发，同完善和发展中国特色社会主义制度、推进国家治理体系和治理能力现代化相适应，既不能罔顾国情、超越阶段，也不能因循守旧、墨守成规。坚持从实际出发，就是要突出法治道路的中国特色、实践特色、时代特色。

解析：推进任何一项工作，只要我们党旗帜鲜明，全党都行动起来，全社会就会跟着走，所以坚持党的领导是根本；人民群众是国家的主人，必须以人民为主体；法律面前人人平等，不能仅停留在口号上，要切实落到实处，不能让任何人有特权；德治是法治的有效补充，二者并驾齐驱，缺一不可；中国特色就是从中国实际出发，根据我们自身实际情况并结合外国优秀成果来完善我们的制度体系。

要点六：建设法治中国

1. 建设中国特色社会主义法治体系

全面依法治国涉及很多方面，必须有一个总揽全局、牵引各方的总抓手，这个总抓手就是建设中国特色社会主义法治体系。

（1）完备的法律规范体系。完善法律规范体系的基本要求包括：坚持立法先行，发挥立法在改革开放和经济社会发展中的引领和推动作用，加快完善法律、行政法规、地方性法规体系，为全面依法治国提供基本遵循；科学立法、民主立法、依法立法，坚持上下有序、内外协调、科学规范、运行有效的原则，立改废释并举，实现从粗放立法向精细立法转变，提高立法质量和效率。

（2）高效的法治实施体系。完善法治实施体系的重点内容包括：健全宪法实施制度，把树立宪法权威作为全面推进依法治国的重大事项抓紧抓好；加快建设职能科学、权责法定、执法严明、公开公正、廉洁高效、守法诚信的法治政府，依法全面履行政府职能，完善行政组织和行政程序法律制度，健全依法决策机制，深化行政执法体制改革，坚持严格规范公正文明执法；深化司法体制综合配套改革，规范司法行为，提高司法公信力，努力让人民群众在每一个司法案件中感受到公平正义；着力培育公民和社会组织自觉守法的意识和责任感，充分调动全社会自觉守法的积极性、主动性，营造全社会共同守法的良好氛围。

👍 榜样

陈锦燕，女，1973年4月出生，中共党员，1994年8月参加工作，现任福建省南平市武夷山市司法局五夫司法所所长，多年的基层工作经验把她磨炼成了一个柔弱中带着韧劲，文静中带着刚强的新时代女性。身处全国司法行政系统的"末梢"，陈锦燕深刻体会到司法所越来越受群众的需要与信赖，她积极回应群众关切和基层民主法治建设需要，创新思维，开拓工作新局面。一直以来，陈锦燕立足基层，立足本职，积极进取，用勤奋、执着和热情在平凡的岗位上谱写出不平凡的普法之歌。

（3）严密的法治监督体系。完善法治监督体系的重点内容包括：健全宪法实施和监督制度；强化对行政权力的制约和监督；加强对司法活动的监督；发挥党内监督、人大监督、民主监督、行政监督、司法监督、审计监督、社会监督、舆论监督的合力，推进法治监督工作规范化、程序化、制度化，形成对法治运行全过程全方位的监督；深化国家监察体制改革，依法建立党统一领导的反腐败工作机构，构建集中统一、权威高效的国家监察体系，实现对所有行使公权力的公职人员监察全覆盖。

（4）有力的法治保障体系。完善法治保障体系的重点内容包括：切实加强和改进党对全面依法治国的领导，提高依法执政能力和水平，为全面依法治国提供有力的政治和组织保障；加强高素质法治专门队伍和法律服务队伍建设，提高法治工作队伍和法律服务队伍思想政治素质，为全面依法治国提供坚实的人才和物质保障；努力推动形成办事依法、遇事找法、解决问题用法、化解矛盾靠法的良好的守法社会氛围，为全面依法治国提供丰厚法治文化保障。

（5）完善的党内法规体系。完善党内法规体系的重点内容包括：党的组织法规制度、党的领导法规制度、党的自身建设法规制度、党的监督保障法规制度。

2. 坚持依法治国、依法执政、依法行政共同推进，法治国家、法治政府、法治社会一体建设

依法治国、依法执政、依法行政是一个有机整体，关键在于党要坚持依法执政、各级政府要坚持依法行政。法治国家、法治政府、法治社会相辅相成，法治国家是法治建设的目标，法治政府是建设法治国家的重点，法治社会是构筑法治国家的基础。

推进全面依法治国，法治政府建设是重点任务和主体工程，对法治国家、法治社会建设具有示范带动作用。

推进全面依法治国，法治社会建设是基础工程。

3. 坚持全面推进科学立法、严格执法、公正司法、全民守法

科学立法是全面依法治国的前提，严格执法是全面依法治国的关键，公正司法是全面依法治国的重点，全民守法是全面依法治国的基础。全面依法治国，必须从立法、执法、司法、守法四个方面统筹推进。

（1）科学立法。法律是治国之重器，立法是法治的龙头环节。科学立法，要以完善以宪法为核心的中国特色社会主义法律体系，加强宪法实施为目标，坚持以民为本、立法为民理念，使每一项立法都符合宪法精神，反映人民意志，得到人民拥护。要把公正、公平、公开原则贯穿立法全过程，完善立法体制机制，增强法律法规的及时性、系统性、针对性、有效性。加强党对立法工作的领导，完善党对立法工作中重大问题决策的程序，健全有立法权的人大主导立法工作的体制机制。深入推进科学立法、民主立法，完善立法项目征集和论证制度，拓宽社会各方面有序参与立法的途径和方式。加强重点领域立法，健全国家治理急需的法律制度、满足人民日益增长的美好生活需要必备的法律制度，填补空白点、补强薄弱点。实现立法和改革决策衔接，做到重大改革于法有据、立法主动适应改革和经济社会发展需要。

（2）严格执法。法律的生命力在于实施，法律的权威也在于实施。严格执法，要深入推进依法行政，加快建设职能科学、权责法定、执法严明、公开公正、廉洁高效、守法诚信的法治政府，推进各级政府机构、职能、权限、程序、责任法定化，推行政府权力清单制度。健全依法决策机制，把公众参与、专家论证、风险评估、合法性审查、集体讨论决定确定为重大行政决策法定程序，建立行政机关内部重大决策合法性审查机制，建立重大决策终身责任追究制度及责任倒查机制。深化行政执法体制改革，坚持严格规范公正文明执法，依法惩处各类违法行为，加大关系群众切身利益的重点领域执法力度，推行行政执法公示制度、执法全过程记录制度、重大执法决定法制审核制度，建立健全行政裁量权基准制度，全面落实执法责任制。全面推进政务公开，推进决策公开、执行公开、管理公开、服务公开、结果公开。

（3）公正司法。公正司法是维护社会公平正义的最后一道防线。要深化司法责任制综合配套改革，加强司法制约监督，健全社会公平正义法治保障制度，不断提高司法公信力，让人民群众在每一个司法案件中感受到公平正义。完善司法机关依法独立公正行使审判权和检察权的制度，建立健全司法人员履行法定职责保护机制。要优化司法职权配置，健全公安机关、检察机关、审判机关、司法行政机关各司其职，侦查权、检察权、审判权、执行权相互配合、相互制约的体制机制。要坚持严格司法，推进以审判为中心的诉讼制度改革，确保侦查、审查起诉的案件证据经得起法庭的检验，保证庭审在查明事实、认定证据、保护诉权、公正裁判中发挥决定性作用。要保障人民群众参与司法，完善人民陪审员制度，构建开放、动态、透明、便民的阳光司法机制。加强人权司法保障，强化诉讼权利保障，健全落实罪刑法定、疑罪从无和非法证据排除等法律原则的法律制度，加强对刑讯逼供和非法取证的源头预防，健全冤假错案有效防范和及时纠正机制。加强对司法活动的监督，完善人民监督员制度。规范媒体对案件的报道，防止舆论影响司法公正。对因违法违纪被开除公职的司法人员、吊销执业证书的律师和公证员，终身禁止从事法律职业。

（4）全民守法。法律的权威源自人民的内心拥护和真诚信仰，全民守法是法治社会的基础工程。全民守法，要增强全民法治观念、推进法治社会建设，树立宪法法律至上、法律面前人人平等的法治理念，培育全社会法治信仰，增强法治宣传教育针对性和实效性，引导全体人民做社会主义法治的忠实崇尚者、自觉遵守者、坚定捍卫者，使法治成为社会共识和基本原则。深入学习宣传习近平法治思想，深入宣传以宪法为核心的中国特色社会主义法律体系，广泛宣传与经济社会发展和人民群众利益密切相关的法律法规，使人民群众自觉尊崇、信仰和遵守法律，增强全社会厉行法治的积极性和主动性，形成守法光荣、违法可耻的社会氛围。

解析：中国特色社会主义法治道路之所以是科学的，是因为它有一套科学完整的运行机制；从立法到实施，有一套科学完整的运行流程；从目标的提出到最终的实现，它始终能深入人心，并得到人们的拥护和大力支持。中国特色社会主义法治体系和中国特色社会主义法律体系虽一字之差，但内涵更加丰富。法律体系指静态意义上的法律规范和法律制度的体系，法治体系包括法律体系、法治实施体系、法治监督体系、法治保障体系、党内法规体系五个子体系，只有通过建设中国特色社会主义法治体系，才能把各方面的工作有机串联起来。法治建设不能仅仅满足于有法可依，或者是有了一个完善的法律体系就行了，更关键的还在于能不能把这些法律付诸行动。强调建设中国特色社会主义法治体系，意味着要更加重视宪法和法律的实施，通过加强宪法和法律的实施全面推进依法治国各项工作有序开展。

要点七：我国宪法的形成和发展

1. 我国宪法的形成

我国现行宪法可以追溯到 1949 年具有临时宪法作用的《中国人民政治协商会议共同纲领》和 1954 年一届全国人大一次会议通过的《中华人民共和国宪法》。

1954 年宪法是中华人民共和国第一部宪法，它以《中国人民政治协商会议共同纲领》为基础并加以发展，在总结新民主主义革命历史经验和社会主义改造与社会主义建设经验的基础上，规定了国家在过渡时期的总任务，确定了建设社会主义制度的道路和目标，确立了适合中国国情的国体和政体，同时较完整地规定了公民的基本权利和义务。1954 年宪法的制定和实施，为巩固社会主义政权和进行社会主义建设发挥了重要保障和推动作用，也为我国现行宪法的制定和完善奠定了基础。

在这之后，我国宪法建设走了一些弯路，虽进行过宪法部分条文的修改，仍不能满足形势发展的需要。

党的十一届三中全会开启了改革开放历史新时期，发展社会主义民主、健全社会主义法制成为党和国家坚定不移的方针。我国现行宪法即 1982 年宪法就是在这个历史背景下产生的。

2. 我国现行宪法的修改

宪法只有不断适应新形势、吸纳新经验、确认新成果，才能具有持久生命力。1988 年、1993 年、1999 年、2004 年、2018 年，全国人大分别对我国宪法个别条款和部分内容作出必要的也是十分重要的修正，使我国宪法在保持稳定性和权威性的基础上紧跟时代前进步伐，不断与时俱进。

2018 年，十三届全国人大一次会议通过宪法修正案，反映了党的十九大确定的重大理论观点和重大方针政策，以及党和国家事业发展的新成就新经验新要求。确立了科学发展观、习近平新时代中国特色社会主义思想在国家政治和社会生活中的指导地位，将新发展理念、建设富强民主文明和谐美丽的社会主义现代化强国、实现中华民族伟大复兴、中国共产党领导是中国特色社会主义最本质的特征、倡导社会主义核心价值观、确立宪法宣誓制度、完善国家主席任期制度、深化国家监察体制改革等载入宪法。

解析： 任何事物都要与时代和形势同步发展，才能发挥其良好的作用。宪法的数次修订完善正体现了这样的道理，这也体现了我国宪法的与时俱进性和科学性。

认知

宪法宣誓制度在国外由来已久。自1919年德国《魏玛宪法》首次确认国家公职人员就职宣誓制度后，很多国家如德国、意大利、新加坡、芬兰、希腊、荷兰、葡萄牙、南非等国的宪法中都明确规定，官员任职前要进行忠于宪法的宣誓。在142个有成文宪法的国家中，规定相关国家公职人员必须宣誓拥护或效忠宪法的有97个。

2018年3月11日，第十三届全国人民代表大会第一次会议通过的宪法修正案，将宪法第二十七条增加一款，作为第三款："国家工作人员就职时应当依照法律规定公开进行宪法宣誓。"

宪法宣誓誓词为："我宣誓：忠于中华人民共和国宪法，维护宪法权威，履行法定职责，忠于祖国、忠于人民，恪尽职守、廉洁奉公，接受人民监督，为建设富强民主文明和谐美丽的社会主义现代化强国努力奋斗！"

2018年3月17日，第十三届全国人民代表大会第一次会议在北京人民大会堂举行第五次全体会议。习近平当选中华人民共和国主席、中华人民共和国中央军事委员会主席，并进行了宪法宣誓。

要点八：我国宪法的地位和基本原则

1. 我国宪法的地位

我国宪法确认了党领导人民长期奋斗取得的辉煌成果，规定了人民民主专政国家政权的性质和根本制度，明确了国家未来建设发展的根本任务和总的目标，是党的指导思想、中心工作、基本原则、重大方针、重要政策在国家法制上的最高体现。

（1）我国宪法是国家的根本法，是党和人民意志的集中体现。

（2）我国宪法是国家各项制度和法律法规的总依据。

（3）我国宪法规定了国家的根本制度。

我们党领导人民制定的宪法，是中国历史上第一部真正的人民宪法，是规范国家权力运行、保障公民权利实现的根本活动准则。

2. 我国宪法的基本原则

宪法的基本原则是贯穿宪法规范始终，对宪法的制定、修改、实施、遵守等环节起指导作用的基本准则。

（1）党的领导原则。我国宪法对中国共产党领导地位和执政地位的规定，既是对中国共产党领导人民在革命、建设、改革各个历史时期奋斗成果的确认，也是对国家性质和根本制度的确认，集中体现了党的主张和人民意志的高度统一。

（2）人民当家作主原则。人民当家作主是社会主义民主政治的本质和核心。我国宪法体现了人民当家作主原则，强调国家的一切权力属于人民。

（3）尊重和保障人权原则。我国宪法将"国家尊重和保障人权"规定为一项基本原则，对公民的基本权利和自由作出全面规定，依法保障公民的生存权和发展权。

（4）社会主义法治原则。我国宪法明确规定："中华人民共和国实行依法治国，建设社会主义法治国家。"社会主义法治原则要求坚持宪法法律至上、法律面前人人平等，推进国家各项工作法治化，维护社会公平正义，维护社会主义法制的统一和尊严。

（5）民主集中制原则。民主集中制是我国国家组织形式和活动方式的基本原则，是我国国家制度的突出特点和优势，也是集中全党全国人民集体智慧，实现科学决策、民主决策的基本原则和主要途径。我国宪法规定："中华人民共和国的国家机构实行民主集中制原则。"

解析：虽然宪法是国家的根本大法，具有最高的法律地位、法律权威和法律效力，但是宪法对我们来说并不是遥不可及的，全国各族人民、一切国家机关和武装力量、各政党和各社会团体、各企事业组织，都必须以宪法为根本的活动准则，并且负有维护宪法尊严、保证宪法实施的职责。作为大学生，要明确宪法对于国家、社会和我们每个人的重要意义，要以实际行动维护宪法的神圣地位。

要点九：加强宪法实施与监督

1.加强宪法实施

加强宪法实施，我们党首先要坚持依宪执政，国家权力机关要加强和改进立法工作，国家行政机关、监察机关和司法机关要严格执行法律，维护宪法法律尊严。

（1）坚持依宪执政。要坚持党领导立法、保证执法、支持司法、带头守法，把依法治国、依法执政、依法行政统一起来，把党总揽全局、协调各方同人大、政府、政协、监察机关、审判机关、检察机关依法依章程履行职能、开展工作统一起来，把党领导人民制定和实施宪法法律同党坚持在宪法法律范围内活动统一起来。

（2）坚持依法立法。国家权力机关要加强和改进立法工作，继续完善以宪法为核心的中国特色社会主义法律体系，以良法促进发展、保障善治、维护人民民主权利，保证宪法确立的制度、原则和规则得到全面实施。要及时把党的路线方针政策通过法定程序转化为国家法律，加强重点领域、新兴领域、涉外领域立法，通过完备的法律体系推动宪法实施。要保证重大改革于法有据，任何立法均不得同宪法相抵触，维护社会主义法制的统一。

（3）坚持严格执法。国家行政机关要坚持依宪施政、依法行政，严格规范政府行为，深化行政执法体制改革，推进执法规范化建设，严格规范公正文明执法，加大决策合法性审查力度，进一步提高科学决策、民主决策、依法决策水平。监察机关要在党的领导下，以宪法为根本准则，履行好对行使公权力的公职人员监察全覆盖的法定职责。司法机关要深化司法体制综合配套改革，落实司法责任制，加快构建权责一致的司法权运行新机制，坚持和完善中国特色社会主义司法制度，保证依法独立公正行使审判权、检察权，确保司法权公正高效权威，不断提高司法公信力。

2. 完善宪法监督

（1）健全人大工作机制。全国人大及其常委会履行宪法赋予的宪法监督职责，要加强对宪法法律实施情况的监督检查，坚决纠正违宪违法行为。

（2）健全宪法解释机制。全国人大常委会根据宪法规定行使宪法解释权，依照宪法精神对宪法规定的内容、含义和界限作出解释。

（3）健全备案审查机制。将所有的法规规章、司法解释和各类规范性文件依法依规纳入备案审查范围，是宪法监督的重要内容和环节。

（4）健全合宪性审查机制。我国的合宪性审查，就是由有关权力机关依据宪法和相关法律的规定，对于可能存在违反宪法规定的法律法规、规范性文件以及国家机关履行宪法职责的行为进行审查，并对违反宪法的问题予以纠正。

解析：无论是实施还是监督，都要依宪依法进行，运行机制要合法，执法流程要合法，监督工作要合法，人员操作更要合法，任何一个环节都不能违背法律的规定，不能让法律失去它存在的意义。

相关链接：

《中国宪法》

要点十：培养社会主义法治思维

1. 法治思维及其内涵

法治思维是指以法治价值和法治精神为导向，运用法律原则、法律规则、法律方法思考和处理问题的思维模式。它包含以下几层含义：第一，法治思维以法治价值和法治精神为指导，蕴含着公正、平等、民主、人权等法治理念，是一种正当性思维；第二，法治思维以法律原则和法律规则为依据指导人们的社会行为，是一种规范性思维；第三，法治思维以法律手段与法律方法为依托分析问题、处理问题、解决纠纷，是一种逻辑思维；第四，法治思维是一种符合规律、尊重事实的科学思维。

2. 法治思维的基本内容

（1）法律至上。法律至上是指在国家或社会的所有规范中，法律是地位最高、效力最广、强制力最大的规范。法律至上具体表现为法律的普遍适用性、优先适用性、不可违抗性。法律的普遍适用性，是指法律在本国主权范围内对所有人具有普遍的约束力。法律的优先适用性，是指当同一项社会关系同时受到多种社会规范的调整而多种社会规范又相互矛盾时，要优先考虑法律规范的适用。法律的不可违抗性，是指法律必须遵守，违反法律要受到惩罚。

（2）权力制约。权力制约是指国家机关的权力必须受到法律的规制和约束。在我国，国家权力是人民的，即一切权力为民所有；国家权力是为人民服务的，即一切权力为民所用。权力制约包括权力由法定、有权必有责、用权受监督、违法受追究四项要求。权力由法定，即法无授权不可为，是指国家机关的职权必须来自法律明确的授予。有权必有责，是指国家机关在获得权力的同时必须承担相应的职责和责任。用权受监督，是指国家权力的运行和行使必须接受各种形式的监督，让人民监督权力，让权力在阳光下运行。违法受追究，是指国家工作人员违法行使权力必须受到法律的追究和制裁。

（3）公平正义。公平正义是指社会的政治利益、经济利益和其他利益在全体社会成员之间合理、公平分配和占有。一般来讲，公平正义主要包括权利公平、机会公平、规则公平和救济公平。权利公平包括三重含义：一是权利主体平等，国家对每个权利主体"不偏袒""非歧视"；二是享有的权利特别是基本权利平等；三是权利保护和权利救济平等。机会公平是指生活在同一社会中的成员拥有相同的发展机会和发展前景，反对任何形式的歧视。机会公平包括：国家和社会要积极为社会成员的发展创造条件，并努力创造平等的起点；社会成员的发展进步权要受到同等尊重，不断拓展社会成员的发展领域；不仅要关注当代人的机会平等，还要考虑后代人的机会平等。规则公平是指对所有人适用同一规则和标准，不得因人而异。

（4）权利保障。权利保障主要是指对公民权利的法律保障，具体包括公民权利的宪法保障、立法保障、行政保障和司法保障。宪法保障是权利保障的前提和基础，立法保障是权利保障的重要条件，行政保障是权利保障的关键环节，司法保障是公民权利保障的最后防线。

（5）程序正当。程序的正当，表现在程序的合法性、中立性、参与性、公开性、时限性等方面。合法性是指程序运行合乎法律的规定，有关机关或个人不得违反或变相违反；中立性是指程序设计和运行应平等地对待双方当事人，不得偏向任何一方；参与性是指案件或纠纷的利害关系人都有机会进入办案程序，充分表达自己的利益诉求和意见主张，为解决纠纷发挥作用，公开性是指程序运行的过程和结果应当向当事人和社会公开，以接受各方监督，防止办案不公和暗箱操作，让正义以人们看得见的方式实现；时限性是指程序的运行必须有合理的期限，符合时间成本和效率原则的要求，不得无故拖延。

解析： 简单来说，法治思维就是将法治的诸种要求运用于认识、分析、处理问题的思维方式，是一种以法律规范为基准的逻辑化的理性思考方式。因此，法治思维需以法治概念为前设，做到在法治之下而不是法治之外，更不是法治之上想问题、作决策、办事情。

要点十一：依法行使权利与履行义务

1. 法律权利与法律义务

（1）法律权利。法律权利是指由一定的社会物质生活条件所制约的行为自由，是法律所允许的权利人为了满足自己的利益而采取的、由其他人的法律义务所保障的法律手段。法律权利具有以下四个方面的特征：一是法律权利的内容、种类和实现程度受社会物质生活条件的制约；二是法律权利的内容、分配和实现方式因社会制度和国家法律的不同而存在差异；三是法律权利不仅由法律规定或认可，而且受法律维护或保障，具有不可侵犯性；四是法律权利必须依法行使，不能不择手段地行使法律权利。

（2）法律义务。法律义务是指由一定的社会物质生活条件所制约的社会责任，是保证法律所规定的义务人按照权利人要求从事一定行为或不从事一定行为以满足权利人利益的法律手段。法律义务具有以下四个特点：一是法律义务是历史的，法律义务的内容和履行方式随着经济社会的发展和人权保障的进步而不断调整和变化；二是法律义务源于现实需要，一个国家或地区的制度性质、历史传统、文化背景、宗教信仰和安全形势等因素，会对法律义务的设定产生重要影响；三是法律义务必须依法设定，法律义务必须由具有法定职权的国家机关依照法律程序设定，其他国家机关不得对公民违法设定法律义务；四是法律义务可能发生变化，公民和社会组织承担的法律义务，在履行的过程中可能会因法定情形变更、消灭，或产生新的法律义务。

（3）法律权利与法律义务的关系。法律权利与法律义务就像一枚硬币的两面，不可分割，相互依存。在社会生活中，每个人既是享受法律权利的主体，又是承担法律义务的主体。在法治国家，不存在只享受权利的主体，也不存在只承担义务的主体。法律权利的实现必须以相应法律义务的履行为条件；法律义务的设定和履行也必须以法律权利的行使为根据。有些法律权利和法律义务具有复合性的关系，即一个行为可以同时是权利行为和义务行为，如劳动的权利和义务、接受义务教育的权利和义务。

2. 我国宪法法律规定的权利

（1）政治权利。政治权利是公民参与国家政治活动的权利和自由的统称。主要包括：①选举权，即选举权与被选举权，是指人们依法享有的参加创设或组织国家权力机关、代表机关的权利；②表达权，即公民依法享有的表达自己对国家公共生活的看法、观点、意见的权利；③民主管理权，即公民根据宪法法律规定，管理国家事务、经济和文化事业以及社会事务的权利；④监督权，即公民依据宪法法律规定监督国家机关及其工作人员活动的权利。

（2）人身权利。人身权利是指公民的人身不受非法侵犯的权利。主要包括：①生命健康权，即维持生命存在的权利。生命权是人最基本、最原始的权利，具有神圣性与不可转让性，不可非法剥夺，享有生命权是人享有其他各项权利的前提。健康权是在公民享有生命权的前提下，确保自身肉体健全和精神健全、不受任何伤害的权利；②人身自由权，即公民的人身自由不受非法搜查、拘禁、逮捕等行为侵犯的权利；③人格尊严权，即与人身有密切联系的名誉、姓名、肖像等不容侵犯的权利。人格尊严的基本内容有姓名权、肖像权、名誉权、荣誉权、隐私权等；④住宅安全权，也称住宅不受侵犯权，即公民居住、生活、休息的场所不受非法侵入或搜查的权利。这里的"住宅"既包括固定居住的住宅，也包括临时性的住所；⑤通信自由权，即公民通过书信、电报、传真、电话及其他通信手段，根据自己的意愿进行通信，不受他人干涉的权利。

（3）财产权利。财产权利是指公民、法人或其他组织通过劳动或其他合法方式取得财产和占有、使用、收益、处分财产的权利。主要包括：①私有财产权，即公民个人所有的以财产利益为内容，直接体现财产利益的民事权利。我国宪法规定："公民的合法的私有财产不受侵犯。"公民一切具有财产价值的权利，不管是生活资料还是生产资料，不管是物权、债权还是知识产权，都应当受到保护；②继承权，是指继承人依法取得被继承人遗产的资格。

（4）社会经济权利。社会经济权利是指公民要求国家根据社会经济的发展状况，积极采取措施干预社会经济生活，加强社会建设，提供社会服务，以促进公民的自由和幸福，保障公民过上健康而有尊严的生活的权利。主要包括：①劳动权，是指一切有劳动能力的公民有获得劳动的机会和适当的劳动条件和报酬的权利，包括平等就业和选择职业的权利、取得劳动报酬的权利、休息休假的权利、获得劳动安全卫生的权利、提请劳动争议处理的权利等；②休息权，是指劳动者在付出一定的劳动以后所享有的休息和休养的权利，是劳动权存在和发展的基础；③社会保障权，是指公民享有的要求国家提供维持有尊严的生活条件的权利；④物质帮助权，是指公民在法定条件下有从国家和社会获得物质帮助的权利。

（5）宗教信仰自由。宗教信仰自由是指公民依据内心的信念，自愿地信仰宗教的自由。具体内容包括信仰宗教的自由、从事宗教活动的自由、举行或参加宗教仪式的自由等。

（6）文化教育权利。文化教育权利是公民按照宪法的规定在文化和教育领域享有的权利，主要包括教育方面的权利和文化活动方面的权利。教育方面的权利主要表现为受教育权。受教育权是公民在教育领域享有的基本权利，是公民接受文化、科学等方面训练的权利；文化活动方面的权利主要表现为公民的文化权利，主要包括科学研究的自由、文学艺术创作的自由、进行其他文化活动的自由三方面内容。

3. 依法行使法律权利

依法行使法律权利要求公民行使权利时应严格依据法律进行，以法律的相关规定为界限，超出这个界限就可能侵犯到他人的权利或者损害到国家、社会的利益。

（1）权利行使目的的正当性。公民在行使法律权利时，不仅要在形式上符合相关法律的规定，也要符合立法意图和精神，不得违反宪法法律确定的基本原则，保障权利行使的正当性。

（2）权利行使的必要限度。任何权利的行使都不是绝对的，都有其相应的限度，必须依照法律规定的限度来行使权利。

（3）权利行使方式的法定性。权利行使的方式分为口头方式、书面方式和行为方式，有时口头方式和书面方式可以兼用。

（4）权利行使的正当程序。由于一个人行使权利的过程可能就是另一个人履行义务的过程，所以程序正当原则同样适用于权利行使过程。

4. 依法履行法律义务

（1）公民应履行的基本法律义务。维护国家统一和民族团结的义务。维护国家统一是整个社会共同体存在和发展的基础，也是以宪法为核心的整个法律制度存在的基础。同时，国家统一也是公民实现法律权利与自由的前提。宪法和相关法律规定，禁止对任何民族的歧视和压迫，禁止破坏民族团结和制造民族分裂的行为；一切破坏民族团结和制造民族分裂的行为都将受到法律的追究。

（2）遵守宪法和法律的义务。我国宪法规定了公民遵守宪法和法律的义务，还规定了若干具体义务，主要包括以下几方面内容。①保守国家秘密，国家秘密是指涉及国家的安全与利益，尚未公开或不准公开的政治、经济、军事、公安、司法等秘密事项以及应当保密的文件、资料等；②爱护公共财产，公共财产是指全民所有财产和劳动群众集体所有财产。社会主义的公共财产神圣不可侵犯，禁止任何组织或者个人用任何手段侵占或者破坏国家和集体的财产；③遵守劳动纪律，劳动者在从事社会生产和工作时，必须遵守和执行劳动规则及其工作程序，维护劳动秩序；④遵守公共秩序，公共秩序包括社会秩序、生产秩序、教学科研秩序等。每位公民必须维护公共秩序，并同一切违反公共秩序的行为作斗争；⑤尊重社会公德，就是要尊重在社会交往和公共生活中应当遵守的道德标准和法律标准。

（3）维护祖国安全、荣誉和利益的义务。国家安全是指国家的领土完整和主权不受侵犯，国家政权不受威胁。国家安全是国家政权稳定和公民依法行使权利与自由的根本保障。国家荣誉是指国家的声誉和尊严。维护国家荣誉是指国家的声誉和尊严不受损害，对有辱祖国荣誉、损害祖国利益的行为给予法律制裁。国家利益通常分为对外和对内两个方面。对外主要是指民族的政治、经济、文化等方面的权利和利益；对内主要是指公共利益。

（4）依法服兵役的义务。我国实行义务兵与志愿兵相结合、民兵与预备役相结合的兵役制度。我国公民都有义务依法服兵役。我国兵役法规定，每年12月31日以前年满18周岁的男性公民，应当被征集服现役。我国兵役法对服兵役的主体作了限制性规定：依法被剥夺政治权利的人没有服兵役的资格；应征公民被羁押，正在受侦查、起诉、审判的，或者被判处徒刑、拘役、管制正在服刑的，不征集；应征公民是维持家庭生活的唯一劳动力或者正在全日制学校就学的学生的，可以缓征。

（5）依法纳税的义务。在现代社会中，税收是国家财政收入的主要来源，纳税是公民应该履行的一项基本义务。根据我国个人所得税法的规定，在中国境内有住所，或者无住所而在境内居住满一年的个人，从中国境内和境外取得的所得，依法缴纳个人所得税。

解析：法律是规定人们权利和义务的行为规范。其最主要的精神是强调权利与义务的统一性。公民要正确对待权利义务关系，既要依法行使法律赋予公民的权利，也要履行法律赋予公民的义务。我们在形成正确的公民意识，以社会主义法律为武器，捍卫自己的正当权利，在享有个人所拥有的权利时，不要忘记尊重和承认他人的合法权益，不要忘记履行对国家、对社会、对他人的义务。同时，大学生应培养法律与自由相统一的观念。在行使自己权利时要慎重考虑自己的言论、行为的社会效果，不得损害国家、集体的利益和其他人的合法权益。最后，大学生应培养树立公民在法律面前人人平等的观念。

要点十二：不断提升法治素养

1. 尊重法律权威

法律的权威源自人民的内心拥护和真诚信仰。人民权益要靠法律保障，法律权威要靠人民维护。就大学生而言，作为一个公民，要在尊重法律权威方面加强砥砺，在学习和生活中积极作为，养成敬畏法律的良好品质，努力成为尊重法律权威、信仰法律的先锋。

尊重法律权威，就要信仰法律，对法律常怀敬畏之心；就要遵守法律，用实际行动捍卫法律尊严，保障法律实施；就要服从法律，拥护法律的规定，接受法律的约束，履行法定的义务，服从依法进行的管理，承担相应的法律责任；就要维护法律，争当法律权威的守望者、公平正义的守护者、具有良知的护法者。

2.学习法律知识

学习和掌握基本的法律知识，是提升法治素养的前提。法律知识通常包括法律法规方面的知识和法律原理方面的知识，这两部分法律知识对于培养法治思维、提升法治素养都很重要。

参与法治实践是学习法律知识的有效途径。参与法治实践的方式和途径主要有：①参与立法讨论；②旁听司法审判；③参与校园法治文化活动。

3.养成守法习惯

守法，就是任何组织或者个人都必须在宪法和法律范围内活动，任何公民、社会组织和国家机关都要以宪法和法律为行为准则，依照宪法和法律行使权利或权力、履行义务或职责。养成守法习惯，不仅要有基本的法律知识，更要有遵守规则的意识，坚持从具体事情做起。

（1）增强规则意识。养成规则意识、坚持守法守规是每一个法治国家公民的基本素养。大学生参与社会活动，实施个人行为，都要以法律为依据，不得违反法律规范。

（2）守住法律底线。法律红线不可逾越、法律底线不可触碰。大学生应当坚持从我做起，从身边做起，形成底线思维，严守法律底线，带头遵守法律。

4.提高用法能力

学法是为了更好地用法，把对法治的尊崇、对法律的敬畏转化成思维方式和行为方式，做到在法治之下、而不是法治之外、更不是法治之上想问题、作决策、办事情。通过运用法律，提高解决问题的能力，使法律内化于心、外化于行。

（1）维护自身权利。大学生要增强权利意识，用法处理纠纷，依法维权护权。当自身的合法权益受到侵害或者威胁时，既要有遇事找法、解决问题用法、化解矛盾靠法的意识，又要掌握维护权利的途径和手段，还要善于留存法律证据，通过法律途径解决问题，理性维权。

（2）维护社会利益。大学生除了要运用法律维护自身权利外，还要通过法律维护社会公共利益，对违法犯罪行为要敢于揭露、勇于抵制，消除袖手旁观、畏缩不前的恐惧心理，抵制遇事回避的惧法现象。大学生要遵法守规、遇事找法、善于用法，做新时代的守法人、护法人。

解析：简而言之，培养法治思维，首先要学法懂法，掌握法律运行、使用法律的方法规律，然后付诸实践，使之成为自身为人处世的习惯。另外还要明确，我们的行为要在法律规定的范围内，不可触犯法律的底线。

相关链接：

奉法者强

热点解读

热点一：谁破坏绿水青山，谁就要付出金山银山的代价

热点事件

6月5日是世界环境日。2019年6月5日，最高人民法院向社会公布了《最高人民法院关于审理生态环境损害赔偿案件的若干规定（试行）》（以下简称《规定》）。这份司法解释围绕"生态环境损害赔偿案件"这个新案件类型，明确了受理条件、证据规则、责任范围等问题。

热点解读

说是新案件类型，其实道理并不复杂：绿水青山就是金山银山，谁破坏绿水蓝天，谁污染我们的绿色家园，谁就理应付出金山银山的代价。

在这个人所共知的逻辑下，新规的三个特点值得关注——

第一，提高破坏生态环境者的违法成本，正是这个规定最显著的特点。

生命离不开灿烂的阳光、清新的空气、洁净的水源，我们在生活中很少察觉到自己有多依赖它们，原因之一就在于我们享受着环境的便利，却很少为它埋单，一些黑心企业的成功秘诀，就是利用这种"剪刀差"：

一方面，他们无视环境容量，肆意排放污染物，进行掠夺性开发，借助靠损害环境带来的低成本优势巧取豪夺；另一方面，他们顶多是对当地居民遭受的损失聊作补偿，却无须为破坏了"无主"的环境付出代价。环境系统有很强的公共物品属性，每个人使用的，都是由全社会分享的份额。反过来说，一小撮人对环境的破坏，就是对全民环境资源的残害。

防污治污靠自律、靠市场，但归根结底要靠法治，最高法的新规明确，如果生态环境无法修复，原告请求被告赔偿生态环境功能永久性损害造成的损失时，人民法院应根据具体案情予以判决。

当污染者不得不为环境损失的每一个铜板付费，以环境破坏牟利的"生意"就会自然破产，无利可图，谁还会趋之若鹜？

第二，把恢复生态作为司法行为的首要目的，是新规的最大亮点。

对于保护生态环境，惩罚永远不会是目的，而只能是手段。

当伤痕已经造成，疮痍已经留下，再多的赔偿如果不用在正确的地方，也于事无补，不只是赔钱了事，以人民为中心，就要想尽一切办法穷尽一切手段，去重新赢回宜居的生态环境。

从这一角度说，《规定》的最大意义就在于首次将"修复生态环境"作为生态环境损害赔偿的责任方式，明确了受损生态环境能够修复的，人民法院应当依法判决被告承担修复责任，同时，《规定》还创新了责任方式的顺位，也就是能修复的就要判决修复，修复不了的才能判决赔偿由此造成的损失。

司法保护人居环境，把人民的利益放在最高的位置，把生态修复放在金钱之上，生态环境损害赔偿案件聚焦生态恢复的目的，在创新中得到了鲜活体现。

第三，司法越发积极作为勇于担当，是新规体现出的趋势。

人民对美好生活的向往，永远是我们的奋斗目标，而环境正是党的十九大报告提出的、人民对美好生活需求的重要方面。

奋斗不息，更需法治护航。只有实行最严格的制度、最严密的法治，才能为生态文明建设提供可靠保障。近年来，全国政法机关在环境保护上越来越积极有为。

最高法发布的《中国环境资源审判（2017—2018）》（白皮书）披露，2018年，全国法院共受理检察机关提起的环境公益诉讼案件1737件，同比上升33.21%，审结1252件，同比上升28.41%，全年共审结涉环境刑事、民事、行政案逾25万件，曾被习近平总书记批示的腾格里沙漠污染环境案等一批典型案件得到依法解决，成为环境保护的标杆案件。

在临近世界环境日之际，司法部也印发了《关于进一步做好环境损害司法鉴定管理有关工作的通知》，规定环境公益诉讼可先鉴定后收费，有力破解了公益保护因"鉴定贵"望而却步的老大难问题。

2019年，中国是世界环境日的主办国，全球主场活动在中国杭州举办。国家主席习近平向主场活动致贺信指出："人类只有一个地球，保护生态环境、推动可持续发展是各国的共同责任。"对于环境义务，中国从不曾讳言，也不会回避。

将环境保护转化为法律责任，是一个国家应对环境挑战的最有力回应：

坚持完善生态环境法治，用法治的刚强保障生态文明的发展，才能让中华民族永远在绿水青山中不懈奋斗，在绿色发展之路上矢志前行！

📖 **感悟**

世界上唯有两样东西能让我们的内心受到深深的震撼，一是我们头顶上灿烂的星空，一是我们内心崇高的道德法则。

——康德

热点二：用法治铁腕严惩网络暴力

热点事件

2020 年，全国政协委员、明宇集团董事长张建明向全国两会提交了一份《关于加强网络暴力防控和惩治，营造健康网络生态》的提案。他认为，网络施暴者较少受到法律惩戒，且违法成本低下，某种程度上助长了网络暴力横行。制定"反网络暴力法"的公共议题再次被热议。

热点解读

网络暴力已呈愈演愈烈之势。当中既有网民非理性情绪的野蛮生长，也有不法分子以牟利为目的，恶意雇水军写黑稿带节奏。近段时间以来接连发生了一系列事件，从张文宏的粥到 papi 酱的娃，令人感到无所适从。一些日常的人和事，却有可能莫名其妙地激怒一票围观网民，毫无规律可循；网络空间的"坑"也一次次超乎常理，谁都无法预知踩雷的边界在哪，动辄得咎。

到底哪些不当互联网行为属于网络暴力，直到现在相关法律法规也没有明确界定，规制范围比较狭窄。这一方面纵容犯罪，让施暴者有恃无恐；另一方面也助长集体无意识，一些网民可能根本不懂，自己的行为过激甚至构成违法犯罪。而随着网络化生存在人们生活中占比越来越重，网络文明对社会文明的影响也越来越大，法治建设跟上互联网发展进程显得越来越紧迫。

具体来说，可专门制定一部"反网络暴力法"，或依托于现行的相关法律法规制定可操作性的司法解释，在法律层面上明确规定网络暴力的内涵、外延及实施该类行为的侵权方式和责任形式。通过立法手段实现对网络暴力言论的分级管理，严格事后追惩制度，实现依法治理的目标。

要注意完善对网络"大 V"的规制。作为网络空间的公众人物，网络"大 V"在信息选择及发表观点时更要受到法律约束和道德规范。然而，一些公众人物，比如娱乐圈明星、网红"大 V"、商界名流等，不仅没有担起这份社会责任，反而常常牵涉到雇水军带节奏的事件中，造成恶劣影响。因此，必须通过立法来敦促网络"大 V"引导大众进入理性、积极的舆论场。

同时，公众也要增强维权意识。在受到网络暴力行为侵害时，因缺乏维权意识或因维权成本过高而忍气吞声，也变相放任了有组织有规模的网络暴力行为。应设立专门的部门或机构，或通过律师协会，针对遭受网络暴力的社会弱势群体提供法律援助。公众也要主动作为，维护自己的合法权益。

网络重度依赖的时代，网络空间不仅不是法外之地，反而更应高度法治化，以成为社会文明的示范窗口。

案例探讨

基层法官手记——当法律遇上道德

一花一世界，一草一凡尘，而每一个基层法庭都是一座城池，这里人流熙攘、人声鼎沸、人心忐忑、人人警戒。事实上，人们往往是不得以来此，进城的人皆是冲着这座城池中最神圣的支柱——法律而来，也是冲着我们这些守城人的信仰——公平正义而来。改用钱钟书先生的《围城》名言，法庭这座城池，城外的人不想进来，城里的人不想再来。是的，钱先生把婚姻比作围城，是浪漫的妙喻，但法庭这座城，如此比喻却是尴尬的。或许在人们眼中，此城之所以显得威严肃穆，是因为城墙皆由如同一块块冰冷青石板的法律条款堆砌而成的，天网恢恢，法不容情，人非逼不得已，是不愿意迈进此城的。

在基层法庭工作将近两年，我所接触到的大多是社会底层人士，在这个阶层中，他们大多数宁愿讲人情世故，也不愿接触陌生的法律条文；他们宁愿相信吃亏是福，也不愿运用法律武器自我保护。身为法官，我们眼中神圣庄严且光芒四射的法律精神，放置他们面前，有时却出乎意料地黯然失色了。比如，当法律遇上道德……

为一个母亲的谎言保密

一位二十出头的农村青年，因家境贫穷，为了补贴家用以及帮助还在读书的弟弟完成学业，他背井离乡，初来武汉打工，每月的工资大部分都汇给了父母，但在一次借骑老板的电动摩托车去银行汇款的路上，不慎撞伤了一位本地"90后"男孩，交警认定农村青年承担全部责任。随后，农村青年被老板炒了鱿鱼，同时也被告上法庭，"90后"男孩要求赔偿医药费七千元。

在进行庭前调解时，穿着时尚的原告"90后"男孩和母亲一起来了，那男孩一脸稚气，但说话骄扬跋扈，开口就以强硬的态度要求农村青年一分不少地赔偿其全部经济损失，那位母亲则安静地坐在旁边，一边温柔地拨开儿子长长的头发给我看伤口，一边劝着儿子注意说话口气。我耐着性子进行调解，向那位母亲分析了只有在赔偿金额上有所让步，才能及时得到赔偿款，同时也化解了判决后执行难的问题。那位母亲找机会避开了她的儿子单独对我说："我帮儿子立案时，就只针对医药费部分进行了起诉，其他的花费都没有再计算，因为我了解到被告是个农村青年，刚刚来武汉打工，并且还因这个事情丢了工作，就不想要求他赔偿太多了。现在我也希望通过调解尽快得到赔偿，化解这场纠纷。我愿意减少两千元，我的儿子有点任性，但我能说服他，希望那位农村青年能同意我的意见。"

唯唯诺诺的农村青年面带难色，犹豫了好久，艰难地说："我只有用这个月的工资三千块来赔偿，因为之前就靠几百块钱维持一个月生计，没有任何存款……"话没说完，那位时尚男孩大发雷霆，他骂农村青年得寸进尺，不吃敬酒吃罚酒。今天赔偿不到位，就要叫他的兄弟过来教训农村青年。男孩母亲把儿子推到外面，我判断调解的可能性几乎没有了，就去做开庭准备，办公室里只剩下男孩母亲和农村青年。

十多分钟后，我通知双方开庭时，得知原、被告双方已经达成了调解意见。我惊奇地问道："赔偿多少钱？"那位农村青年始终沉默着，而那位母亲则不安地看着门外，小声地对我说："还是三千块，但我跟儿子说是五千块，我愿意拿出我自己的钱来补齐差距。因为这位农村青年只比我儿子大几岁，却放弃了求学机会，出来打工养家，还有个弟弟在读书，他为父母分担压力已经很辛苦了，这么一位孝顺懂事的年轻人，能赔偿我们三千元也已尽了他的全力了，如果我还要求他父母拿钱出来为儿子承担责任，那我就不道德了。可我的儿子性格有些固执任性，我希望一会儿给我儿子赔偿款的时候，法庭能为我保密，我不希望他为这件小事而去犯大错。在我眼里，两边都是孩子。"话说到此时，那位农村青年已是泪流满面，感激地看着那位为包容别人而欺骗自己儿子的母亲。

诗人雪莱说，道德中最大的秘密就是爱。可怜天下父母心，父母对子女的爱如同大海，她包括了溺爱、呵护、宽容、体贴、理解、纵容、纯朴、无私、寄托、牺牲等，对这样一位伟大的母亲，她对儿子、对儿子同龄的晚辈，即是雪莱口中充满了道德的爱。我没有资格评论她的抉择是否对错，但在她的这份充满着博爱的谎言面前，我毅然选择了为她永远保密。

向越战老兵庄重地敬礼

老罗是开着出租车来立案的，他头发花白，根根直立，但身材魁梧，器宇轩昂，唯一让我好奇的是，说话声如洪钟的中年汉子，耳朵上却戴着助听器。案情很简单，老罗的出租车在转弯时减速慢行，被后面一愣头青年所驾驶的超速大货车撞翻在地，老罗人伤车损。那青年把昏迷的老罗送到医院后，交了六千块的治疗费就离开了。后来交警认定青年负事故的全部责任。

老罗伤好后上门索赔，被毫无修养的肇事青年捶了几拳，还被骂："送你去医院治疗已经够给面子了，现在还以讹人来发财。"老罗说到此，激动了起来，"我退伍二十多年了，除了当年在战场上要我命的敌人，再没有人动过我一个指头，如今吃了这个毛头小子几拳，我真是咬碎牙齿吞进肚子里忍了，如果回到八十年代，我一掌就可以让他趴下站不起来。我相信现在法律健全了，一切纠纷都由法律说了算，今天你们法庭得为我出口气，能让这臭小子赔偿我全部经济损失就够了，他打我那几下，我就原谅他的不懂事算了，当年我扛着枪打仗时，他还没生呢，哎，现在的年轻人啊，浮躁得不知天高地厚了"。

我小心地劝慰着老罗，就和他闲聊了起来。七十年代末，二十出头的老罗打起包袱扛着枪，冲进了自卫援越的战场，残酷的战斗、恶劣的环境锤炼了老罗不怕死的精神，在一次冲锋中，老罗被一颗身边爆炸的炮弹轰晕了过去，醒来后，右耳失聪，身上嵌进去几片弹片。随着战争的结束，老罗几乎未退伍，回武汉后，在交通管理局上班，因性格耿直、心口一致，一直没有当上领导。九十年代，下岗的大潮把老罗冲下了岗位，以开出租车来维持生计。不幸发生了此次交通事故，身体的伤情倒无大碍，但出租车的损坏，几乎让老罗失去了养家糊口的饭碗，理直气壮的索赔又挨了那缺德的青年几拳头，于是，愤然来法院起诉了。

我尽快给老罗安排了开庭，庭审中，肇事青年说为老罗在医院垫付了医药费六千块，要求法庭一并处理，但因当时为了逃走而忘了领取医院缴费发票。老罗的代理人意见为，被告没有证据证明该费用是其垫付，对此不予认可，原告老罗提交了费用发票，法院应当认定该费用是原告支付的……

话说当时，老罗呼地站了起来，对代理人吼起来，这个钱就是他出的，你怎么能胡说八道，我老罗是穷，但还没穷得没有了道德和志气……

管仲说，君子，道德当身，不以物惑。哲人说，诚信，是生意成功的黄金法则。但在这里，老罗的一席怒吼，震撼且感动了对方。肇事青年当庭向老罗道歉，知道了老罗所经历的战火洗礼，顿时肃然起敬，双方迅速进行了调解，老罗分文不少地得到了赔偿。老罗的诚信，创造了比黄金还珍贵的价值，那就是唤醒了周围人对道德的固守，在物欲横流的时代背景下，激起了我们对传统道德的沉思和怀念。面对着走出法庭大门的老罗那伟岸的背影，我在心中庄重地向他敬礼！老兵，在这场没有硝烟的战争中，你完美取胜。

道德由谁来管

这道德由谁来管？当这个问题出自一位农妇之口，我们几个每天忙碌于案件审理、解决纠纷任务中的法官瞬间石化了。

当天下午，来了一位穿着朴素的农村妇女，她如同遇见了多日不见的知己闺蜜，把家里柴米油盐的事情向我们娓娓道来，当说到她丈夫时，突然激动地哭起来，眼泪哗哗地掉了下来。原来她丈夫在外面当包工头多年，抛弃家里的老小，与别的女子生活在了一起，且生儿育女了。我们劝她，如果丈夫涉嫌重婚的话，可以提起自诉。当她了解到丈夫被判重婚罪可能要坐牢的后果，态度顿时掉头，开始倾诉负心的丈夫曾经是多么地爱她，多么地顾家，多么地孝敬老人，多么地疼爱孩子，现在只是一时糊涂犯了错，不想要让他坐牢，只是想吓唬一下丈夫，希望他能回心转意。

当时法庭有办事的律师向她解释，重婚罪是自诉犯罪，只要你不起诉，他就暂时不涉嫌犯罪，也不会坐牢。那位情感丰富的农妇意外得喜笑颜开起来，执着地向我们发问，说不想让她丈夫遭受法律处罚，但如何能挽回丈夫的心。我们答复说，关于家务事方面的内容就不谈了，你丈夫的行为也属于严重违反道德，我们法庭只管辖法律层面的纠纷，关于道德方面就无权管辖了。于是，那农妇就发出了之前的惊天一问……

是啊，这道德是由谁来管？此问题结结实实地把我们问得哑口无言了。是社会？或是国家？抑或是人们的良心？至于道德由谁来管，至今，我们几张整天为讨论案件因观点不同而争论不休的快嘴，依旧没有跳出一个令人满意的答案。

有人劝农妇可以提起离婚诉讼，以维护婚姻自由的权利，再去寻找自己的幸福。未料，农妇急了，"离婚了，读书的小孩谁看护？年老多病的公婆谁照顾？家里公婆对我那么好，已经认我做他们的女儿了，只要丈夫能回心转意，我就愿意等他一辈子，时间不早了，我该回去给公婆做饭了"。于是，她快步离去。

如此一位情深意重的女子，在法律和道德之间，她迷茫了，但她是有信仰的，即使难以实现成真的信仰，也会是她人生的寄托所在，这种信仰几欲绝迹，比如我们越来越推崇却日益稀少的孝道，比如感动历史的传统专一的贞洁妇道，比如被社会越来越淡化的家庭责任心等，在法律面前，她是无知无畏的，但在道德面前，她是有滋有味的。

行文至此，我忽然想到了《西游记》，如果说法律恰似孙悟空，那么道德则好比是唐僧。悟空本领高强，善于斩妖除魔；唐僧手不缚鸡，满腔仁真善美。面对社会的丑陋罪恶，代表法律的悟空就是一顿棒喝，而代表道德的唐僧则是用一颗仁心感化之。效果孰好孰坏，暂时无法评判。仅从小说中看，悟空虽严厉冷酷、杀妖无数，但妖怪依旧层出不穷；唐僧则一路慈悲，历经劫难，感动上苍，取得真经，回到大唐后宣扬佛法，感化万物。正如史上记载，唐朝轻法重礼，以教治国，社会秩序空前稳定，从而促就了万国朝宗的盛唐。从中我们可以大胆得出，玄奘西行所带回来的佛教文明即是推动大唐文明的直接力量之一，换言之，代表着道德的唐长老多少还是为当时的社会和谐作出了些贡献。

回归正题，当法律的悟空遇上道德的唐僧又会如何呢？两者虽为师徒关系，但相处并不是很默契融洽，徒弟未必听从师父教诲而去闯祸，遭到师父惩戒，而师父的惩戒有时也未必是对的。然而，纵览小说全书，取经路上，悟空对师父大多还是恭敬听命的，直至最后立身成佛。我们可以断言，这是唐僧的胜利，借用香港电影的台词，"打打杀杀是没素质的人做的事，终究解决不了问题"。是的，结合我们的比喻，最终是道德降服了法律。我并非要否认法律存在的意义和必要性，因为唐僧没有悟空护法，或许只能在寺庙里敲敲木鱼。

通过文中故事，以及上述累赘的比喻，在此展现出了道德在法律面前的奇妙威力。正应了名言：道德是法律的最高级，法律是道德的最低级，但两者并非领导与被领导关系，通俗起来说，恰似夫妻关系，家里的地位高低并不重要，重要的是关系和谐，就能化解一切矛盾，相伴永远。

每个基层法庭依旧是一座冰冷的城池，我们是忠诚的守城人，每日守护着冰冷无情的法律，而道德则是天空一轮冉冉升起的红日，为我们这些孤寂的守城人带来些许温暖与阳光。

（资料来源：中国法院网，2014 年 6 月 27 日）

❓ 问题探讨

问：道德对法治有什么作用？

答：道德是法律的外延，如果社会没有以道德作基础，那么将会出现很多钻法律空子和漏洞的人。法律是一把戒尺，规定了最低界限，但这远远不够。只有道德水准高了，法律精神才能得到升华和落实，比如"法律规定子女必须定期回家探望父母"，这体现的是一种法律精神，它在具体执行时却很难把握尺度，必须依靠道德力量来进行约束，利用社会舆论的力量来进行引导。只有坚守法律的道德内涵，才能为法律找到一种价值标准和评价尺度，才能实现社会的正义，从而达到我们共同期望的秩序。

美国男孩圣克莱尔的墓地

在美国纽约哈德逊河畔，离美国第十八届总统格兰特陵墓不到 100 米处，有一座孩子的墓。坟墓虽小但整齐别致：一个格兰特陵墓式、下方上圆的水泥墓碣；四周护栏树木和路灯围绕。在墓旁的一块木牌上记载着一个讲求诚信的故事：

这座墓的主人既不是总统，也不是富豪，而是一位名叫圣克莱尔的美国普通男孩。5 岁那年的一天，也就是 1797 年 7 月 15 日这个不幸的日子，圣克莱尔跟随父亲上山，不慎从河滨的悬崖上坠落身亡。

孩子的父亲悲痛欲绝，便在悬崖落水处给孩子修建了一座小小的坟墓。后来，这位父亲家道衰落，不得不将建有孩子坟墓的土地转让。不过，在转让土地的契约里，圣克莱尔的父亲对土地的新主人提出了一个很特殊的要求：土地虽然以后归你所有，但孩子的墓地必须完整保留下来，不能私自拆迁或铲平，要让墓地永不毁灭。

结果，土地买卖契约中的这一特别条款，不但这位土地的买主爽快地答应并遵守了，而且在此后的百余年间，这块土地被辗转买卖了多次，每一位新主人都坚守了这一义务。圣克莱尔在死后的 100 年里，虽然名字早被世人遗忘，但是他的墓地依据一个又一个买卖契约，被土地的一个个新主人完整无损地保存了下来。

更让圣克莱尔这个美国男孩感到幸运的是，竟然有一位逝世的美国总统也被安葬在这里，和他这个美国草根永结芳邻。1897 年，美国政府选择安葬圣克莱尔的地方作为已故美国总统格兰特的墓地，政府成了这块墓地的新主人。当然政府并没有把圣克莱尔的坟墓迁走，而是把圣克莱尔的墓地重新修建，让他和这位有"常胜将军"之称的总统毗邻而居。

又一个100年过去了。1997年7月，在格兰特总统墓地建成100周年纪念日那天，此时也正是圣克莱尔去世两百周年纪念日，美国政府在对格兰特总统墓地进行重新修整的同时，也修整了这个男孩的墓地。时任纽约市市长朱利安尼还特地为这位男孩题写了碑铭："人生下来就充满了烦恼。他的到来犹如一朵美丽的鲜花，却很快地凋谢了；他的匆匆离去，则像一道闪亮的影子，仍在继续发光。"甚至，美国前总统里根在一次拜谒格兰特墓地时也曾感慨："虽然小男孩只是一位平民的后代，但他也应享受和总统一样的待遇。因为，他的墓地是属于他的私人领域，是永不可毁灭的，谁也没有理由剥夺他安卧在自己领域的权利。"

圣克莱尔之所以能有如此幸运，是那位可亲可敬的父亲，是一代又一代的土地主人，还有格兰特陵墓的修建者、历任纽约市长，以及整个社会……他们都在遵守一份契约。那是契约的力量以及契约所蕴含的诚信。当一个国家、社会和个人之间能够以平等的契约来确立平等的权利义务关系，并自由地享受权利和自觉地履行义务时，人类才真正进入到法治的伊甸园。

契约精神下的私权，才是安全的！

（资料来源：《法制日报》2019年7月24日05版）

？ 问题探讨

问：结合案例谈谈法律权利与法律义务的关系。

答：法律权利与法律义务不可分割，相互依存。没有权利，义务的设定就失去了目的和根据；没有义务，权利的实现也就成为空话。在社会生活中，每个人既是享受法律权利的主体，又是承担法律义务的主体。在法治国家，不存在只享受权利的主体，也不存在只承担义务的主体。正如案例中所展现的那样，每个人的权利和义务是平等的，不因个人的身份高低而有所不同，这正是法治精神的魅力所在。

跨越 22 年的借贷纠纷画上句号

"检察官的帮助，化解了我无力支付巨额本息的困境，为我们办了大实事！"申请人莫某对广东省广州市荔湾区检察院检察官说。这起跨越22年的民事借贷纠纷案件，在检察官的努力调解下，双方达成和解。

1998年，许某向莫某出借10万元，借款期限为3个月。后因莫某失联，许某于2017年向荔湾区法院起诉，经审理，法院判决莫某归还借款本金并依约支付利息。进入执行阶段后，莫某应归还的本金及支付的利息等费用总计50余万元，法院因此查封了莫某一处与父母共有的房产，双方进而就该房产的析产问题打起了官司。莫某因不服原民间借贷纠纷民事判决向法院申请再审被驳回，于2020年9月向荔湾区检察院申请监督。

荔湾区检察院受理案件后，经调查分析认为，原审法院认定的借贷事实并无错误，但心结未解，双方才不停进行诉讼。为进一步定分止争，在保障当事人合法权益基础上，检察官决定运用该院创新的"   "用 "模式。

近年来，荔湾区检察院积极探索民事和解新方法，构建"一站式"和解模式，即通过调查核实查案情、分清是非厘曲直、温情司法暖人心、多元协调促和解、跟进监督无缝衔接的"五步工作法"，对当事人闹情绪、认死理、缠访缠诉的案件深入解剖并"对症下药"，推动"一站式"化解矛盾纠纷。

上述案件中，许某主张的借贷事实发生在 20 多年前，通过现金方式交付，而莫某起初对此矢口否认。由于案件时间跨度太长，面临着调查核实难的困境。面对难题，检察官充分行使调查核实权，多次询问申请人、被申请人和相关人员，除本案外，对涉及的析产纠纷关联案件同时阅卷，向一审、二审、再审法官及执行法官了解情况，经多方调查，终于查清案情，原审认定的借贷事实并无错误。

在查清案件事实的基础上，检察官进一步厘清是非曲直，对莫某未积极履行还款义务的行为进行说理教育，让莫某意识到理亏且缠访缠诉对其不利的事实。

最终，莫某一次性向许某支付 20 万元，并获得许某谅解。随后，双方当事人到法院办理执行案件结案手续，莫某撤回析产案件的再审申请。案件达成和解协议后，检察官持续跟进，直到了解到当事人已顺利办结执行案件以及相关的析产案件的结案程序，确认纠纷彻底化解。

（资料来源：《检察日报》2021 年 3 月 28 日第 5 版）

❓ 问题探讨

问：中国特色社会主义法治体系日趋健全对法治国家建设有什么意义？

答：中国特色社会主义法治体系的形成和健全，从整体上实现了有法可依，标志着我国社会主义法治建设和依法治国事业进入了一个新的历史发展阶段；可以切实保障宪法和法律的实施，维护宪法和法律的权威和尊严，增强全社会的法律意识和法治观念，做到有法必依、执法必严、违法必究。

🔺 习题演练

一、单项选择题

1. 法律的运行是一个从创制、实施到实现的过程。这个过程主要包括法律制定、法律执行、法律适用、法律遵守等环节。其中法律制定的主体是（   ）。

A. 国家审判机关和检察机关　　　　B. 国家行政机关

C. 国家监察机关　　　　　　　　　D. 国家权力机关

2. 下列表述错误的是（　　　）。

A. 法律是由国家创制和实施的行为规范

B. 法律由一定的社会物质生活条件所决定

C. 生产力的发展水平也制约着法律的发展程度

D. 法律是调整人民行为的唯一一种社会规范

3. （　　）是法律实施和实现的基本途径。

A. 立法　　　　　　　　　　B. 守法

C. 执法　　　　　　　　　　D. 司法

4. 下列选项中属于资本主义法律基本特征的是（　　　）。

A. 私有财产神圣不可侵犯

B. 存在严格的等级划分

C. 刑罚方式极其残酷

D. 维护专制皇权

5. 我国的政权组织形式是（　　　）。

A. 人民代表大会制度

B. 无产阶级专政制度

C. 政治协商制度

D. 人民民主专政制度

6. 法律区别于其他社会规范的首要之处在于（　　　）。

A. 法律是从来就有的

B. 法律是一种行为规范

C. 法律是由国家创制并保证实施的社会规范

D. 法律是全体社会成员意志的体现

7. 行政法规的制定机关是（　　　）。

A. 省级政府　　　　　　　　B. 国务院

C. 全国人大　　　　　　　　D. 省级人大

8. 法律运行的起始性和关键性环节是（　　　）。

A. 法律遵守　　　　　　　　B. 法律适用

C. 法律制定　　　　　　　　D. 法律执行

9. 习近平法治思想的主要内容不包括（　　　）。

A. 坚持党对全面依法治国的领导

B. 坚持以人民为中心

C. 坚持依法治国、依法执政

D. 坚持改革开放

10.（　　）是人民当家作主的根本保证，是中国特色社会主义最本质的特征，是中国特色社会主义制度最大优势。

A.权利保障　　　　　　　　　　　B.依法治国

C.党的领导　　　　　　　　　　　D.公平正义

11.治国理政必须奉守（　　）的最高准则。

A.法律至上

B.执法为民

C.民主集中制

D.服务大局

12.以法治价值和法治精神为导向，运用法律原则、法律规则、法律方法思考和处理问题的思维模式是（　　）。

A.法治观念

B.法治思维

C.法治理念

D.法律意识

13.（　　）一直被认为是法律所追求的主要价值目标。

A.公平正义

B.自由平等

C.民主法治

D.权利与义务

14.（　　）是指对所有人适用同一的规则和标准，不得因人而异。

A.权利公平

B.规则公平

C.救济公平

D.机会公平

15.权利保障的前提和基础是（　　）。

A.宪法保障　　　　　　　　　　　B.立法保障

C.司法保障　　　　　　　　　　　D.行政保障

16.全面依法治国涉及很多方面，必须有一个总揽全局、牵引各方的总抓手，这个总抓手就是（　　）。

A.维护宪法权威

B.依法治国、依法执政、依法行政

C.建设中国特色社会主义法治体系

D.科学立法、严格执法、公正司法、全民守法

17.（　　）是公民权利保障的最后防线。

A. 宪法保障

B. 立法保障

C. 司法保障

D. 行政保障

18. 法律上的平等观念最为核心的是（　　）的观念。

A. 等贵贱

B. 均贫富

C. 人权主义

D. 法律面前人人平等

19. 下列选项中，关于权利与义务说法不正确的是（　　）。

A. 法律权利和法律义务是相互依存的

B. 在现代法治国家中，不存在纯粹的权利主体，也不存在纯粹的义务主体

C. 法律义务必须依法设定

D. 法律权利表现为"需要""获得""占有"等属性，只对权利人有利

20. 下列选项中，属于人身权利的是（　　）。

A. 休息权

B. 继承权

C. 监督权

D. 住宅安全权

二、多项选择题

1. 我国社会主义法律的本质特征有（　　）。

A. 法律面前人人平等

B. 我国社会主义法律体现了党的主张和人民意志的统一

C. 我国社会主义法律具有科学性和先进性

D. 我国社会主义法律是中国特色社会主义建设的重要保障

2. 下列选项中，正确揭示了法律本质和特征的有（　　）。

A. 法律是体现统治阶级意志的社会规范

B. 法律是由国家制定和认可的社会规范

C. 法律是以国家强制力保障实施的社会规范

D. 法律是受社会物质生活条件决定的社会规范

3. 全面依法治国，必须从（　　）方面统筹推进。

A. 科学立法

B. 严格执法

C. 公正司法

D. 全民守法

4. 习近平法治思想的意义有（   ）。

A. 升创了我国社会主义法律的新模式

B. 为建设法治中国指明了前进方向

C. 深刻揭示了社会主义法治的生命力和优越性

D. 推动了中国特色社会主义法治理论创新发展

5. 法律至上具体表现为法律的（   ）。

A. 普遍适用性

B. 优先适用性

C. 不可违抗性

D. 国家强制性

6. 法律有无权威，取决于（   ）。

A. 法律在国家和社会治理体系中的地位和作用

B. 法律本身的科学程度

C. 法律在实践中的实施程度

D. 法律被社会成员尊崇或信仰的程度

7. 下列选项中，属于提升法治素养的正确途径的有（   ）。

A. 尊重法律权威

B. 学习法律知识

C. 养成守法习惯

D. 提高用法能力

8. 依法行使法律权利要求公民行使权利时应严格依据法律进行，以法律的相关规定为界限。这个界限指的是（   ）。

A. 权利行使目的的正当性

B. 权利行使的必要限度

C. 权利行使方式的法定性

D. 权利行使的正当程序

9. 下列选项中，属于公民的社会经济权利的有（   ）。

A. 受教育权   B. 劳动权

C. 社会保障权   D. 休息权

10. 祝某在某市一繁华街道上无照设摊点叫卖烤羊肉串，被城市综合管理执法人员查处，祝某暴力抗法，导致一名执法人员受伤。经媒体报道，人们议论纷纷。关于此事，下列选项中，说法正确的有（   ）。

A. 张三指出，城市综合管理执法人员的活动属于执法行为，具有权威性

B.李四认为，城市综合管理机构执法，不仅要合法，还要公平合理

C.王五说，如果老百姓认为执法不公，有权利反抗

D.赵六说，祝某应该采用行政复议、行政诉讼的方式寻求救济，不能暴力抗法

三、简答题

1.简述习近平法治思想的主要内容。

2.我国宪法的基本原则有哪些？

3.中国特色社会主义法治体系主要有哪些内容？

4.我国公民享有哪些政治权利？

四、材料分析题

某图书馆向所有读者免费开放。乞丐、拾荒者和衣衫褴褛的民工小心翼翼进来了，无人阻拦。于是他们便堂而皇之地在馆内读书、看报。有读者对此表示不满，向馆长抱怨说："图书馆是大雅之堂，如果允许乞丐和拾荒者进入阅读，就是对其他读者的不尊重。"馆长回答说："我们无权拒绝他们入内阅读，但你有权选择离开。"

此事被发在微博上，顿时触动了社会的神经，引发人们对人文精神的关注和思考。中央电视台等主流媒体对此事进行了报道，一场图书馆办馆理念的大讨论由此引发。

公共图书馆一向更愿意向体面的文化人敞开，常在门口凛然告示："衣衫不整，拒绝入内！"把读者分成三六九等，拒绝部分人进入。其公益性大打折扣，而该馆馆长希望图书馆成为"每一个读者的天堂"，"无论任何人，只要走进了图书馆，在知识面前都有着同等的权利，不得有高低贵贱之分"。为此，该馆在全国同行中率先推出免费阅读制度，任何人进馆借阅书籍都不需要证件和费用，以体现人道、人文的公共图书馆办馆理念和人性化的服务。

对于图书馆免费开放可能带来的问题，该馆有关负责人感触颇深，自图书馆实行零门槛后，我们不仅没有感到压力增加，反而感觉开放的时间越长，不尊重这种权利的读者越少。我们和读者都被这种和谐的环境所改变，至于进馆前要先洗手，馆内并没有硬性规定，耳濡目染的时间长了，谁都会自觉地先洗手，然后再阅读。

"如果有天堂，天堂应该是图书馆的模样。"这是文学大师、曾担任阿根廷国立图书馆馆长的博尔赫斯的一句名言。该图书馆向乞丐和拾荒者免费开放，不啻一轮明亮的太阳，让乞丐和拾荒者在得到温暖的同时，也净化了他们的心灵。

从法律角度谈谈"我们无权拒绝他们入内阅读，但你有权选择离开"这句话该如何理解。

实践篇

实践项目一   微视频制作——《法律的权威》

⚙ 实践目标

大学生通过制作《法律的权威》微视频，向其他人宣传法律知识，特别是要宣传社会主义法治观念，宣传我国社会主义法律的优越性，使人们了解、熟悉和认同社会主义法律，从而推动全社会形成尊重和维护社会主义法律权威的良好风尚。

📋 实践方案

1.活动准备。根据班级人数分组，选定一名组长，明确微视频制作的主题和要求。

2.活动组织。由组长负责安排组员做好微视频制作的企划、资料收集、拍摄、剪辑等工作。每组制作一个《法律的权威》微视频。

3.选出若干名学生组成班级评委会。

4.活动小结。评委会打分，公布结果，颁发奖状，总结点评。

5.考核评价。任课教师将同学们的综合表现计入考核成绩。

📖 参考资料

一、活动安排

参加班级	
活动时间	
活动地点	
主持学生	
主持教师	

二、评价标准

评分组成	分值	评分标准
优秀	90 ～ 100	能够积极参与微视频制作，根据分工圆满完成自己承担的工作任务且表现出色
良好	75 ～ 90	能较好地参与微视频制作，能较好地完成组长交办的工作任务，综合表现比较出色
合格	60 ～ 75	能基本完成组长分配的任务，为微视频制作作出了一定贡献
不及格	60分以下	不积极参与微视频制作，不能完成分配的相关工作任务且态度较差

✂ 实践项目二　　　主题辩论——精神赡养是法律责任还是道德义务

⚙ 实践目标

通过辩论的形式活跃学生思维，锻炼辩者的口头表达能力、查找资料能力、搜索能力、统筹分析能力、思辨能力。同时促使大学生在辩论中培养追求真理、达成共识的意识。

🧰 实践方案

1.任课教师将全班学生分为若干小组，以小组为单位参与活动。
2.任课教师制定辩题：精神赡养是法律责任还是道德义务。
3.两两小组进行抽签，决定辩论赛的正反方。
4.举行辩论赛，评委进行打分。
5.任课教师公布各小组成绩，并进行点评和总结。

✂ 实践项目三　　　法治进行时——法院旁听审判

⚙ 实践目标

通过实践活动，让大学生近距离接触法律案件的审判过程，为大学生提供学习法律的平台，亲身体验法院和法律的庄严性和严肃性，加强法院、法官与学生之间的交流和沟通，以便增强大学生对法院工作的认识。

🧰 实践方案

1.撰写策划书，进行活动申请，填写相关表格。

2.联系法院，商定活动时间，制作活动宣传海报及横幅。

3.组织同学们进行活动报名，确定参与活动的具体人员名单。

4.通知参与人员活动时间及相关注意事项。

5.组织人员安全到达活动地点，按计划进行活动。

6.负责人员维持现场秩序，相关人员做好会议记录。

7.组织参与人员安全回到学校。

8.学生撰写活动报告，提交任课教师。

9.任课教师进行活动总结及评定。

学思践悟

参考文献

[1] 本书编写组：《思想道德与法治（2021年版）》，高等教育出版社2021年版。

[2] 本书编写组：《〈思想道德修养与法律基础〉辅导用书》，高等教育出版社2020年版。

[3] 吴亚娥、黄琴、贾敏：《思想道德修养与法律基础辅学教程》，国家行政学院出版社2019年版。

[4] 杜爱国、袁丁、肖坤：《思想道德修养与法律基础实践教学指南》，华中科技大学出版社2019年版。

[5] 常晓薇：《〈思想道德修养与法律基础〉实践辅导教材》，高等教育出版社2019年版。

[6] 肖云、王小凤：《〈思想道德修养与法律基础〉重点难点解析》，重庆大学出版社2020年版。

[7] 罗春秋、朱云生：《高校思想政治理论课实践教程》，西南交通大学出版社2020年版。

[8] 李亚青、周燕：《社会主义核心价值观融入思想政治理论课教学研究——〈思想道德修养与法律基础〉篇》，知识产权出版社2018年版。

[9] 陆平：《大学生社会实践教程——基于〈思想道德修养与法律基础〉实践指导》，冶金工业出版社2020年版。

[10] 李月波、周亚同、冀巧英：《思想道德修养与法律基础辅学读本》，高等教育出版社2020年版。

[11] 赵宏杰：《思想道德修养与法律基础学习指导与训练》，苏州大学出版社2020年版。

习题答案

绪 论

第一章

第二章

第三章

第四章

第五章

第六章